基金投资
五星策略

王亚卓／编著

企业管理出版社

图书在版编目（CIP）数据

基金投资五星策略/王亚卓编著 . -北京：企业
管理出版社，2010.1
　ISBN 978 - 7 - 80255 - 401 - 6

　Ⅰ.①基…　Ⅱ.①王…　Ⅲ.①基金 - 投资 - 基本知识
Ⅳ.①F830.59

中国版本图书馆 CIP 数据核字（2010）第 001630 号

书　　　名：基金投资五星策略

作　　　者：王亚卓

责任编辑：丁　力

书　　　号：ISBN 978 - 7 - 80255 - 401 - 6

出版发行：企业管理出版社

地　　　址：北京市海淀区紫竹院南路 17 号　　邮编：100048

网　　　址：http：//www. emph. cn

电　　　话：出版部　68414643　　发行部　68467871　　编辑部　68428387

电子信箱：80147@ sina. com　　　zbs@ emph. cn

印　　　刷：香河县宏润印刷有限公司

经　　　销：新华书店

规　　　格：170 毫米×230 毫米　16 开本　19 印张　210 千字

版　　　次：2010 年 3 月第 1 版　2010 年 3 月第 1 次印刷

定　　　价：35.00 元

前　言

我要投资！

我要买基金！

我要钱生钱！

现在落伍的事情不再是你还没有开通自己的网络博客，而很可能是你竟然没有购买过一只股票或者基金。

"你买基金了吗？""你的基金涨了多少？"恐怕是这几年流行的问候语，就连身边对投资没兴趣的朋友，也开始聊起基金的话题。基金在近几年里，在万众瞩目中成为相当热销的金融产品，投资者学习基金知识的热情也空前高涨。在终于明白净值高没什么不好，大比例分红不见得是好事以后，许多"基民"发现自己仍然不清楚该买哪只基金，仍然在几百只基金面前感到眼晕。诸如"如何选择基金？""如何选择适合'我'的基金？"等问题，仍然使一些投资者感到困惑。

看似简单的问题其实不然，里面总是潜藏着很多不为人知的因素。购买基金是一种投资的行为，作为一名新时代的投资理财者，必须要学会基本的理财知识，将其当作是一种保障生活质量的方式也好，当作是一种平衡风险的手段也罢，它都应该是你稳步迈向理想生活目标的理性行为。资深的基金投资者用实践经验告诉我们这样投资基金：努力学习知识、充分了解自己、仔细选择产品、稳健实施投资、平和看待涨跌。

知识就是力量，这是颠扑不破的真理。基金投资，尤其是开放式基金投资的知识并不是难以掌握的事情。当发现周围的大爷大妈都开始自己的理财计划时，你是不是觉得自己有些落伍了呢。不要慌张！只要你肯花上一点点的时间和精力，就会明白这些问题：基金公司是怎样操作的、什么是净值和分红、什么是投资组合和分散投资、怎样规避风险，等等。掌握了这些内容之后，你就不会轻易被基金的表层现象所迷惑，也不会去跟风抢购基金，更不会被收益的起伏搅得晚上睡不好觉。而这些基金的知识在本书中也都会一一讲解，作为一名投资人，现在唯一要做的就是不断地学习，掌握投资技能，分辨市场真伪，稳保自己的收益。

随着基金业的发展，国内的基金品种业已是令人眼花缭乱。它们不但风格迥异，业绩也是大相径庭。从网上看到一条消息，从银行拿到一个宣传单，或者听听"好心"的"推销员"的讲解，甚至某个"专家"的预测作出基金投资行为一定是很轻率的举动。我们需要学会从第三方公司对基金进行评价，比如晨星等。多去研究这些统计资料对投资者会有非常大的帮助。不要去追赶"时髦"，不要去随"大流"，认认真真地研究基金和基金公司，按照自己的投资策略对比它们，选择它们。即便是错了，也知道错在哪里，更不致使以后一错再错。

另外，需要告诫一部分基金投资者：市场是不可预测的，这是个真理。想去和市场博弈，恐怕输的大半是自己。一定要记住波段操作是非常愚蠢的办法，基金不是用来"炒"的，也是不能"玩"的。先人告诉我们"小不忍则乱大谋"，而投资大师巴菲特则说："投资主要是在于避免做出愚蠢的决策，而不是在于做出几个非凡的英明决策"。千万不要去预测市场，惟有做好投资组合，无论是牛市还是熊市，都不为所动，只有做好投资风险的防范才是过硬的道理。看看投资失误的那些投资者吧，大半都是试图去做一个"英明的决策"。

本书采用迥异的阐述风格，紧密结合当前的大市趋势和演变状况，从应对震荡市入手，为大家准备一套好的思路来挑选优秀基金，并从新的基金攻势开始，深刻认识基金的"心、肝、脾、肺、肾"，使基金投资者充分掌握市场应对技巧，加息也罢、调整也罢，"任尔东西南北风"，保持投资收益的常青不衰才是实实在在的。

在本书编写的过程中，编者参考和汲取了多位学者的相关研究成果，在此表示衷心地感谢。由于作者水平有限，书中难免会有不足之处，敬请广大读者朋友批评指正。另外，投资有风险，本书的资料、数据仅供参考，不构成投资建议。

编 者

目　录

第二章　基民如何应对震荡市

基金理财盲点大扫除：

第三章　像局内人一样买基金

第五章　基市的干柴股市的火

附录：

序　言

忽如一夜春风来，满城尽是基金客！

当下的基金市场如火如荼，较高的投资回报和大量资金的持续入场使得投资基金的赚钱效应在不断放大。越来越多的个人投资者逐步接触到基金，并通过报纸、广播、电视中的介绍了解其中一二，还有的投资者已经从投资基金中尝到了甜头。随之而来的则是庞大的储蓄资金通过申购基金源源不断地进入证券市场。

国内开放式基金行业经过近十年的发展，逐步为公众认知，投资者也对基金市场可靠的投资收益产生了信任。但经过专业的理财机构调查发现：很多投资者尽管已经做了几年基民，买过数只甚至数十只基金产品，但在如何理性投资基金上还存在着种种错误的认识。最终，这类投资者的实际收益有的甚至不足所持基金同期净值增长率的一半。为什么会出现这样的情况？

思考一：如何选择基金？

面对当前市场上的基金热，由于缺乏专业知识，普通大众往往容易追随大流，"别人都买，我也要买"的这种心理非常普遍，越是限购的基金产品越容易遭遇抢购。而在抢购之前，很多投资者却没有关注买的是否是自己想要的产品。

这里建议各位投资者在购买基金前，应该保持清醒的头脑，对准备购买的基金以及管理该基金的基金公司进行谨慎和全面的了解，切忌盲目冲动或者一窝蜂似的抢购基金。在国外成熟市场上，对选择基金和基金公司有个通行而有效的"4P"标准。

第一个 P 指理念，Philosophy，就是投资理念，这是指导一家基金公司投资管理的纲领性因素，投资者首先要看其理念是否成熟而有效，其次看自己是否认可这一理念进而认可该基金公司的投资管理模式。

第二个 P 是团队，People，因为任何投资理念和投资管理的执行都靠人，团队专业能力的强弱是基金业绩一项重要的决定因素。通常来说，投资能力一般的团队难以做出中长期优异的投资业绩。

第三个 P 是流程，Process，单纯靠人做投资难免会产生因主观因素造成的失误，这时严密科学的投资流程就显得十分必要，投资依靠流程的约束和执行可以规范基金管理人的投资行为，使基金管理人具备复制优秀基金的能力，其业绩具备持续性。

第四个 P 是绩效，Performance。这也是最简单、最直观的一个评价指标，但投资者需要注意的是，它也只是一个辅助性工具，因为过往业绩的本质仍然是依赖于前述三大标准。

用 4P 标准来考察基金，投资者就可以基本把握住优质的基金公司和基金产品。

思考二：长期持有还是短期进出？

在过去的一年中，大部分基金的净值都实现了超过 50% 的年增长率，但这些基金的持有人中能获取同等回报的尚不足 1/3。为什么买了基金却没能完全分享到基金的成长？这个结果表面上看出乎意料，实际上却是和基金投资者的投资行为密切相关的。我们对统计数据进行了分析，发现这是因为能够长期持有基金的投资者并不多。举个例子，汇添富旗下一只基金 2005 年 8 月成立，截至 2006 年 1 月 19 日，四个多月内其净值增长率超过 200%，但能够一直持有该基金的投资者比例仅为 20% 左右，大部分的投资者只是分享到这个回报的一小部分。

那么，买基金应该长期持有还是短线炒做？这是很多基金投资者在基金投资中的疑惑。

买卖一段时间基金的人都很明白，选择申购基金的时机对投资人来说是非常重要的。投资股票最重要的是选股、择时，投资基金也不例外。但实际上基金投资倡导的是长期投资，从长期投资的角度来看，短期市场的震荡只不过是长期趋势线的很小变动而已，只要您选择的是安全稳定、信誉优良的基金公司的基金，投资的时间较长，比如3到5年，您一定会是获利者。实证研究显示，每次都在市场最高点买进与每次都在最低点买进，从长期看，两者的回报率相差不到10%。

因此，花精力去抓市场高低点是没有必要的，长期投资才是重点。但单笔投资如果能稍微判断一下进场的时机，至少可以少受短期套牢心理的煎熬。这可能也是大家在投资基金时为什么如此关注时机的根本原因。把握投资基金的时机只要掌握以下几个原则，就不会有什么偏差。

首先，根据经济发展周期判断买入时点。我们常说，股市是经济的晴雨表，如果股票市场是有效的，股市表现的好坏大致反映了经济发展的景气状况。经济发展具有周期性循环的特征，一个经济周期包括衰退、复苏、扩张、过热几个阶段。一般来说，在经济周期衰退至谷底到逐渐复苏再到有所扩展的阶段，投资股票型基金最为合适。当明确认为经济处于景气的谷底阶段时，应该提高债券基金、货币基金等低风险基金的比重，如果经济处于发展的复苏阶段，应加大股票型基金的投资比重。当经济发展速度逐渐下降的时候，要逐步获利了结，转换成稳健收益类的基金产品。综合内地目前的股票市场和经济发展的情况，预期未来几年都会有很好的发展，目前应该是投资股票型基金的大好时机。

其次是基金募集的热度。股市中的一个屡试不爽的真理是行情在情绪高涨中结束，在悲观中展开。当平时不买股票的人开始谈论股票获利的可能性，当买卖股票成为全民运动时，距离股市的高点就为时不远了。相反，当散户们纷纷退出市场时，市场可能就要开始反弹了。其实，判断市场的冷与热，从基金募集情形就可窥出一斑。经验显示，募集很好的基金通常业绩不佳，募集冷清的基金收益率反而比较高。这是因为投资人总是勇于追涨杀跌，怯于逢低介入。

再次，要注意基金营销的优惠活动，节省交易费用。目前，基金公司在首发募集或者持续营销活动期间，为了吸引投资者，通常会举办一些购买优惠活动。尤其值得注意的是，在持续营销活动中，基金公司一般会选择业绩优良的基金，投资这些基金通常比较安全，加上还能享受费率优惠，何乐而不为？

最后，申购基金要摆脱基金净值的误区。投资基金的时候，人们通常觉得净值低的基金较容易上涨，净值高的基金不易获利，所以，基金在募集阶段、面值为1元时，投资者觉得很便宜，比较好卖。这完全是一种错觉，净值的高低与是否容易上涨没有直接的关系。基金与股票在这方面是完全不同的，股票在价格很高时很容易回调，因为股价的上涨依赖于公司盈利能力的增强，如果公司盈利能力跟不上股价的上涨速度，股价必然会下跌。而基金投资是很多只股票的集合，基金经理会随时根据个股股价的合理性、公司经营的竞争力、其所在行业的景气程度和市场变化来调整投资组合，随时可以选择更具潜力的股票替换原有的股票。因此，只要基金投资组合调整得当，净值可以无限上涨。相反，如果组合选择有问题，净值再低仍然存在继续下跌的可能。所以，选择基金不应看净值的高低，而是要根据市场的趋势来判断。

投资者应该认识到，基金投资是一项长期的投资理财活动。投资的本质实际上是对市场中那些中长期的战略投资品种的布局把握，借助专业优势，挖掘优质上市公司，坚定、持久、持续地跟踪，并根据行业或者公司实际情况的变化，对所持有的证券品种进行调整优化，这样才能实现比较稳健的投资业绩，不会有太大的波动。频繁地买入卖出基金，即使是一个专业投资者，也难以成功把握住每一个波段，更不要说普通的个人投资者，要通过波段操作在中长期都能实现好业绩，是非常困难的。而且这样做不仅要付出不低的申购赎回费，还有可能踏空行情而错失基金业绩大幅上涨的机会。

所谓笑到最后的人，才是笑得最好的。今年以来，市场中大部分的投资者望着飙涨的股指感慨"只赚指数不赚钱"时，那些长线持有基金的基民却暗自笑得合不拢嘴。两相对比，作为投资者的您应该很快就能得出答案。

思考三：基金服务重要吗？

说到投资基金，绝大多数投资者的关注重点都放在收益率上。却少有人能够在购买基金之前去考察基金服务。基金服务是可有可无的吗？近几年，基金已经逐步成为普通大众理财的主要方式之一。对于缺乏专业金融证券知识的个人投资者来说，如何让自己的基金理财变得更轻松？这时基金服务就显得非常重要了。选择一家切切实实为投资者提供优质服务的基金公司，等于给自己的理财生活找到一个好顾问。一个优秀的理财伙伴，能够让投资者在财富管理、投资沟通等各方面都能省心省力。

目前已经有基金管理公司把基金服务放在与投资业绩同等重要的地位，花大力气提高服务质量、增多服务项目，真正成为基民的好帮手。比如，包括汇添富基金在内的部分基金公司的客户服务中心全天候服务，开通免长途话费的统一客服电话，解答每一个投资者在基金理财中的疑问，这可以作为个人投资者获取专业信息的第一个窗口；再如，各大媒体上经常会邀请基金管理公司专业投资理财人士撰写理财专栏，从 ABC 入门知识到专业的宏观分析，适合各个层次的投资者。从中普通大众完全可以借助专家智慧迅速了解基金理财知识，是第二个窗口；此外，基金公司义务举办的系列理财讲座活动也是一个让投资者能与基金管理者当面沟通交流的途径。包括投资者见面会、基金经理线上讲演在内的沟通形式，都能让投资者与基金公司更加贴近，并且互相分享投资心得、畅谈如何理财，这样的亲身感受也能让投资者持有基金更加安心放心。

思考四：投资基金是无风险的收获？

在进行过种种对比研究后，投资者选择好基金后，享受天天高涨的收益，这种喜悦当然令人羡慕。但我们了解到，很多老百姓跑到银行抢购基金只是因为听说买某某基金能让资产翻倍或者几个月内能实现多高的收益率，他们甚至不顾当时的宏观经济背景、证券市场环境如何，就将多年的积蓄投入进去。这种无视投资风险的现象让许多专业人员觉得非常可悲，同时也深深感到基金投资者教育的工作任重而道远。投资基金真能获取无风险的收益吗？这个问题就好比在问"天上是否会掉下馅饼"，答案当然是否定的。

任何投资都是与风险相关联的，越高的预期收益也意味着越高的投资风险。基金是投资于证券市场的证券产品，证券市场的波动势必会影响到基金的净值，证券市场蕴含的投资风险也同样会体现在基金投资中。尽管基金作为股票的组合，已经有分散投资风险的作用，但投资者必须意识到的是，基金仍然包含着投资风险。投资基金并非是包赚不赔的买卖。基金提供给大众的是理财服务，可以说，投资基金是一种生活方式，而决不是一夜暴富的捷径。

2006年整个基金行业都实现了前所未有的高增长，一年内实现100%以上投资回报的基金也为数不少。这是个事实，但同时我们想提醒广大投资者的是，去年的高收益主要是建立在股市经历长期熊市压抑后爆发性上涨的基础上，是在整个证券市场制度环境大变革的背景下实现的。2007年的证券市场上制度变革所带来的红利效应将逐渐淡化，投资将不可避免地回归到企业基本面的增长上来。因此投资者必须理性看待基金投资去年的高收益，对2007年投资基金的收益也要有一个合理的预期。

这里想反复向投资者强调的是，收益和风险是形影不离的兄弟，投资者万万不能在获取高回报时，就把风险全然抛在脑后。对投资的生搬硬套，对预期投资收益进行不切实际的高估，或者用投机股票的思维来进行基金投资，这些行为是非常不可取的。目前出现的一些"借贷买基金"的行为更是无视证券市场风险而进行的危险行为，一旦市场出现较大波动，这类投资人的资金有可能会遭受重大损失。

基金投资者要获取理想回报，拥有一个中长期的投资规划才是上策。投资者在投资基金前，一定要对自己的资金状况、投资期限、收益要求和风险承受能力做一个客观合理的评估，之后再据此购买与自身状况匹配的基金产品。人云亦云、盲目跟风的投资行为是不可能在长期中取得较好的回报。目前中国证券市场上涨较快，投资者往往有急于获利的急躁情绪，这种情绪也体现在投资基金中。实际上，基金作为一种理财手段，投资者首先要学会的是如何有效地规避风险，而不是如何去赚大钱，急功近利将是基金理财的天敌。

　　基金投资，勿忘风险；收益为本，稳健至上，在学会控制风险的前提下分享基金投资的长期收益，基金理财才能为你的人生助力护航、倍添精彩。

Investment *easy*

第一章

基金轮换引
出新攻势

章前导读语：似懂非懂买基金

朋友想做点理财，我建议她买点股票型基金。"买哪个基金好呢？"她问。我说："A基金业绩不错，可以买点。"

几天后，朋友又和我在MSN上聊起这件事情，显然这次她做了点功课。"投资者说的A基金，怎么这么贵，一份要卖1.6元。有个新发行的B基金1元钱就能买到。而且买A基金的手续费还要比B基金贵。"

"卖得贵的自然是值那么多钱。A基金已经运作了一年多，买的股票都涨了不少，原来的1元钱，现在已经变成了1.6元了啊。"我跟她解释。

"既然它都涨了那么多了，还能继续涨吗？人家都说涨太高就有跌的危险。而且我1万块钱买B基金可以买1万份，买A基金只能买6000多份。"朋友说得似是而非。

我开始意识到，一下子跟她解释不清楚。股票这东西，过去涨跌不代表将来的涨跌，关键是今后的前景。A基金持有的股票组合不错，依然是增长热点，而且现在市场上的流通筹码已经不多，这是我推荐A基金的原因。

B基金是新基金就一定有上涨空间吗？首先B基金募集了投资者的钱后，是在现在这个时点上买股票。现在的市场是大盘已经普涨的市场，B基金已经不可能回到一年前A基金发行时的低位去建仓了。

至于1万份和6000份的问题，不管是份数多少，折合成基金经理拿去帮投资者买股票的钱，还不是那1万块钱吗？末了，她似懂非懂。

又过了几天，朋友说她还是买了A基金。我有几分得意，她却说："你还不知道啊，A基金现在也是1元钱1份卖了。"

果然有一公告，A基金对持有人每10份基金单位分红6元，除权以后，净值变成了1元。又有一报道称，该基金公司为了规避投资者的"高位恐惧"，方有此举。

　　看来有时候，有些事情确实很难解释清楚。所以姑且让我们来了解一下 A、B（新、老）基金的不同之处，或者说了解一下基金市场火爆以来近期所掀起的新的赢钱攻势吧。

1.1　新基金催生新的摇钱树

　　随着 2006 年股市的走强，基金的收益率普遍走高，基金的赚钱效应初步显现，投资者购买基金的意愿开始增强；而且随着广大投资者的基金购买愿望越加强烈，更多的基金品种加入投资市场，一轮新的基金的发行高潮早已刮起。这些新加入的基金品种汇聚力量，掀起了一波新的基金攻势。

　　根据《第　财经日报》消息，从 2007 年 6 月 11 号起，市场迎来了新基金发行密集期。尽管不少投资者对股市未来走向比较迷茫，但对新基金发行却抱以了相当关注。

　　《第一财经日报》从一些银行渠道以及证券营业部了解到，由于本轮基金发行正逢市场发生结构性调整期间，相当一部分股民越来越关注起以价值投资、长期持有为主要特色的开放式基金群体。在印花税率提高，导致股票交易成本有所抬高的现实条件下，转向长期投资的投资者业已不在少数。在这样的情况下，基金投资成为不少投资者关注的焦点。

　　通常情况下，新基金发行以及基金所采取的动作，往往与机构投资者对于大势判断有一定联系。在此之前，由于相当一部分机构投资者判断市场调整难免，因而采取了大规模分红以及停止基金申购等措施。而当市场因为调整而出现相对明显的投资机会时，部分基金则推出了利于建仓的新产品以及打开基金申购等举措。而且相当一部分基金往往提前缩短新基金发行时间。

　　不过，经过基金行业的不断发展以及投资者行为的日益成熟，不少投资者对于最新一批发行的基金产品并没有盲目买入。

　　一位投资者在接受《第一财经日报》采访时认为，如果要选择基金进行投资，不妨投资老基金。毕竟，已经有部分仓位的基金在市场好转时，往往能够赶上大势上涨的步伐。而且，对于那些"封转开"类型的基金来说，由于这些基金的基金经理已经在市场沉浮中经受历练，因此，相对那些并没有太多经验的

"新人"来说，也许更能令人放心。

但也有投资者持反对的意见，他们认为购买新基金的好处是费用较低，而且新基金没有以往持股的包袱，现金充足，基金公司可以根据最新市场情况进行战略布局，这样更有利于获得赢利操作的空间。故而，是选择老基金，还是选择新基金，对于投资者来说是需要结合自己的投资愿望，左右权衡才能决定的事情。

但由于前期市场的火爆，基金获利的相对稳定性，召唤起了更多的投资热情。购买基金的投资者排起了长龙，储蓄存款向基金流入的速度令人惊叹，仅嘉实基金一天就募集400多亿元。为了回避资金过快流入对市场的推波助澜，证监会还暂停了新基金的申购。然后，随着年前市场的大幅调整，赎回基金的投资者也排起了长龙，资金的快速流出加速了市场的下挫，为了防止恶性循环，监管层又恢复了新基金的发行。

2006年年底以来，投资于基金的资金出现了频繁流动，也反映了投资者不成熟的投资心态，基民尤其是新基民的投资理财学习已成为当务之急。

1. 新基金抢购潮考验基民智慧

购买新基金仿佛成为了一种时尚。2007年以来更多投资人在加入熙熙攘攘购买大军的时候，心中充满了憧憬，但对于首次发行的新基金，因为没有业绩历史可以参照，也可能会存在一些困惑：我应该购买新基金吗？如何进行选择？不妨从以下几个方面考虑。

（1）了解基金的投资组合。

在选择合适的基金时，对基金的回报和风险要有合理的预期，这需要了解基金的投资组合，即该基金主要投资些什么。例如正常情况下不能指望债券基金获得每年20%的回报，但对股票基金而言，绝对不是异想天开。但买了股票基金，也要做好承受较大净值波动的心理准备，而不要一味期望在短期内赚钱走人。切记，不要根据基金名称猜想其投资组合。

对于首次发行的新基金，可以参阅基金招募说明书中关于投资范围的规定，了解基金主要投资于哪些品种，例如股票、债券或者其他金融工具。同时，也要了解基金对投资组合中各类资产比例的限定，例如股票投资、债券投资的最低和最高比例是多少，范围是宽泛还是狭窄？

招募说明书也会对基金的投资策略进行说明，描述基金将如何选择股票、债券以及其他金融工具。比如，其采取的投资方式是主动管理还是被动式地跟踪指数？挑选股票的标准是小盘股还是大盘股？其是否着重投资于某些行业？等等。

需要注意的是，许多招募说明书中提及的只是基金可能投资的范围，至于基金具体投资了什么证券，需要通过其成立后每季度的投资组合公告了解。

（2）看重基金经理的经验。

虽然新基金没有历史，但基金经理的从业时间不一定短。如果基金经理有丰富的基金从业经验，投资人就可以"有迹可寻"，即通过该基金经理以往管理基金的业绩了解其基金管理水平的高低。投资者可以从招募说明书、基金公司网站上获取基金经理的有关信息。

（3）关注"兄弟"基金的业绩。

如果基金经理没有管理基金的从业经验，投资者是否就不应该购买呢？不一定，尤其是在国内基金发展的历史并不长、基金经理群体还比较年轻的背景下。即使新基金的基金经理过去并没有管理过基金管理，但该基金公司旗下的其他"兄弟"基金都有优秀的业绩表现，投资者也可以考虑。因为多数情况下，优秀的基金公司为了保持其在业界的长期声誉，大多不会让基金业绩长期地不如人意。但同时应注意，新基金经理与基金公司的投资方式是否有良好的磨合。

（4）莫忽视基金交易费用。

基金不一定赚钱，但一定要缴付费用。投资人得到专业理财服务，相应必须缴付管理费、认购费、赎回费、转换费等费用。但是费用过高，也不划算。尤其是低风险的产品，如债券型基金，本来收益就有限，费用的高低对投资回报更是有较大影响。这些费率水平变化不大，但基金投资于股票和债券的回报却是起伏不定的。你无法控制市场突如其来的变化，也无法控制基金经理的投资操作，但是你可以控制费用。

（5）投资人利益是否受关注。

基金公司承担着代客理财的信托责任，应充分关注投资人的利益。较低的费用水平是体现基金公司关注投资者利益的一方面。另一方面也体现在对基金资产规模的控制，因为如果基金规模过大，基金经理实现其投资策略可能有困难。

2. 抢购新基金应冷静

随着证券市场的不断好转，基金的净值是水涨船高，从一定程度上刺激了新基金的"抢购"风潮。新基金难道就一定能够取得强于老基金的业绩吗？事实上并非如此。新基金有新基金的优势，但也有新基金的劣势。

首先，新基金没有历史业绩可供参考，投资者买到后只能"瞎子摸象凭感觉"，这难免会存在一定的业绩运作不稳定的风险。

其次，新基金也不是保赚不赔的"原始股"。基金的业绩来源于基金管理人的管理和运作能力。建仓时点对新基金的未来盈利所起的作用是非常重要的。好的建仓时点可能会带来基金业绩的大幅度增长，带来一定的溢价空间。而在证券市场的相对高位和震荡行情中，与低谷时建仓相比，其风险概率将大得多。

第三，老基金仓位稳定，但也不是不能进行适度的持仓调整。震荡中的机会，对于老基金也同样具有一定的优势，而不是新基金建仓的根本优势。

总之，投资者在买基金时，关键是选择什么样的基金产品，买入后能够持有多长时间，面对基金的净值波动时，又有多大的风险承受能力。新老基金之间并没有根本性的差别。盲目追"新"就显得不够冷静了。因为买基金毕竟不同于买商品，出现"抢购"风潮，可能就意味着"买不到而价格上涨的情况"。而基金的净值不会因为抢购就会自然增长。

另外，在看待基金的1.00元单位面值时，也应当从基金未来成长性上多加考虑。假定投资者买了每份基金单位面值为1.00元的A基金，在未来的一个月内净值增长了8%，看似多买了一些份额，而另一只老基金B净值是1.3元，同样的资金看似少买了基金份额，但只要基金B的净值增幅超过8%，也应当看成购买老基金是划算的。因此，以价格高低来评定基金的成长性，也是不科学的。

其实，不论白猫还是黑猫，只要抓住老鼠都是好猫。而无论是购买新基金，还是老基金，只要其净值能够得到持续性的增长，都应当认为是好基金，才是值得"起早贪黑"抢购的好基金。至于在银行买、还是券商买更合算，只是渠道上的不同而已，它们之间也许在手续费的收取上有些差异，但更应注重的是不同基金的净值增长。

1.2　先知先觉基金新发行带来的新问题

随着基金新攻势的开始，投资者在投资基金的过程中会碰到不少新"题目"，例如不少基金公司发出公告，将对旗下基金的认购、申购手续费和份额采用"外扣法"；市场上多只基金采用基金拆分，取代了往年年末盛行的大比例分红，以达到净值归一；而无论是新基金发行还是老基金拆分时，都不像以往那样先购者先得，而是采用了按比例认购/申购……这些投资中的新问题，让新老基民们都不约而同地犯了难，新规则、新办法的采用，这会给基金投资带来什么样的影响呢？

1. 费用"外扣"代替"内扣"

2007年3月中旬，证监会给所有基金管理公司和基金托管银行下发了《关于统一规范证券投资基金认（申）购费用及认（申）购份额计算方法有关问题的通知》，要求修改有关基金认购、申购费用的计算方法，即统一规范基金认购费用及份额计算办法，基金公司今后统一采取外扣法对所管理的基金认（申）购的计算方法进行调整，并在三个月内调整完毕。

随着三个月调整期限的结束，从2007年6月1日起，先后有广发、富国、鹏华、上投摩根、景顺、兴业、东吴等20多家基金公司发布公告，将旗下基金申购费用和申购份额的计算方法由原先的内扣法调整为外扣法。

那么，什么是"外扣法"，什么是"内扣法"？

外扣法和内扣法是基金申购费用和申购份额的两种计算方法。为了计算方便，国内基金公司此前大多采用内扣法。两者的区别在于：外扣法是针对申购金额而言的，其中，申购金额包括申购费用和净申购金额；而内扣法针对的是实际申购金额，即从申购款总额中扣除申购费用。其计算方式如下：

（1）内扣法。

$$申购费用 = 申购金额 \times 申购费率$$
$$净申购金额 = 申购金额 - 申购费用$$
$$申购份额 = 净申购金额 / 当日基金份额净值$$

（2）外扣法。

$$申购费用 = 申购金额 - 净申购金额$$

$$净申购金额 = 申购金额/（1 + 申购费率）$$

$$申购份额 = 净申购金额/申购当日基金份额净值$$

假设投资者拟投资 10 万元申购某基金，申购费率为 1.5%，基金单位净值 1.00 元。

若按照内扣法计算：

申购费用 = 申购金额 × 申购费率

　　　　= 100 000 × 1.5%

　　　　= 1 500 （元）

净申购金额 = 申购金额 - 申购费用

　　　　　= 100 000 - 1 500

　　　　　= 98 500 （元）

申购份额 = （申购金额 - 申购费用）/基金单位净值

　　　　= （100 000 - 1 500）/1.00

　　　　= 98 500 （份）

而若按照外扣法计算：

净申购金额 = 申购金额/（1 + 申购费率）

　　　　　= 100 000/（1 + 1.5%）

　　　　　= 98 522.167 （元）

申购费用 = 申购金额 - 净申购金额

　　　　= 1 477.84 （元）

申购份额 = 净申购金额/申购当日基金份额净值

　　　　= 98 522.167/1.00

　　　　= 98 522.167 （份）

其结果是：与采用内扣法相比，采用外扣法可以多得 22 份左右。由此可见，采用外扣法计算申购份额，在同等申购金额条件下，投资者可以少付一些申购费用，多收一点申购份额，对投资者来说显然划算多了。

2. 拆分与分红有区别

2007 年 5 月以来，在基金的市场推广中，基金公司更多地采用了将高净值基金拆分来作为营销的主要手段。如自 2007 年 5 月份以来，就有兴业趋势、银华优选、富兰克林中国收益、工银精选平衡等多只基金实行了拆分，随后的 6 月前后也有不少基金把拆分净值归一的活动列上了日程表。

其实对于"净值归一"为口号的基金营销活动，投资者并不陌生。不过基金拆分和基金分红这两种不同的方式，到底有着什么样的区别，有的人还是觉得茫然。

从根本上说，基金分红和基金拆分是高净值基金降低"身价"的两种不同途径。基金的大比例分红主要来自于基金大幅调整仓位，将持有的股票售出以获得现金，满足分红的需要。在基金公司看空后市或是调整基金投资方向时，这种方法有利于保住胜利果实，将账面收益转换为实际收益。

而基金拆分则不需要卖出基金公司手中持有的股票，只需要对基金净值、基金持有人所持有的基金份额数作出相应的调整即可，调整后的持有人持有的基金份额占基金份额总数的比例不发生变化。用一个通俗的比喻，基金拆分并没有把蛋糕做大，而只是把蛋糕切成了更多份。

事实上，基金的拆分只是为了满足投资人喜欢低净值基金而进行的市场营销活动，没有太大的实质性意义。

举个例子来说，某只基金的净值为 3 元，经过 1∶3 的拆分之后，这只基金的净值降为 1 元左右。那么对于投资者来说，在不考虑手续费用的情况下，他在拆分前投资 1 万元，获得的基金份额大约为 3 333.33 份，而在拆分后，同样投资 1 万元所获得的基金份额为 1 万份。看上去手中持有的基金份额增加了，但实质上他所拥有的投资金额、投资收益都没有任何差异，如果基金净值增加 10%，拆分前后，他的投资收益增加都是 10 000×10% = 1 000（元）。

因此成熟的投资者面对各式各样的基金分拆活动，应当保持清醒的头脑，理性地进行基金投资。

3. 按比例配售也有限量

按比例配售也是 2007 年基金投资者所遇到的又一个新问题。推出按比例配售的初衷,是为了解决新基金销售时的"抢购"局面,但是随着基金拆分、分红的热潮,按比例配售的办法也被引入到了老基金的再度营销中,如最近进行拆分的多只基金都采用了按比例配售的办法。

有的投资者认为,既然实现了按比例配售,就不用像以前那样赶在发售的第一天去认购或是申购基金了。但是事实上,抱着这种想法的人往往扑了一个空。从一些基金公司了解到,尽管采用了按比例配售的办法,但是出于保障基金规模和投资者热情的需要,基金公司会对基金的认购/申购期进行灵活的调整。一位基金公司的人士对记者解释说:"我们会对已经认购的额度进行统计,到达合适的规模就会停止认购或是申购。毕竟基金的销售不可能像打新股那样,必须保证一定的配置比率。因此,基金公司即使采用了按比例配售的办法,也在到达销售上限时紧急'叫停'。比如对老基金进行再度营销,预定的销售规模为50亿,公司希望的配置比例为50%左右,那么,我们根据统计数据就会在发行到100亿左右时暂停销售。"因此,在最近的基金拆分再销售中,出现开售一天就喊停的情况就不难理解了。

但是,按比例配售也给投资者带来了很多新的困扰。一是投资金额无法控制,如一些投资者为了在配售中获得尽可能多的份额,往往采用了加大投资额的办法,但是各只基金的销售情况和配售比例并不一样,有时候基金销售情况并没有达到预定上限,不需要使用按比例配售,就会导致认购者的投资计划受到影响。其次是高出配售额度的资金退回账户存在着一定的"时间差",按照基金公司的规定,多余的资金一般会在2~3个工作日内退回到投资者的账户,但是根据投资者的实际反馈来看,资金退回的时间往往长于这个期限,不少投资者在一周左右才收到退回的资金,这就会对投资者的资金使用产生影响。

因此,即使对于采用按比例配售的基金,投资者也应当事前做好充足的准备,尽量安排在销售前期进行认购或是申购,同时要按照基金公司和基金的"受宠"程度进行预估,合理地配置资金,以免影响了自己的投资计划。

此外,一些基金公司在退回资金的过程中发现,有的投资者填入的账户信息不准确,导致资金无法及时退回,这一点也值得投资者注意。

1.3 迎来新基金发行密集期——理性面对基金新发行

随着近期新基金的强势攻潮，基民在选择基金投资时，有了更多品种的选择，有了更多操作的空间。然而，品种过多并不是一件什么好事，古诗有云："乱花渐欲迷人眼"，新基金的发放涉及多个公司，基民需要了解的信息过多，以至于会出现了难以抉择的局面。故而作为一名理性的投资者，需要尽力掌握一些新基金发行的特点及潜在规则，使自身也有火眼金睛的本领，挑选出成长喜人的理财产品来。

新基金不同于老基金，因为成立时间短，基本没有运作历史，一些用于老基金很好的判断方法并不适合于新基金。对投资者来说，要想掌握好判断新基金的技巧，关键就需要遵循基金选择的一些原则、一些特性、一些方法。

1. 选择基金的基本原则

如果投资者已经决定投资基金，那么，投资者首先要做这样一件事，即确定投资者的风险承受能力和投资者的理财目标。之后，投资者就可以开始进行基金品种的选择了。

在选择基金品种的时候，投资者首先需要了解的是管理这只基金的基金公司，它的股东结构、历史业绩，是否在一定时间内为投资人实现过持续性回报，其服务和创新能力如何等。这些从公开资料中都很容易得到。

其次需要了解的是基金经理。有人说，买基金其实就是买基金经理，这话是很有道理的。基金经理的水平如何，操守如何，应该成为投资者是否购买某只基金的重要参考指标。这方面的资料了解起来有些困难，但可以参照知名基金网站推荐的几位基金经理，那些都是经过长期市场考验，取得过优良业绩的。

关于如何评价和选择基金公司和基金经理，有专家认为，如果一只基金能够连续3年以上将业绩保持在同类型基金排名的前1/3之内，基本上就属于可以信得过的基金公司和基金经理。

第三要了解的是基金产品的具体情况。如基金品种属性，是属于高风险高收益的股票型基金，还是偏重于资金安全的保本型基金等；了解基金产品的投资策略、投资目标、资产配置等。国内现有的基金品种，其收益由低至高排列为：保本基金、货币市场基金、纯债型基金、偏债型基金、平衡型基金、指数型基金、价值成长型基金、偏股型基金、股票型基金。反过来，就是其风险由高至低排列为股票型基金、偏股型基金、价值成长型基金、指数型基金、平衡型基金、偏债型基金、纯债型基金、货币市场基金、保本基金。投资者可以从中进行选择。如果难以确定自己的风险承受能力，那么，可以尝试做投资组合，将风险高、中、低品种进行搭配，这也是基金专家所推荐的方法。投资组合做好以后，并非就万事大吉了，投资者还要不断地进行检查，从中剔除业绩不佳的品种，不断优化投资组合。

2. 购买新基金时需五看

对投资者来说，要想掌握好判断新基金的技巧，关键就是要学会"五看"，即：

一看基金经理是否有基金管理的经验：虽然新基金没有历史或者历史较短，但基金经理的从业历史不一定短。投资人可以通过该基金经理以往管理基金的业绩，了解其管理水平的高低。投资者可以从招募说明书、基金公司网站上获取基金经理的有关信息，并对其从业资历进行分析。

二看基金公司旗下其他基金业绩是否优良：如果基金经理没有管理基金的从业经验，投资者是否就无从判断呢？也不是。投资者可以通过新基金所属的基金公司判断这只新基金的前景。如该基金公司旗下其他基金过去均表现优异，投资者也可以放心购买。

三看基金经理投资理念及基金经理投资理念是否与其投资组合吻合：了解基金经理的投资理念后，投资者即可大致判断新基金的投资方向。如果新基金已经公布了投资组合，投资者则可进一步考察，一是考察基金实际的投资方向与招募说明书中的陈述是否一致；二是通过对基金持有个股的考察，可以对基金未来的风险、收益有一定了解。

四看基金费用水平：新基金费用水平通常比老基金高。许多基金公司会随着基金资产规模增长而逐渐降低费用。投资人可以将基金公司旗下老基金的费用水平和同类基金进行比较，同时观察该基金公司以往是否随着基金资产规模的增加逐渐降低费用。需要说明的是，基金的费用水平并不是越低越好，低到不能保证基金的正常运转，最后受害的还是投资者。

五看基金公司是否注重投资人利益：投资人将钱交给基金公司，基金公司就有为投资者保值增值的责任。在历史中，基金公司是否充分重视投资人的利益，应成为投资者考察的重点。

掌握了以上的"五看"，投资者在购买新基金时，就基本不会出错。

3. 货比三家——新基金中我选优

新基金自然有自己的优势，不然基金行业就无以发展。对基金新产品及新种类判断和时机掌握是选择其的两个关键因素。如何选优呢？这里可分为三个步骤来进行操作。

第一步骤：观察新基金是否有实质性的产品创新。

所谓实质性的产品创新一是看基金产品是否符合金融市场的发展趋势，是否具有新的风险收益特征。实质性的产品创新并不多见，因此这类"新"基金，例如中短期债券基金由于成功地抓住了中短期债券市场收益性看好而风险较小的特点因而大受欢迎。简而言之，看产品是否有适应市场的实质性创新，这是从另一个角度来看新发基金是否是真正的"新"基金；否则，"新"基金多数是"老"基金某种程度的复制品，又何新之有呢？

第二步骤：了解新基金是否在投资理念上有新意，是否适应市场现状和趋势。

事实表明中国股市在特定阶段投资理念都会出现轮动，在恰当的时机实现理念创新可能收到很好的效果，而这取决于新发基金公司对市场的判断。典型的例子如2003年底发行的部分基金，在对2004年大盘蓝筹概念可能陷入滞涨的判断下，将重点指向了中小盘、成长型股票，成为2004年"新"基金业绩表现的"黑马"。而反面的例子则如纯粹数量化的投资策略并不适合国内目前的股票市场环境，采用此种策略的基金投资效果可想而知。

第三步骤：购买时掌握适度的时机。

只有在证券市场适合战略性建仓的情况下，"新"基金的相对优势才最明显。证券市场处于阶段性的底部，申购基金时机较好。

当然，对新基金这几方面的判断都需要投资者有较强的专业能力。从预测未来表现的角度来挑选基金本非易事，要选准新基金就更有些雾里看花。对一般投资者而言，一是可以咨询独立第三方的专业基金研究人士；二是在判断不清的情况下，投资于业绩稳定性和持续性都得到证明的优秀"老"基金，是更加稳妥的选择。

1.4 打新基——花落你又知多少

无论是老基民还是新基民，面对诸多基金品种类别时，总会有眼花缭乱的感觉，究竟是正在发行的新基金比较有潜力呢，还是那些经过市场验证的那些老基金更有上涨欲望呢？其实，这个问题并没有什么标准答案，不同的基金会有不同的特点，新有新的好，老有老的辣。这里就对新基金和老基金进行一番对比，并且结合基金赢利的发展趋势，参考基金专家的意见，或许了解了这些以后投资者的投资决策就会有了准确的方向。

1. 新老基金六回合的较量

（1）投资品种选择——新基金胜。

新基金因为刚刚成立，正所谓一张白纸可以画出最新最美的图画。基金经理可以根据市场的最新走势和最新涌现的投资热点，选择投资品种，构建投资组合。而老基金因为仓位较重，基金经理即使看到了新的投资机会，也要先卖掉手里的部分股票，才有可能买新的股票。那么，在时机的把握上就稍逊一等。

（2）建仓成本——老基金胜。

直接的建仓成本通常包括两部分：手续费支出和价格冲击成本。买入股票就要支付佣金和印花税等费用，即手续费。大资金买入股票通常会推高股票的价格。比如现在是4元一股的股票，等一个基金买完了，价格可能已经涨了很多，而基金持有这只股票的实际成本也许在4.4元。那么，这高出来的10%，就是价格冲击成本。老的基金通常持有较高的股票仓位，其建仓成本已经体现在以往的净值中。而新基金因为仍要买股票，则必然产生手续费和价格冲击成本，这部分成本将会冲抵未来可能的收益。所以，在建仓成本上，老基金占有优势。

（3）系统性风险的控制——平局。

新基金刚成立时，股票仓位通常为零。所以，当市场正处于下跌时，新基金可以减缓建仓节奏，以规避短期市场下跌的风险。在2005年四季度，当时新成立的基金跌幅普遍较老基金小，就是这个道理。反之，如果市场正处于快速上升阶段，那么，新基金就比较被动了。

（4）基金经理的选择——老基金小胜。

基金未来的业绩如何，和基金经理的投资能力密切相关。老基金通常已经运作了一段时间，投资者对基金经理的投资风格和能力有一定感性认识，对其未来的投资业绩的预测把握相对要大一些。而新基金的基金经理如果是新人，那么投资者通常应该考查一段时间，来熟悉其投资风格，并评判其投资能力。不过，现在越来越多的基金公司崇尚团队投资的模式，新基金的未来业绩可能和整个投资团队的投资能力关联度更大。另外，为了新基金的成功发行，也考虑到基金公司资源的局限，许多公司推出"老"基金经理来管理新基金。所以，通过研判该基金公司其他基金的过往业绩，或者该基金经理所管理过的其他基金的业绩，也可以较清晰地判断出新基金未来的可能表现。

（5）认购费用——新基金小胜。

各基金公司为顺利推销新基金，通常对于认购新基金的投资者给予一定的认购费用的优惠。老基金通常无此待遇。当然，这些费用的节省都是小恩小惠，基金未来的成功投资应该才是投资者真正的盛宴。

（6）基金价格——平局。

新基金只有一元钱。老基金如果管理得好，净值肯定大于一元钱。买新基金比买老基金便宜——这是一些投资者买新基金的逻辑。最近市场上富国天益基金拆分受到部分投资者的追捧，就是一个鲜活的例子：同样的1 800元，得到1 000份1.8元的基金，和得到1 800份1元的基金，虽然价值完全一样，但投资者心理上就觉得后者"更划算"。

基金的净值高低仅反映了其过去所取得的利润，和其未来的业绩表现没有关系。如果说有关系，那也是过去的良好业绩可以昭示未来的基金表现，那么就应该去买老基金。所以，这种新基金便宜的逻辑是站不住脚的。

从上面的分析不难看出，新基金和老基金各有特点，谈不上谁比谁更好，因此我们只能重复这样一句话：没有最好的，只有最合适的。

2. 针对新老基金的选择招数有三

针对基民们"购买老基金还是新基金"的困惑，中国银行中银理财的客户经理和中银国际基金的理财专家表示，如果投资者看好股票市场的后市，对基金公司有信心，认同某只基金本身的风险特征及其投资策略和投资理念。那么，无论是老基金还是新基金，对他的收益影响都不会太大。中银理财专家建议，投资者在选择基金时应该牢记以下五条注意事项：

中银理财专家建议，投资者在选择基金时应该牢记以下五条注意事项：

（1）了解和评价一个好的基金管理人时应当使用定性与定量相结合的方法。

（2）选对了基金管理人，才能选择好的基金。

（3）选择不同的基金和基金管理人，可以分散风险。

（4）遇到疑惑时要及时向基金管理人提问。

（5）密切关注自己的基金管理人，而不是仅仅看它的业绩。

其中最为重要的两点要素是，选择基金首先应该根据自己的理财目标、资金规划和风险承受能力，结合基金的投资定位来进行选择。其次，是要选择好的基金公司，基金是由基金管理公司管理的，基金管理公司的管理水平如何，将直接影响到基金的表现。因此，从诚信度、稳健性、业绩表现和服务水平等方面选择信誉卓著的基金管理公司，是选择基金的一个重要方法。

应该选择新基金还是老基金，不能一概而论，新、老基金各有特点，新基金投资运作能力如何很难直接判断，而老基金已经经过了一段时间的运作，有客观的业绩表现作为参考，投资业绩优良的基金在一定程度上反映了其投资管理能力的高低。特别是当市场处于上升的长期趋势中，由于老基金已经建仓完毕，可以更好地把握市场带来的投资机会。所以，选择基金时仅仅看是新基金或是老基金未免有些片面。综合基金理财专家的各种建议，这里投资者可以采用三种招数来判断新老基金的可购买性：

第一招：不论新旧，只看"适合性"。

购买的重点应该是选择适合您的风险承受能力和长期理财目标的基金。以一个投资于中小盘股的基金为例，不论是新基金还是老基金，对于一个快要退休的投资人来说，我们的建议是"不投入或是投入比例占总投资金额的15%以下"。因为由于临近退休，投资年限较短，风险承受能力相应会较小，所以应追求低波动性、收益较为稳定的投资品种，如定存、货币市场基金等。中小盘基金投资标的是股性活泼、波动性大的中小企业，风险承受能力不强的投资人不宜介入太深；反之，表现稳定、风险收益均较小的货币市场基金对于30岁以下的年轻投资者来说，建议也少量介入，因为年轻的投资人风险承受能力较强，应以追求高速的资产增值为目标，对中小盘基金则可以多投资一些。

第二招：不论新旧，只看"成长性"。

要看每只基金投资标的是否具有长期的成长潜力，同时权衡自己的投资组合。有些投资者认为新基金总是能够跟着潮流调整，走在流行的尖端，购买新的基金最能感受到现在流行什么产业，捕捉到最新的利益增长。但实际上，投资者应把重点放在研究新基金所涵盖的投资品种是否具有持续的增长潜力上，同时全面地考察自己的投资组合。如果个人现有的基金组合中已经涵盖了这些增长点，就不必去一味追求新基金。

第三招：不论新旧，"时时归零"。

在对比新老基金的投资收益时，要注意"归零"分析，也就是把它们放在同一时点进行分析。不能单纯地认为，在同一时点，新基金从1元变成1.2元要难于老基金从2元涨到2.4元。新老基金面对的同样是未来的环境，同样接受日后经济起伏的考验。它们收益的不同是因为选股或择时的不同，而不是因为它们是新基金或者老基金。

3. 需要关注几类新基金

对于广大投资人而言，选择新基金，选择的是优秀的基金公司和具有良好投资能力的投研团队。优秀的基金公司是基金投资良好信誉的保证，出色的投资团队是基金获取长期收益的保障。

鹏华动力增长混合型投资基金（LOF）通过精选具有高成长性和持续盈利增长潜力的上市公司中价值相对低估的股票，并进行积极主动的投资管理，力争为投资者谋求长期、稳定的资本增值。灵活的资产配置比例，使该基金在市场低迷时降低股票仓位，有效降低风险；在市场走势较好时提高股票仓位，获取较高的收益。该基金经理认为震荡调整是建仓良机，因此，该基金在大盘大幅震荡期间快速完成建仓。同时，该基金也以数据证明其具有良好的发展潜力，自成立以来实现净值收益 45.30%，在同类基金中处于绝对优势地位。

易方达价值成长基金通过主动的资产配置以及对成长价值风格突出的股票进行投资，追求基金资产的长期稳健增值。该基金追求价值与成长两种风格的均衡配置，以适应不同的市场环境，并在降低风险的同时提高基金收益。该基金的管理人——易方达基金管理公司也以其出色的管理能力成为国内基金业的一颗明星。作为一只没有任何历史业绩的新基金，考察的主要因素在于基金公司和投研团队的整理实力，因此，易方达价值成长无疑将成为基金投资者重点关注的对象。

上投摩根内需动力一天之内 900 亿份的申购意向和 11% 左右的配售比例，刷新了新基金的申购规模和配售比例两项纪录。该基金借鉴上投摩根优秀的研究平台和风险控制系统，通过量化的归因分析和严格的风险预算，实现动态风险控制以及组合风险与收益优化配比，获取长期稳定的收益。该基金的基金经理孙延群，同时也是上投摩根阿尔法基金经理。上投摩根阿尔法是上投摩根旗下的明星股票型基金，各个时间段的净值增长和风险调整后收益在同类基金中均名列前茅。

工银瑞信增强收益基金作为国内首只银行系债券型基金，工银瑞信增强收益不仅具有银行系基金特有的渠道和客户优势，而且可以通过一级市场持有 20% 的股票资产，有效获取一、二级市场价差，增强基金的收益能力。对于风险承受能力不高而又期望获取相对较高收益的基金投资者而言，投资该基金是一种不错的选择。而且在目前股票市场处于高位的时候，各类型基金投资者均可选择这种风险较低的债券基金作为配置品种，有效降低组合风险，获取长期稳定收益。

需要提醒基金投资者的是，无论选择何种基金进行投资，首先应该进行风险自测，然后选择与自身风险承受能力相匹配的基金产品。而且需要注意投资有风险，必须根据个人经济情况，合理选择投资期限。

1.5　排行榜怎么看，"明星基"又咋看

随着基金市场赢利能力的逐渐走强，并为广大的投资者认可时，可就一改过去赢弱的形象，迅速在大街小巷中窜红，登堂入室。后来，跟随国内投资市场的政策逐步完善和理财产品的极大丰富，更多形态各异的基金产品加入进来，究竟该买哪一只呢？这又成为了投资者的选择困惑。借助于网络，各大基金站点都详细地推出了基金种类排行，标准不一，得出的排行状况也不尽相同。但是想要投资就必须有所参照标准，排行榜需要物尽其用才真正合理。作为想要赚钱赢金的投资者，怎样利用好这些参考数据，抑或辅助信息呢？

1. 慧眼识基金排行榜

目前国内已经有超过300只基金，数量还在不断增加，因此，选择基金成了基金投资者必做的功课。公开的基金业绩排行榜为我们提供了大量信息，是挑选基金时的重要参考。

在公开的基金业绩排行榜中，较为普及的是银河证券基金研究中心、晨星等机构发布的排行榜。这些基金业绩排行榜都会列出过去一周、一个月、三个月、六个月、一年、两年的回报率和排名，这样我们既能看出一只基金近期的表现，也知道这只基金中长期的表现。基金在每个评比期间的排名各不相同，到底要以哪一个数字为准呢？

虽然高考录取只看一次成绩，投资者却不能用一时的表现来"录取"基金。一般而言，基金在过去六个月以内的回报率属于短期业绩，很难据此推断基金经理团队的能力，但可以用它来观察基金最近的变化。基金理财专家建议，投资者首先要看过去较长一段时间基金的业绩表现，同时也关注近期表现。过去一年以上的回报率是非常重要的指标，因为从中可以看出很多东西，又不至于长到包含很多过时的信息。

在基金业绩排行榜中，投资者最应关注的应是星级评价。以晨星评级为例，不同星级的标准是什么呢？是综合考虑基金的回报率和风险后，给基金打分，如果一只基金回报率较高，但风险也非常高，不一定给评五星级。根据晨星"风险调整后的收益"指标由大到小，按百分比来衡量，前10%被评为5星；接下来22.5%被评为4星；中间35%被评为3星；随后22.5%被评为2星；最后10%被评为1星。看星级可以比较全面地知道一只基金过去的业绩表现，五星级基金无疑是同类基金中的好学生。

好学生的成绩可能退步，排行榜也不是万能的，但它给了广大投资人一个重要的参考。

2. 借助晨星，认识排行

每个周末，一些投资者都会到晨星网站下载本周的基金业绩排行榜，借此"发现那些更值得深入研究的基金，那些和同类基金相比有着更好的风险调整表现的基金。"阅读基金业绩排行榜可以得到如下信息：按基金类别归类的基金名称及其净值，晨星星级评定（含一年、两年），近一周、近一月、近三月、近六月、近一年、近两年、今年以来、设立以来的回报率及排名，近一年风险评价以及夏普比率。回报率和排名等数据比较直观，而对于风险评价和夏普比率，以及在风险评价和夏普比率基础上的星级评定，或许理解起来会比较困难一些，下面，通过某年一周（6月25～29日）的基金业绩排行榜，选取大家较为熟悉的基金，对晨星的基金业绩评价指标进行简析，见表1-1，以利于掌握晨星业绩评价，更好地选择基金，更好地为形成自己的基金投资策略而服务。

表1-1 　　　　　　　　　　　晨星基金业绩排行榜指标分析

基金名称	单位净值（元）	6月晨星评级（一年）	最近一年		最近一年风险评价				夏普比率	
			总回报率（%）	排名	波动幅度（%）	评价	晨星风险系数	评价	最近一年	评价
中信红利精选	1.8681	★★★★★	181.30	3	26.71	偏低	0.88	低	3.96	高
东方精选	0.9066	★★★★	161.64	13	28.82	中	1.00	偏低	3.43	中
上投摩根中国优势	4.0561	★★★★	154.83	18	30.60	高	1.19	高	3.13	偏低

晨星基金业绩评价指标主要包括年度总回报率、年度标准差、年度晨星风险系数和年度夏普比率四个指标，它们的含义分别解释如下：

（1）年度总回报率。

年度总回报率反映基金投资人在持有基金的一年内所获得的实际收益率，是衡量基金一年内的过往表现的最基本方法，计算年度总回报率的基本前提是假设基金所得分红设置为再投资。

年度总回报率＝（期末基金累计净值或者净值－期初基金累计净值或者净值）
／期初基金累计净值或者净值

此计算方法也用于近一周、近一月、近三月等时间段的回报率的计算。

（2）年度标准差（波动幅度）。

年度标准差反映年度内基金净值增长率的波动程度，即基金每周的净值增长率相对于一年来平均周增长率的偏差程度。标准差越大，代表基金每周的净值增长率和其平均周增长率之间的差异越大，波动也就越大，这在某种程度上反映基金净值增长的波动风险就越大，反之则越小。

（3）年度晨星风险系数。

年度晨星风险系数用来衡量某只基金与同类基金相比较的下行风险，即基金总回报率低于同期无风险收益率的风险，该系数越高，说明与同类基金相比该基金的下行风险（即相对亏损率）越高，该系数越小，说明与同类基金相比该基金的下行风险越低。其计算方法请查阅相关资料。（备注：无风险收益率可以是一年期国债回报率，也可以是一年期定期存款利率）

（4）年度夏普比率。

年度夏普比率衡量基金风险调整后基金收益的指标，反映了基金承担单位风险所获得的高于同期无风险收益的超额回报率，一般情况下，该比率越高意味着基金承担单位风险得到的超额回报率越高。计算年度夏普比率的基本前提是投资者愿意放弃一小部分基金的预期收益来换取更大收益的获得的可靠性。年度夏普比率是收益与风险同时加以考虑的综合指标，以期能够排除风险因素对绩效评估的不利影响。

年度夏普比率＝（基金回报率－无风险收益率）／标准差

（5）晨星星级评定。

晨星星级评定是一个在类型相似的基金间衡量风险调整后收益的指标，可以说晨星星级评定是一个纯粹的数学评价结果，它如实反映了一支基金所能给持有人带来的回报和其自身的风险之间的关系。晨星根据每支基金在评级期间月回报率的波动，尤其是看重它们在下跌时期的波动，晨星从其总回报中必须扣除"风险惩罚"的部分，如果两支基金有着完全相同的回报，则波动越大的基金扣除的"风险惩罚"越多。然后这些基金在各自的类别中按照它们的风险调整后收益进行从高到低的排序，并按照排序评定星级。

根据以上晨星基金业绩评价指标的具体含义，面对晨星的业绩排行榜单，面对各类数据大小不一，评价等次不一的同类型基金，我们如何对基金进行筛选和感受？如何对基金在同类型里面进行定位？可以依据如下原则进行：

①年度总回报率反映基金的实际收益率：越大越好。

②年度标准差（波动幅度）反映基金净值增长率的波动程度：越小越好。

③晨星风险系数反映某只基金与同类基金相比较的下行风险：越小越好。

④夏普比率反映风险调整后基金的收益：越大越好。

⑤晨星星级反映基金的风险调整后收益进行从高到低的排序：星星越多越好（最多5颗星，最少1颗星）。

依据此原则，回头看上述截取于6月29日的基金业绩排行榜，不难做出一些简明的判断：

①业绩方面：中信红利精选 ＞ 东方精选 ＞ 上投摩根中国优势。

②波动方面：中信红利精选 ＜ 东方精选 ＜ 上投摩根中国优势。

③风险系数：中信红利精选 ＜ 东方精选 ＜ 上投摩根中国优势。

④夏普比率：中信红利精选 ＞ 东方精选 ＞ 上投摩根中国优势。

⑤6月的晨星评级（一年）：中信红利精选是五颗星，其余为四颗星。

⑥基本可以这样判定：对同样是股票型基金的中信红利精选、东方精选和上投摩根中国优势进行比较，中信红利精选在三者之间表现更为优秀一些。

3. 拜师基金强人，自己学着数星星

基金投资时投资者也需要不断总结，不断摸索，探索出符合自己投资风格的投资方法。这里提供一位老基民的基金择优方法，我们可以结合自我喜好借鉴使用。此即为"数星星"评选工程。

所谓"数星星"评选工程，即为把自己关注的基金列表 EXCEL，然后每周关注一下基金增长率排行榜，排列出前面 100 位基金增长的顺序，并对它们进行评级：前 10 名五颗星；11～25 名四颗星；26～50 名三颗星；51～75 名二颗星；76～100 名评定为一颗星；出了 100 名的不给星。连续 10 周累计星星最多的可以考虑入手。

下面对 2007 年 1 月 12 日～3 月 30 日共十周的开放式基金进行"数星星"评级，其评级内容见表 1-2（这里暂列举 62 只基金，仅作参考）：

表 1-2　　　　　　　　　　　"数星星"评级自测

序号	项目	编号	10 周总得星
1	华夏大盘精选	11	32
2	华夏中小板	159902	25
3	易方达积极成长	110005	25
4	益民红利成长	560002	25
5	金鹰优选	210001	24
6	德盛精选基金	257020	23
7	光大保德信红利	360005	23
8	兴业全球视野	340006	23
9	华安 180ETF	510180	22
10	华夏上证 50ETF	210050	21
11	巨田资源优选混合型	163302	21
12	中邮核心优选	590001	21
13	博时主题行业 LOF	160505	20
14	长信金利趋势股票	519994	19
15	长信增利动态策略	519993	19
16	万家和谐增长	519181	19
17	兴业可转债	340001	19
18	长城久泰中标 300	200002	18

续表

序号	项目	编号	10 周总得星
19	华安宏利	40005	18
20	巨田基础行业	233001	18
21	南方绩优成长	202003	18
22	南方稳健成长	202001	18
23	上证红利 ETF	510880	18
24	万家 180	519180	18
25	兴业趋势投资混合型	163402	18
26	易方达 50 指数	110003	18
27	易方达深证 100	159901	18
28	德盛小盘精选	257010	17
29	光大保德信新增长	360006	17
30	华安中国 A 股	40002	17
31	华宝兴业收益增长	240008	17
32	华富竞争力优选	410001	17
33	嘉实沪深 300 指数	160706	17
34	南方高增长	160106	17
35	南方稳健成长贰号	202002	17
36	诺安股票证券投资基金	320003	17
37	鹏华价值优势	160607	17
38	天治核心成长股票型	163503	17
39	万家公用事业行业	161903	17
40	中海优质成长	398001	17
41	东方精选混合型开放式	400003	16
42	广发小盘成长 LOF	162703	16
43	国投瑞银创新动力	121005	16

续表

序号	项目	编号	10 周总得星
44	华夏红利混合型	2011	16
45	嘉实主题精选	70010	16
46	融通巨潮 100 指数	161607	16
47	友邦华泰盛世中国	460001	16
48	长城安心回报	200007	15
49	长城消费增值基金	200006	15
50	大成沪深 300	519300	15
51	光大保德信量化核心	360001	15
52	海富通收益增长	519003	15
53	景顺长城内需增长贰号	260109	15
54	鹏华中国 50	160605	15
55	申万巴黎新动力股票型	310328	15
56	泰信先行策略	290002	15
57	博时裕富	50002	14
58	长盛成长价值	80001	14
59	华宝兴业多策略增长	240005	14
60	金鹰中小盘精选	162102	14
61	景顺长鼎益股票型	162605	14
62	诺安价值增长	320004	14

通过以上自我基金评星活动的展开，结合基金市场的整体走势，投资者就会很顺利地预先判断出优秀的基金品种，这样在以后的投资活动中就会有的放矢，而不打无准备之仗了。

4. 切记基金购买三个"要知道"

（1）"要知道"基金不是只赚不赔的。

基金是个投资工具，赚钱是其基本的功能和存在的意义。股票型基金是通过集合投资者的资金投资股市来赚取收益的，基金的价值归根结底是由其投资的股票的价值所决定的。基金长期投资之所以能够赢利，其理论依据就是股票价格总体上具有不断向上增长的长期历史趋势，而非短期市场表现。但是，这并不意味着投资基金短期内不会出现损失，这也就是我们所说的投资风险问题。

股市在具有长期向上趋势的同时，其短期的变化还具有跳跃性的特征。所谓有跳跃性，也就是说股票价格有短期内波动性较大的特性。更简单一点来说，就是股市有涨就有跌。但是，受基金契约的限制，偏股型基金资产投资于股市的资金往往必须达到一定比例，比如60%。这就意味着，在股市高点时投资基金的资金，有相当的比例也必须用来买股票。如果随后市场出现下跌，基金的净值就会随之下跌。这样的情况在2004年的国内股市中曾经上演过。

2004年4月至2005年6月在市场下跌的行情中，上证指数下跌42.69%，开放式股票型基金下跌20.42%，开放式偏股型混合基金下跌17.74%，开放式债券型基金也下跌了4.79%。

（2）"要知道"基金的赚钱能力是参差不齐的。

在股市处于牛市的情况下，几乎所有的基金都能赚取丰厚的收益，让投资者赚得盆满钵满。但实际上，基金的赚钱能力是参差不齐的，特别是熊市里只有非常少的基金能够为投资者赢取正的收益。这一差别必须通过历史业绩的比较才能看出来，投资者最好是选择那些经历过一轮完整的牛熊市场转换考验的基金来投资。

2004年以来的三年时间里，国内股市经历了一轮完整的熊牛转换，一些优秀的基金也在股市涨跌的考验中脱颖而出。目前国内著名的基金评级机构晨星和理柏也都提供了最长为三年的基金评级结果，投资者可以根据这些结果来做出自己的选择。但是，毕竟中国规范的基金发展不过才8年的历史，在已经成立的300多只基金中成立满三年的基金只有不到120只，很多2006年发行的基金更是刚刚成立就遇上牛市行情。应该说，以波动性巨大而著称的中国股市对这些基金的考验才刚刚开始，投资者在选择这些基金时应该保持谨慎。

（3）"要知道"基金管理公司也是企业。

基金管理公司是基金产品的募集者和基金的管理者，其最主要职责就是按照基金合同的约定，负责基金资产的投资运作，在风险控制的基础上为基金投资者争取最大的投资收益。基金管理公司平时的运作受到以证监会为主的监管机构的严格监管，但是这并不能完全避免可能产生的企业经营风险。

从本质上而言，基金管理公司首先是一个企业。既然是企业，赢利也就是其本能的存在目的。

由于基金管理公司的收入主要来自以资产规模为基础的管理费，这就造成基金管理公司都有扩大其资产管理规模的冲动，以提高其管理费收入。当股市处于高点时，往往投资者对于投资基金的兴趣最为高涨。此时投资者更要注意少数基金公司出于自身赢利考虑进行违规营销推广，迎合投资者非理性需求的行为。

一家基金管理公司管理的基金规模如果出现快速扩张，往往需要在投资研究、风险控制、后台支持等各个方面及时加大投入，才能保证其资产管理工作的质量不出现大的波动。这也应成为投资者在目前基金大受追捧的形势下考察基金公司时要考虑的一个问题。

最后，基金行业成立时间毕竟不长，行业的竞争和变化都十分剧烈。也就是说，简单地用老公司和新公司，大公司和小公司，合资公司和内资公司来衡量一家基金公司的好坏，都存在着不足之处，这也增加了投资者选择基金的难度。

1.6　挑挑基金产品，看看基金成色

随着股市的频频震荡，理性的投资者都会产生一丝焦虑："购买的股票、基金还能不能挣钱？国内的投资市场是否又到了"寒冰"时节？股指上升到4 300点之后，还有上升的空间吗？"这些疑虑同时也困挠着投资者的实际抉择。股指到了4 300点这一高位，考虑到不同基金的特色、优势和对市场的适应性不同，对于基民而言，选择"进可攻，退可守"的基金成为关键。首先让我们从认识基金"特色"开始。

1. 基金依据其特性的分类

了解基金的特色，务必要从它的分类中予以了解。因为其自身不同于其他基金产品的本质特性决定了它独一无二的购买特点。

基金分类主要以招募说明书中基金所确定的资产配置比例、业绩比较基准以及投资目标为基础。招募说明书中基金所确定的资产配置比例、业绩比较基准以及投资目标代表了基金对投资者的承诺，构成了对基金经理未来投资行为的基本约束，以此为依据进行基金分类，可以保证分类的稳定性与公平性。

（1）一级分类标准。

先进行一级分类，然后再根据情况进行二级或三级分类。一级分类以中国证监会颁布并于 2004 年 7 月 1 日起开始施行的《证券投资基金运作管理办法》为准，该办法第二十九条规定基金合同和基金招募说明书应当按照下列规定载明基金的类别：

①60% 以上的基金资产投资于股票的，为股票基金。

②80% 以上的基金资产投资于债券的，为债券基金。

③仅投资于货币市场工具的，为货币市场基金。

④投资于股票、债券和货币市场工具，并且股票投资和债券投资的比例不符合第①项、第②项规定的，为混合基金。

⑤中国证监会规定的其他基金类别。

（2）二级分类标准。

①股票型基金：以股票投资为主，60% 以上的基金资产投资于股票的基金。

②指数型基金：以某种指数的成份股为主要投资对象的基金。

③偏股型基金：以股票投资为主，股票投资配置比例的中值大于债券资产的配置比例的中值，二者之间的差距一般在 10% 以上。差异在 5% ~ 10% 之间者辅之以业绩比较基准等情况决定归属。

④股债平衡型基金：股票资产与债券资产的配置比例可视市场情况灵活配置，股票投资配置比例的中值与债券资产的配置比例的中值之间的差异一般不超过 5%。

⑤偏债型基金：以债券投资为主，债券投资配置比例的中值大于股票资产的配置比例的中值，二者之间的差距一般在 10% 以上。差异在 5% ~ 10% 之间者辅之以业绩比较基准等情况决定归属。

⑥债券型基金：包括两类基金。一种是不进行股票投资的纯债券基金，另一种是只进行新股认购，但不进行积极股票投资的基金。

⑦保本型基金：保证投资者在投资到期时至少能够获得全部或部分投资本金，或承诺一定比例回报的基金。

⑧货币型基金：主要以货币市场工具为投资对象的基金。

2. 当前基金投资特色的价值分析

（1）股票型基金投资价值分析。

"老基金"拆分焕发出了新的魅力。在 2007 年 6 月份，国内基金发行再次掀起了高潮，南方稳健贰号基金拆分首日申购超过 200 亿元；上投摩根内需动力基金则创下了单日 900 亿元认购量的最新纪录，由于该基金规模确定为 100 亿元，在实行配售制以后，其最终确认的比例为 11.10%。

有关基金专家指出，现在买基金的中签率都类似打新股了，基民的投资热情高涨可见一斑。

不过，统计数据显示，虽然目前基金的发行总量较高，但基金销售中两极分化现象依然较为突出。过往业绩优秀的品牌基金公司推出的新产品依然是"稀缺品种"，虽然采取了"比例配售"的方式，但仍难以满足所有投资人的需求；而一些业绩平平的小基金公司的新产品则往往难以达到销售限额。

另外，除新发基金受捧外，2007 年 6 月份以来集中开展的绩优老基金拆分等持续营销活动也获得了投资者关注，其中南方稳健贰号拆分申购仅一日便结束，而正在建行等渠道开展的我国首只行业基金宝康消费品基金的拆分申购也非常踊跃。

基金专家指出，对于开放式基金投资而言，投资者应重点关注老基金。首先，在上涨行情中，如果持仓结构相似，那么股票仓位越高就越具有优势，因此，老基金可直接分享股市上涨所带来的收益，而新基金还要面临建仓的问题；其次，新发的基金总量普遍偏大，这将影响这些基金的后期表现。统计结果显示，规模太大的基金收益率水平整体要落后于规模适中的基金。

与此同时，也有多位专家提醒，购买基金也不能盲目"追星"，否则只能是令投资者频繁进出，赚的钱大部分都花在了手续费上。一方面，任何一个基金产品都不可能在所有时间段内、所有的市场环境中都表现出色。因为基金公司必须时刻按照事先对投资者的承诺来进行运作，不能"风格漂移"。另一方面，再优秀的基金经理、投研团队也只能看大趋势，把握大概率事件。因为小概率事件不可复制，也不可持续，而把握大概率事件对基金这种长期投资工具来说才是最重要的。

（2）债券型基金投资价值分析。

"打新"基金呈现低风险高收益。目前新股仍基本属于无风险收益，这就给了打新股的基金一个极好的投资机遇，在低风险基金产品中更是具有很强的竞争力。据统计，一些靠"打新"发家的债券型基金2006年的平均收益率均超过20%，其中，2006年业绩冠军的债券型基金的年度净值增长率超过了56%。

基金专家指出，2006年股权分置改革成功完成后，股票市场的融资需求重新恢复，新股发行、增发新股日益活跃，而且随着新的投资工具不断出现，将会带来更多无风险或低风险的套利机会，为债券型基金的投资收益提供潜在机会。

可以预测，2007年市场已显示出强势震荡行情，打新股的债券型基金既是新手进入证券市场、基金市场的"踏脚板"，也是老基民回避波动、稳健投资的好选择，更是理财规划、合理资产配置的上佳工具。基于投资者的巨大需求，工银瑞信已在酝酿推出银行系基金公司首个"打新"类债券基金，为投资者提供"债券稳定收益、新股增强回报"这一两全其美的选择。

对于2007年打新股的前景，基金专家表示，2006年6月19日国内A股市场恢复新股发行以来，先后发行了中国银行、工商银行、中国平安等大盘股票，为一级市场新股申购投资带来较高的稳定收益投资机会。2007年将会有大量H股回归，"打新"类债券基金将在保持较低风险水平同时，获得更大的收益空间。

（3）指数型基金投资价值分析。

随着指数型基金业绩的暴发，已为不少投资者带来了丰厚的收益。华夏中小板ETF、友邦华泰上证红利ETF、易方达深证100ETF等在2007年一季度，其收益率均超过了35%。

众多基金经理认为，随着沪深300股指期货推出预期进一步明朗，投资者对沪深300指数成份股的投资热情也日益高涨。对于任何一个准备参与股指期货投资的机构或个人投资者来说，持有一定量的沪深 300 指数成份股，等到股指期货推出后，无论是做多还是做空都有益处。因此在股指期货推出前，投资者对沪深 300 指数成份股的投资热情将会进一步提高，这也将进一步推动沪深 300 指数的上涨。

依照基金专家的建议，指数基金比较好的投资策略应该是在选择适合基金的基础上，在上升行情明朗时持有，并在行情发生转折时进行中线波段操作。

指数基金由于其自身的特性和优势，面市后一直受到追捧。从投资特点上来说，在行情趋势确定以后，投资者可以根据自己的判断，对指数型基金进行高卖低买的波段操作，以获取更大的收益。但是，指数型基金的投资操作仍有其自身的特点和局限性，应该根据指数型基金的特性和行情特点进行操作，否则很难取得理想收益。

另外，指数基金是一种趋势性的投资品种。由于没有卖空机制，只有在上升行情的大趋势中才能取得较好的收益，这是买入并持有策略的前提。指数基金主要是模拟股票指数进行投资运作，下跌或震荡行情中基金的绝对收益不高，如从 2002 年开始到 2005 年 7 月，股票市场一直处于震荡或下跌之中，截至 2005 年 7 月底，2005 年前发行的指数型基金中，没有一只基金的净值在面值以上，净值损失普遍都在 10% 以上。虽然投资者可以通过高卖低买进行波段操作，但是，只有在中线范围内进行操作，才能取得比较好的效果，短线操作的效果并不理想。

虽然同为指数型基金，但由于所拟合指数和投资策略的不同，基金具有不同的投资特征。因此，选择投资的指数是投资指数基金的一个重要环节。

（4）封闭式基金投资价值分析。

多重预期带来复合收益机会。在目前大盘震荡盘升过程中，市场尤其是部分股票累积的风险已越来越大。而封闭式基金，特别是具有"封转开"预期的封闭式基金，成为目前为数不多的投资亮点之一。

从中长期看，封闭式基金的机会仍然较多，这源于几大因素：封闭式基金的高折价率；封闭式基金封转开和高分红的预期；在股指期货推出后，封闭式基金可以实施无风险套利。

基金专家指出，在同等条件下，买东西肯定要买打折的。而封闭式基金就是属于打折比较厉害的商品。此外，与开放式基金相比，封闭式基金没有赎回压力，基金经理的投资选择会比较灵活。虽然从短期来看，封闭式基金可能会有调整风险，但是长远来看，封闭式基金还有一个额外封转开的预期收益。

此外，由于股指期货出台后的标的沪深 300 指数与封闭式基金持仓品种具有高度关联性，机构投资者可以通过股指期货进行动态套期保值，锁定当前折价隐含的套利空间，实现封闭式基金的无风险套利。

这一操作的原理是，当前以折价价格买入未来某日到期的封闭式基金，当封闭式基金到期时，价格将向到期日的净值靠近。如果到期日基金净值不变，那么一直持有至到期日就可获得当前的全部折价收益。这种投资封闭式基金的策略，最大的风险在于封闭式基金净值下跌，而封闭式基金净值又和股指有密切联系。因此，在股指期货推出后，持有封闭式基金的投资者，可以通过股指期货的套利保值来规避下跌风险。

1.7 做道小题测风格——赚钱也得靠眼光

对于不具备专业投资知识和充足时间的普通投资者，在众多投资品种中，基金是最适宜的。但是，目前市场上充斥着数百只开放式基金，这么多数量、不同类型的开放式基金，该如何选好适合自己的基金种类，才能赚"对"钱，赚大钱呢？

1. 用"业绩比较基准"辨种类

（1）四类基金可挑选。

根据我国的《证券投资基金运作管理办法》，开放式基金可以大致分为股票基金、债券基金、货币市场基金和混合基金四大类。

①股票基金。

同前所述，股票基金是以股票为主要投资对象的基金，基金资产 60% 以上投资于股票的，才能称为股票基金，属于高风险高收益的基金品种。

②债券基金。

同前所述，债券基金是以债券为主要投资对象的基金，基金资产80%以上投资于债券的，就是债券基金，收益较稳定，但不高。

③货币市场基金。

货币市场基金是投资于到期日不超过一年的债券和央行票据等货币市场工具的基金，收益更稳定，可也许只比一年定期存款略微高些。

④混合基金。

混合基金投资于股票、债券和货币市场工具，但股票投资和债券投资的比例又不符合上述规定的基金。

"业绩比较基准"可作分类标杆。怎样判断基金是哪种类型呢？投资者不妨查查一个简单而又非常重要的指标——基金的"业绩比较基准"，这个指标在基金招募说明书中，投资者能查得到。

例如：一只基金的业绩比较基准是"95%×中信标普300指数收益率+5%×金融同业存款利率"，那么就可以大致判断出这只基金产品的风险比较高，因为其绝大部分追踪的是股票指数，当然，在承担较高风险的同时其也可能带来较高收益，这其实是一只股票基金。

再如，一只基金的业绩比较基准是"一年期定期存款利率（税后）"，很容易看出这只基金的目标收益率和风险是比较低的，而这正是不少货币基金的业绩比较基准。

2. 根据风险承受力选品种

清楚了待选的基金是哪些种类，接下来，投资者要切记选择与自身的风险承受能力相匹配的品种投资。

简单地说，年轻人收入增长快，能承受较大风险，对收益期望较高，适合投资股票基金；人到中年，上有老下有少，收入与支出较稳定，风险承受度适中，对收益期望不太高，适合买混合基金；老年人辛苦了一辈子，建议买收益稳定、风险较小的债券与货币基金。可根据年龄，构造与自己风险与收益相适应的基金产品组合。

而更深一步来说，投资者在进行开放式基金投资时，可同时选择两到三只不同类型的基金，以防止单个基金对收益率影响过大。那么，您就不妨做做下面的《个人投资者风险自测》，以根据自己的风险承受能力来更精确地配置基金资产。

3. 个人投资者风险自测①

（1）您现在的年龄是：

A：39 岁以下　B：40～50 岁　C：50～55 岁　D：55 岁以上

（2）您投资的总额占个人总资产的：

A：低于 15%　B：15%～30%　C：30%～50%　D：50% 以上

（3）预期的投资期限是：

A：少于 3 年　B：3～5 年　C：6～10 年　D：10 年以上

（4）您提出的投资金将在几年内花完：

A：两年　B：3～5 年　C：5～15 年　D：每年提出定额，直到用完

（5）您对投资的了解程度：

A：无　B：有限　C：好　D：很好

（6）您投资时最关心的问题是：

A：投资可能造成的损失

B：投资回报及造成的损失

C：投资回报

（7）您目前或曾经拥有的投资产品：

A：现金/定期存款　B：债券/债券基金　C：股票基金　D：股票

（8）假若股市过去 3 个月下跌了 25%，而您拥有的股票也下跌了 25%，您将如何处理：

A：全部卖掉

B：卖掉一部分

C：不变

D：买进

分数计算标准：1、2 题 ABCD 选项分别对应 4、3、2、1 分，3－8 题 ABCD

---

① 资料来源：华夏基金

选项分别对应1、2、3、4分，计算标准见表1-3。

表1-3　　　　　　　　基金投资风格小测试的计算标准

总分	基金投资建议
1~10分	以货币市场基金或债券基金为主
11~16分	25%货币市场基金，50%左右债券基金，25%股票基金
17~23分	10%货币市场基金，30%债券基金，60%股票基金
24~30分	5%货币市场基金，15%债券基金，80%股票基金
31分以上	5%存款，95%股票基金

1.8　选基金验真身——影响基金投资风格五要素

1. 影响基金投资风格的五要素

基金的投资风格是指基金投资过程中所表现出来的风险收益特征。稳健型的基金投资风格，是指基金的风险收益适中，保守型的基金投资风格则表现为风险收益偏低。同样，激进型的基金投资风格表现为风险收益较高。这为不同投资偏好的投资者提供了基金投资和决策的参考。

但投资者在具体的投资过程中，还需要掌握和了解决定基金投资风格的要素，以更好地达到个人风险承受能力和基金投资风格之间的协调一致性。

（1）股票投资比例的大小。

股票是一种风险性资产，为了追求基金投资的高收益，除了货币市场基金和纯债基金之外，其他类型的基金产品都或多或少配置有股票。股票的价格波动受证券市场的影响较大：当股票的价格上涨时，将会带动基金净值的上涨；同样，当股票价格下跌时，将会导致基金净值的下跌。

股票价格涨跌的可变性决定了基金净值的可变性。股票投资的风险，也会直接导致基金投资的风险。只是由于基金是多只股票的组合，会在一定程度上降低基金的投资风险。因此，配置股票比例越高的基金产品，其风格特征越是表现为激进。

（2）重仓股票的投资价值。

基金管理人在进行基金资产的选择和配置过程中，并非进行均匀的组合投资，而是根据股票表现有针对性地进行配置。在某只股票上的投资占基金资产净值的比例最大的少数股票，称为基金的重仓股。这些重仓股因为所占比重较大，对基金风险收益的影响也较大，是投资者进行基金投资中需要引起注意的。

观察基金重仓股的变动，将会在一定程度上了解到基金净值的变化状况，特别是其净值涨跌幅度。另外，还可以通过对基金重仓股的分析和研究，了解基金净值质量高低。诸如基金配置的重仓股是短期的市场热点股票，概念性的炒作较大，其潜存的投资风险就不能低估。同样，基金配置的重仓股是质优的大盘蓝筹股票，其投资的稳健型特征就较为明显。

（3）基金管理人的投资策略。

为了追求基金投资收益的最大化，基金管理人会根据市场环境和基金配置资产的表现，采取及时灵活的投资策略，以实现既定的投资目标。这种投资策略的运用，将会在一定程度上影响基金的投资风格。诸如采取短线的频繁操作，在增大基金投资收益的同时，也会放大基金的投资风险。而坚守长期的价值投资，就会使基金的净值波动较小，避免了净值的大起大落。当然，也有基金管理人在长期投资中采取一定的调仓操作，不断地在一只股票上买进和卖出，以实现摊低基金投资成本的目的，但这种操作需要进行很好的时点把握。

（4）基金募集规模大小。

一只基金的规模大小与其成长性是密不可分的。基金的规模较大，将会增大基金运作的难度。同样，规模适中的基金则会因为"船小好调头"而在投资运作中更能够做到灵活配置。特别是基金面临净赎回时，势必会影响到基金资产配置品种的稳定性，不利于基金投资风格的培育，是一种被动的投资行为。而当基金出现净申购时，将会使基金管理人运用更多的资金进行优质筹码的配置，是一种主动的投资行为，有利于基金投资风格的培育。

（5）基金收益分配政策。

不同的基金管理人配置基金资产的不同，呈现不同的风险收益特征。在运用收益分配政策时也表现得参差不齐。有的基金习惯于短期的连续分红，而有的基金则注重基金的长期成长，集中进行大规模分红，或者进行分阶段分红。无论哪一种分红政策，对基金投资风格都会产生一定程度的影响。

2. 买入基金以后怎么办

基金专家认为优秀基金可以并且应当长期持有，尤其是以股票投资为主的股票基金或混合基金，持有时间越久其带来的赚钱效应才会越明显。但长期投资并不等于投资者在买入基金后就可以将其束之高阁、不闻不问，而应当密切关注，并适时进行调整。

（1）不同类型投资者适用不同的资产配置。

基金专家依据投资者的风险偏好程度的不同，可以将投资者划分为保守型、防御型、稳健型、成长型和积极型，各类型投资者可承受的风险水平逐次上升。保守型和积极型投资者是两个极端，要么非常看重资产的安全性，只想投资看得见回报的投资产品，要么异常进取，可以不顾风险去追求高收益。防御型和成长型投资者的个性特征没有前面两种那么强烈，防御型虽然很注重控制风险，但也会适当要求收益，成长型也类似。处于中间状态的是稳健型投资者，这类投资者也是所有类型中最大的群体，他们在风险和收益上的要求可以概括为稳健与进取并重。投资者在最初投资基金的时候，一般都是按照自己的风险偏好配置好各类型的基金。

根据不同类型的投资者配置不同的资产比例，结果见表1－4：

表1－4　　　　　　不同类型投资者的风险适用性参考

资产特征 投资者类型	高风险资产 股票＋混合基金比例（％）	中等风险资产 债券基金比例（％）	低风险资产 货币市场基金比例（％）
保守型	10	60	30
防御型	30	50	20
稳健型	50	40	10
成长型	70	20	10
积极型	90	0	10

这些比例是依据不同类型投资者自身的特点设置的，是一个长期的战略性的计划。但俗话说计划赶不上变化，投资者投资基金既要有长远打算，也要根据市场情况灵活调整。这个调整可以区分为两个层次，一个层次是对各类型基金所占

比重的调整，另一个层次是对每个类型中的具体品种进行调整。

（2）长期持基策略：咬定青山不放松，任尔东西南北风。

最简单的应对市场波动的方法就是——以不变应万变，就是忽视短期市场的波动，着眼于长期投资。这种做法适合于所有五种类型的投资者。

这么做的理由很简单，第一，不管市场怎么变，自己的风险偏好没有变，因此坚持原先的基金组合；第二，认为从长期来看市场会呈现向上的趋势；第三，相信优秀的基金管理团队其能力具有一定的持续性，不会因为市场发生波动而改变。其中，基金管理团队的投资能力是决定基金表现的关键因素，因此除非所持有的基金本身发生很大的变化，投资者不需要对自己的组合进行任何调整。

虽然这是最简单的应对方法，但实际上很少有人能够自始至终坚持。人们往往在市场大涨的时候抵挡不住诱惑而买入太多可能并不适合自己的基金，在市场下跌的时候又难以承受亏损的压力而大量赎回。实际上，人的风险承受能力一般来说并不会随着市场的上涨或下跌而增强或是减弱，因此即使市场大涨，投资者也应该清楚自己的底线，不要随便改变已有的配置比例。同时，买入后即坚定持有特别适合市场进入牛市的时候，在这种情况下投资者会受益匪浅。2006年以来市场已经给大家上了一课，如果自年初就持有股票型或混合型基金坚持到现在的话，投资者将获得很大的回报！

（3）中期持基策略：因时而化，与时俱进。

随着指数不断攀升，市场出现调整的可能性也在逐步增大。尽管当前的主流观点已对中国股市长牛格局的形成达成共识，但市场的波动永远是难以回避的。因此，除了那些坚定的买入基金后长期持有的投资者外，大部分投资者可以顺应市场走势的变化来调整组合，以控制风险、保存收益。

在市场震荡的过程中，投资者手中的各类型基金占总投资的比例也在发生变化，可能会偏离原先的定位。比如某类型投资者最高可容忍40%的高风险股票或混合基金，假设由于市场波动，组合中的股票基金净值上涨了50%，而其他基金保持不变，那么股票基金所占比例就提升到了50%，与预先设定好的比例偏离10%。这时，组合的风险水平就明显高于原有配置，这时候该怎么处理？

不同风险偏好的投资者可能采取的方式不同。对于保守型、防御型以及部分偏保守的稳健型投资者，他们首要追求的是资金安全，收益只是起到锦上添花的作用，这时候就需要赎回一部分股票基金以保持原有比例的平衡，如此便可保持原先的风险水平不变。相反，在基金净值下跌的时候，则应再加仓股票基金。对于成长型、积极型以及部分偏积极的稳健型投资者，市场上涨、资金增厚使得他们客观上能够承受更多的风险，而这些投资者在乐观的市况下在主观上也很容易对收益提出更高的要求，也愿意承担更高的风险。因此，这部分投资者此时可以保持现有的基金组合比例不动，也可以顺势加仓，进一步追求高收益。

虽说人的风险喜好不会轻易改变，但还是有不少处于中间状态的稳健型投资者认为市场上涨后自己的资金实力随之增强，就可以承受更高的风险。实际上，这些投资者当市场下跌时，其承受风险的能力也会很快变弱。因此我们建议此类投资者在市场下跌时卖出高风险的股票基金，在市场上涨的时候买入基金。同时，为了维持投资者资产总体的风险收益水平基本不变，这种调整的幅度不应偏离预先设定好的比例太远。

基金理财盲点大扫除：

※开放式基金"开放"在哪里

在基金分类中可以把基金分为开放式基金与封闭式基金，"开放"是相对于"封闭"而言。简单地说，开放式基金的"开放"有两重意思。

封闭式基金，其发行的规模是固定的，比如我们可以说某基金规模为20亿。发行结束后，基金公司就不接受新的申购，投资者手里的基金不想要了，也不能退给基金公司。投资者只能从二级市场其他的投资者那里买，而卖也只能卖给其他的投资者。这样，封闭式基金的总份额是不变的。

而开放式基金,基金规模是不固定的。基金发行期结束后,经过一定的封闭期,就进入正常申购赎回期,投资者如果想买这个基金,基金公司继续以当时的基金净值卖给投资者,而投资者如果不想持有基金了,也可以按照赎回日的净值退给基金公司（赎回业务）,基金规模是不固定的。

封闭式基金在证券交易场所上市交易,而开放式基金在销售机构的营业场所销售及赎回,不上市交易。

※封闭式基金折价、封转开、分红

①封闭式基金的折价。

封闭式基金因为可以在交易所交易,和股票一样,所以有了溢价和折价。当封闭式基金在二级市场上的交易价格低于实际净值时,这种情况称为"折价"。

折价率 ＝（单位份额净值 − 单位市价）／单位份额净值

根据此公式,折价率大于 0（即净值大于市价）时为折价,折价率小于 0（即净值小于市价）时为溢价。除了投资目标和管理水平外,折价率是评估封闭式基金的一个重要因素。国外解决封闭式基金大幅度折价的方法有:封闭转开放、基金提前清算、基金要约收购、基金单位回购、基金管理分配等。

例如某封闭式基金市价 0.8 元,净值是 1.20 元,我们就说它的折价率是（0.8 − 1.20）／1.20 ＝ − 33.33%,即此封闭式基金属于溢价发行,其溢价率为 33.33%。

自从发行了大盘封闭式基金,封闭式基金的交易价格就从净值上方掉到了净值下方,出现了折价交易,最严重的时候曾达到了净值的一半左右。经过 2006 年的净值大幅增长,封闭式基金的折价已经逐步缩小。不过,目前很多封闭式基金的折价率还维持在 20% ~ 30%,部分高折价的基金其折价率在 30% 以上。

无疑,封闭式基金高折价现象的存在是吸引很多投资者的一个重要因素。如果一个基金折价率为 40%,这等于说投资者可以花 0.6 元钱买到价值 1 元钱的东西,假如这 1 元钱的价值能在最后得到体现,则相当于投资收益率为 66.7%。

因为高折价的存在,近年,很多投资者更加看好封闭式基金,认为这是一个相对更为安全的投资领域。

当然,折价率是动态的,封闭式基金的折价每天都会变化。因此,折价带来的投资机会也是变动的。

②基金的封转开。

0.6 元钱买价值 1 元的东西，但是这 1 元钱最后如何体现？

这还要从封闭式基金契约说起。封闭式基金一般都有存续期，比如 15 年。按照基金契约，到期后基金应该清算，投资者拿回基金净值，基金结束。而前面说的 0.6 元钱是基金的交易价格，1 元钱正是基金的净值。封闭式基金到期清算时，将按照基金的净值进行清算。

但是，大部分基金管理公司并不愿意就此让一个基金结束，因此封转开成了绝大多数封闭式基金的选择。把封闭式基金转型为开放式基金，让基金可以继续存在，这就叫到期封转开。

③封闭式基金的分红。

《证券投资基金运作管理办法》第三十五条规定：封闭式基金的收益分配，每年不得少于一次，封闭式基金年度收益分配比例不得低于基金年度已实现收益的 90%。

由于 2006 年度股市行情好转，封闭式基金累积了至少 300 亿元的可分配收益。按照基金信息披露规定，最迟在 2007 年 3 月 31 日，封闭式基金必须披露 2006 年度报告，在披露年度报告的同时也公布 2006 年度分配公告。一般来说，正式分配公告披露后的一周之内基金就实施分红。

绝大部分封闭式基金在分红方面并不积极，因而都会把分红拖到最后一段时间来进行。根据往年的分红情况，3 月份或 4 月初，封闭式基金会出现一个分红的浪潮。

封闭式基金分红的诱人之处在于，这种分红可能出现一个套利的机会。从历年封闭式基金的走势来看，每次分红都会带来一波上涨行情。

这个套利机会同样来源于它的高折价率，因为分红将再度提高现有的折价水平。封闭式基金的分红采取现金分红方式，由于现金分红部分是不会打折的，在市场不发生变化的情况下折价绝对数额不变，而基金的净值和价格同步下降，因此折价率就会上升。举个例子来说，某封闭式基金净值 2.00 元，市场价格 1.80 元，其折价金额为 0.20 元、折价率为 10%。如分红 1 元，则其净值变为 1 元，除权后市场价格为 0.8 元，则折价率变为 0.20/1＝20%，显然折价率将随着分红得到明显提升。

<h3 align="center">※保本基金保本靠什么</h3>

所谓保本基金，是指在基金产品的一个保本周期内（基金一般设定了一定期限的锁定期，在我国一般是 3 年，在国外甚至达到了 7 年至 12 年），投资者可以拿回原始投入本金，但若提前赎回，将不享受优待。这类基金对于风险承受能力比较弱的投资者或是在未来股市走势不确定的情形下，是一个很好的投资品种，既可以保障所投资本金的安全，又可以参与股市上涨的获利，具有其特定的优势。

保本基金通常以保本和增值为目标，主要投资于风险很低、高分红和回报的证券，以保证投资者到期能得到本金加收益的基金，一般能获得高于同期银行存款利息的回报，是一种储蓄替代产品，一般规定一定的封闭期限，属于"半封闭"的开放式基金。

保本基金之所以可以避险是指保本基金可以控制本金损失的风险。基金持有人持有到期，如可赎回金额高于或等于其投资金额，基金管理人将按赎回金额支付给投资者。如果可赎回金额低于其投资金额，基金管理人将按投资金额扣除已分红金额支付给投资者，并由担保人提供担保。由第三方提供不可撤销的连带责任担保正是保本基金与其他基金最大的不同，从而保证期初全部投资的安全。

而保本基金靠什么实现保本，则要看其资金运作机制。以某基金为例，该基金将一定比例资金投资于债券，并将这部分投资获得的固定收益数额放大一定倍数进行股票投资。在实际投资操作中，根据股市、债市上涨和下跌的情况，动态调整股票和债券的投资组合，确保在本金安全的前提下，把握股市上涨的收益机会，获得较高的预期收益。当基金前期收益越多，净值水平越高时，下跌至保障本金水平的余地越大，即基金承受风险的能力越大，此时投资于股票资产的比例上限越大。反之，当基金前期收益越少，净值水平越低时，下跌至保障本金水平的余地越小，即基金承受风险的能力越小，此时投资于股票资产的比例上限越小。

※货币市场基金

货币市场基金，是一种功能类似于银行活期存款，而收益却高于银行存款的低风险投资产品。它为个人及企业提供了一种能够与银行中短期存款相替代，相对安全、收益稳定的投资方式；而且既可以在提供本金安全性的基础上，为投资者带来一定的收益，又具有很好的流动性。

货币市场基金最主要的特点是安全性好、流动性高，因为其投资的货币市场工具大多数风险较低，比如现金、一年期内的银行定期存款、大额存单、央行票据、国债、债券回购、高信用等级的短期融资券等等，这些投资标的都很易于变现，国内相当多的货币市场基金已经实现 T+1 日到账，即今天发出赎回指令，明天就可以拿到现金。

根据《货币市场基金管理暂行规定》的规定，我国货币基金的投资范围包括：现金；一年以内（含一年）的银行定期存款、大额存单；剩余期限在三百九十七天以内（含三百九十七天）的债券；期限在一年以内（含一年）的债券回购；期限在一年以内（含一年）的中央银行票据；中国证监会、中国人民银行认可的其他具有良好流动性的货币市场工具。

一般而言，拥有一定金额的短期闲置资金，并希望有稳定增值机会的投资者，均适合投资货币市场基金。具体来说，以下两类客户群体更应关注和投资货币市场基金：

①活期存款客户、银行定期存款客户、国债投资者。（追求本金安全、高流动性并希望获取稳定收益，将货币市场基金作为现金管理的工具）

②专业投资者。（将货币市场基金作为投资组合的类属资产配置，达到优化组合或避险的目的）

每万份收益，是指把货币基金每天运作的收益平均摊到每 1 份额上，然后以 1 万份为标准进行衡量和比较的 1 个数据。近 7 日年化收益率，是指货币基金 7 个自然日每万份基金份额平均收益折算出来的年收益率。这两种指标都是衡量货币基金的收益标准。每万份收益在基金出现大宗交易或者赎回的时候，变化得最明显，而近 7 日年化收益率则是 7 日内收益情况的一个平均值。因此，如果近 7 日收益率一样的话，并不意味每天的每万份收益也会一样。

投资者真正要关心的，应是每万份基金单位收益，它所反映的是投资者每天可获得的真实收益。这个指标越高，投资人可获得真实收益就越高，而近 7 日年化收益率与投资者的真正收益，仍存在着一定的距离。

※细分开放式基金适应人群

如果按照投资类型来看，开放式基金可分为股票型、债券型、保本型、配置型和货币式基金五大类，下面我们看看哪类最适合投资者。

①货币式基金。

资金投向：资产配置主要是央行票据、短期债券、债券回购及同业存款和现金。

适应人群：对风险特别害怕，资金闲置的时间无法长期确定，希望获得稳定收益。

②配置型基金。

资金投向：资产配置中包括股票、债券和现金等，分配比例可以根据市场灵活调整。

适应人群：具有适度的风险承受力，希望获得一定的超额收益。

③保本型基金。

资金投向：资产配置中以债券为主，兼有一定比例的股票投资。

适应人群：对本金的安全性要求特别高的人。

④债券型基金。

资金投向：资产配置中以债券品种为主（超过50%）。

适应人群：对资金安全性要求较高，希望收益比较稳定的人。

⑤股票型基金。

资金投向：资产配置以股票为主。

适应人群：愿意承担较高风险，希望获得高收益的人。

Investment *easy*

第 一 章
二

基民如何应对
震荡市

▶ 2.1 养"基"要长期,旱涝有保证

▶ 2.2 调节要有度,投基要选时

▶ 2.3 套牢莫担心,转换来帮你

▶ 2.4 震荡市里有起伏,摸索方法来应对

▶ 2.5 轻松面对震荡市,专家支招长技能

▶ 2.6 基市里面有真理,坚信理念守纪律

▶ 2.7 调整未必是坏事,当作礼物未可知

▶ 2.8 基金组合好策略,长期分散保赢利

▶ 2.9 在暴跌中检验基金:看看四类基金的抗跌排行榜

章前导读语：震荡市难挡赢利之心

有朋友这两天一直在犯嘀咕："这几天的股市一直在调整，我是没有看行情，不过总是听别人在说行情跌呀跌呀的。我真是痛苦呀。因为前些日子有无理由的上涨，这些日子就会有无理由的下跌。"

"没什么好说的了。大市还是向上的。大牛市我们都没有经历过，如果这样就跌下去了，那决不是大牛市的表现，只能说是小牛而已。"

听了这些嘀咕，这里建议的是，基民在这个时候，一般都要进行调整，调整心态是最重要的，再就是调整风险，调整组合，调整看法。

先说说调整心态：操作来自心态。有一个朋友跟我说，有时候明知道不该卖的但还是卖出，就是因为心态不好。实在受不了这个行情的变化。跌一下，心就疼一下，受不了就卖了算了，省心。买入的时候也是这样，行情一涨，就跟进，跌下来就后悔。

解救办法：少看行情，少看盘，选定基金后就不要看它，一个季度看一遍就行了。主要是关注基金经理及基金公司有什么大的变化。

说说风险：风险在股市调整的时候才能体现出来，投资者对自身风险的评价是高是低，只有这个时候才能看出来。接受不了当前行情的，接受不了当前损失的，都说明投资者自身的风险承受能力被高估了。觉得没什么大问题的，还能加仓的，除了投机思想以外，就是风险承受力被低估了。

解救办法：高估的买出当前基金，转到货币基金、保本基金，或其他更低风险的理财产品上。低估的就可买入当前有较好抗跌能力的基金。

2.1 养"基"要长期，旱涝有保证

      2007 年以来股市一直处于宽幅震荡之中，股票型基金的净值也跟着上窜下跳，基金投资者的心理承受能力受到了重大考验。随着股指再度站上 4000 点，很多"基民"们再次陷入痛苦的两难抉择？坚定持有还是决绝赎回？

      对一个希望分享中国 A 股市场长期牛市收益的投资者来说，目前赎回基金，如果又没有其他优于基金的投资渠道，所面对的就是再投资风险，也就是错过基金未来收益的风险。在牛市中，再投资风险也是非常大的风险。如果赎回基金，投资者能否找到比目前持有的基金更好的投资工具？如果投资者对自己目前持有基金的收益已经比较满意，同时对这只基金的未来不那么看好，希望把这笔钱转换为自己更为认可的基金，那么赎回、然后购买其他基金是可取的。但如果你选择赎回只是因为希望规避市场波动的风险，而赎回之后，投资者仍然希望在市场情况明朗以后继续投资同一只基金，那赎回就没有太大必要了。

      理由很简单，赎回基金、再买入基金要支付高昂的手续费，一出一进加起来至少 2%，对于刚刚进场的基金投资人，扣除手续费之后的收益可能微乎其微。更重要的是，想要做波段操作，买在最低点、卖在最高点，效果可能是适得其反。这源于人类的两大情绪：恐惧和贪婪。市场下跌的时候，哀声一片，害怕亏钱的心理往往会让您过早退出；同样，如果市场飙升，似乎人人都能一夜暴富，贪婪的心理可能会驱使您为了追求更多的收益而承担过高的风险。追涨杀跌成了不可克服的人性弱点，极少有人能够逾越。所以，尽管很多人喜欢选时，但真正能做到"高抛低吸"的人却很鲜见。

      既然波段操作并不容易，不如采用以逸待劳之策，以不变应万变，才是简易而有效的投资策略。数据表明，假设在 1991 年至 2005 年的 15 年间，投资者在任意一年的年初投资 A 股，持有满 1 年，按上证指数收益率计算，投资收益为负的概率为 47%；持有满 3 年，投资收益为负的概率为 38%；持有满 6 年，投资

收益为负的概率降到 10%；而只要持有满 9 年，投资收益为负的概率就降为零，至少可以保证不赔钱！

我国基金发展的历史同样证明基金是长期理财的有效工具。1998 年至 2005 年我国偏股型基金（含混合型基金）的年均投资收益率是 8.49%。第一批 5 只封闭式基金——基金开元、基金金泰、基金兴华、基金安信和基金裕阳，从 1998 年基金成立到 2007 年 1 月 12 日，它们的净值平均累计增长 366.55%。

所以，无论市场起起落落，只要长期牛市的格局没有改变，那么不妨保持良好的心态，上证指数在 4 000 点上同样可以以逸待劳，当然，也不可把以逸待劳的"待"字理解为消极被动的等待，只有投资者灵活掌握了长期持有的诀窍，长期持有基金才能显现出不凡的成绩。这里有几项内容需要注意：

1. 购买基金长期持有要选择好买入时机

长期投资基金从理念上说是对的，但选择入市买点很重要。如果投资者在 2 000 点买入，以后基金市场火爆，赢利空间很大，会有 50% 以上的利润可以挖掘，这样投资者就可以长期投资持有；如果投资者在 3 500 点以上买入，大盘在以后的期间内跌回 3 000 点或者 2 800 点，投资者就会被套 500 点左右，那么这时投资者也就不会认同长期投资基金的理念了。因此购买基金长期持有要选择好买入的时机。另外，还要选择一只优秀的基金，一只经过市场验证具有强力升值潜力的基金。

2. 选择后端收费模式可轻松多赚

为了鼓励长期投资，不少基金公司推出了"后端收费"模式：购买时不需支付任何费用，只需在赎回时补交申购费和赎回费，持有时间越长，手续费率越低，并且可以"先投资后买单"。基民如果看好某只基金且打算长期持有，不妨采取后端收费模式，与前端收费相比，多赚千元并非难事。

有李、张两位小姐，两年前两人一起投资 5 万元，在同一天同一个价位买入了同一只开放式股票基金。如今这只基金的净值已经翻番，两人决定落袋为安，于是一起赎回了这只基金。而结果却是张小姐实际的投资收益却比李小姐高出了约 1 600 元。什么原因呢？

原来，这只基金提供两种申购费的付费方式，李小姐申购时用的是前端收费，申购费率 1.5%，赎回费率为 0.2%，二者合计为 1.7%；而张小姐申购时选的是后端收费，持有满两年时，尽管赎回费率仍为 0.2%，但只需支付 1% 的申购费率，总费率只有 1.2%。这样，同样是投资 5 万元，仅手续费一项，张小姐就比李小姐节省了 0.5%，即 250 元。

同时，由于申购时选择的是"先投资后买单"的后端收费付费方式，在购买开放式基金时并不支付申购费，而是等到卖出时与赎回费一起缴纳，这样张小姐用于购买基金的实际金额就比李小姐多，买到的份额也更多。

具体来看，在两年前购买时，张小姐的 5 万元资金全部买成了基金份额，按照申购日基金单位净值 1.075 元计算，可以获得 46 511.62 份基金份额。而李小姐申购时用的前端收费，在购买时要支付 1.5% 即 750 元的申购费，实际进行投资的资产只有 49 250 元，买到的基金份额也就只有 45 813.95 份。可见，同样的本金投入，张小姐的有效投资额就要比李小姐高不少。

另外，后端收费模式还可以让普通的小额投资者享受到大额投资者的待遇。以某股票基金的收费方案为例，如果投资者选择前端收费，申购费率只能随着申购金额的递增而递减。例如，在申购额度为 100 万元以下时，申购费率为 1.5%；当申购额度在 100 万元至 1 000 万元之间时，申购费率降为 1.2%。而在后端收费模式下，申购费率与持有时间成反比，即持有年限越长，费率越低，直至为零。

例如：用 10 万元投资某基金，假设申购日净值为 1 元，持有两年多后净值为 2 元，前端申购费率 1.5%，后端申购费率 0.5%，赎回费率均为 0.1%。

（1）后端收费的交易费用。

$$
\begin{aligned}
后端申购费用 + 赎回费用 &= 赎回份额 \times 申购日基金份额净值 \times 后端申购费率 \\
&\quad + 赎回份额 \times 赎回日基金份额净值 \times 赎回费率 \\
&= 100\ 000 \times 1 \times 0.5\% + 100\ 000 \times 2 \times 0.1\% \\
&= 700\ 元
\end{aligned}
$$

（2）前端收费的交易费用。

$$
前端申购费用 + 赎回费用 = 申购金额 \times 申购费率 + 赎回份额 \times 赎回日基金份额净值 \times 赎回费率
$$

$= 100\ 000 \times 1.5\% + 100\ 000 \times (1 - 1.5\%)/1 \times 2$
$\times 0.1\%$
$= 1\ 500 + 197$
$= 1\ 697$ 元

3. 基民赢利法则——简单投资长期持有

最新统计数据显示，2007年上半年56家基金管理公司旗下347只基金的资产管理规模达到1.8万亿元，相比2006年末增长了111%。一轮波澜壮阔的大牛市，让投资者对于基金投资的热情空前高涨。然而，很多基民却依然存在投资误区：频繁买卖，波段操作，甚至未能收获其投资品种所实现投资收益的1/3。调查显示，有半成以上基金投资者表示，自己持有单只基金的期限一般不超过半年。结果丧失了获得高额持续收益的机会。

基金专家认为，事实上，基金作为专家理财工具，应长期持有才能享受到经济增长所带来的收益。因为长期的业绩往往能体现基金公司的投资管理能力、抗风险能力。举例来说，如果一名投资者三年前买入泰达荷银行业精选基金，持有至2007年年度中期，其投资收益率将高达300%。但如果其在三年的过程中频繁买卖，试图"择时"操作，扣除期间的申购、赎回费用，投资收益率将远远低于300%。

伴随A股市场进入震荡调整阶段，2006年的单边大牛市已难以再现。当市场中真正有内在价值的股票重新占据主流时，基金管理公司的"长跑能力"差别将愈发明显。

因此基金专家建议，投资者应该重点选择那些整体实力强大，坚持价值投资理念，基金净值较少出现投机性波动的优质公司和优质产品。简单投资，守住投资者选的好"基"，它所带来的长期回报可能会带给投资者一个巨大的惊喜。

2.2　调节要有度，投基要适时

眼下，股市逐渐走高，投资者因不知何时进入而彷徨；各大卖场打折行动你方唱罢我登场，又让消费者眼花缭乱不知如何选择。其实，投资和消费一样，投资领域和消费市场都有着相对的最佳进入时点，关键在于如何去抓住这个点。如果能把握好这些时间点，人们的理财可以事半功倍。中国的投资者向来有"机会主义"的传统，在基金投资上也常有胆大不理智之举，如何规避这些问题，是接下来要讲的内容。

1. 在基金净值走低时"逢低加仓"

当持有的基金净值下跌时，有的基民会觉得价格越跌则越便宜，应该买更多，这其实套用了股票投资中的"摊薄成本"的概念。殊不知"摊薄成本"对投资决策而言并不是一个有用的概念，反而是个容易误导的观念。投资基金时买进价格的高低不是重点，基金未来净值与买入时净值的差（也就是潜在获利）才是关键。如果净值不能回到最先买入时的净值以上，"逢低加仓"很可能会使投资人亏损更多。

所以关键还是要分析该只基金的增值潜力。每一次在决定是否加仓该只基金的时候，都要基于当时的各种机会比较后再作决定，换句话说，这是一个单独的投资决策。如果认为风险愈来愈高，应该"认赔卖出"；如果认为风险愈来愈低，则应该"逢低加仓"。"逢低加仓"的正确理由并不是想要"摊薄成本"，而是净值下跌后可以使加仓买进部分有更大的潜在投资报酬。

2. 追逐市场热点，频繁转换投资品种

2006 年，A 股市场涨幅居全球之冠，偏股型基金的平均收益率也逾 100%，引得许多从未涉足股市的投资人义无反顾地成为"基民"。但 2007 年以来，市场热点转换频繁，特别是春节后小盘低价股成为行情的主流，股价翻番的股票中大多数是消息股，借助各种诱人的题材，如借壳、重组或者拿到了一个天大的订单，从而带来了惊人的升幅，在这样的市况下，以基金为代表的价值投资者收益却不如人意，2007 年一季度，仅有 14 家基金跑赢沪深 300 指数。于是许多基民们又迫不及待地赎回基金，转而自己"操刀上阵"。

其实，对于基金投资人来说，"趁火打劫"的投资心理是投资者获取长期回报的天敌。投资者往往认为短期回报最大化才是最重要的，但是往往忽略了多数基金持续脱离平均回报率趋势是极其困难的一件事情，而且频繁的申购赎回往往

导致昂贵的交易成本，这将严重地侵蚀投资者的长期利润。

基金是一种适合长期投资的品种，任何"趁火打劫"的机会主义做法都可能只是弄巧成拙。长期来看，多数基金仅仅能够获取市场平均收益，因此，超越市场平均回报率的主要办法，只能来自于两方面：一是认准那些管理能力强的基金或基金公司，集中投资，长期持有；二是尽最大可能降低交易成本，提高持有期限，从而排除所有市场中短期波动和交易成本带来的负面影响，最大可能地提高收益率水平。

3. 指数、净值"双低"买基金

一般情况下，根据宏观经济的景气周期变动，来判断投资基金的时点是个不错的办法，投资人可关注每月 10～15 日间国家统计局发布的宏观经济指标，如 GDP 成长、消费物价指数变动、工业增加值成长、货币投放等指标。根据这些可以大致判断目前经济位于景气循环的位置，并据此选择基金。

通常来说，在国家经济增速下降时，应该适当提高债券类基金投资比重及购买新基金，因为新基金可以根据市况向下逐渐建仓。若经济增速开始上调，则应加重偏股型基金比重，并关注老基金，因为其早已完成建仓，建仓成本也会较低。

对一些没有专业背景的投资人而言，若判断宏观经济的景气位颇有难度，则该采用另一些简单的办法，比如基金募集热度。当开放式基金募集数量一路飚升，反映当下股市有过热的嫌疑；而当基金进入平淡期，募集困难时，反而会为投资人提供很好的回报机会。因为在此时募集的基金，建仓成本普遍较低，有较大机会获利。

近阶段股市火爆，指数一路上扬，许多基金投资者都把眼光投向了偏股型基金。而在指数已经高位运行的背景下，如何选择该类基金的买点呢？

基金专家建议，因为基金净值和股市大盘的变动有很大的关系，所以现阶段投资者可以选择一个大盘指数相对较低、同时该基金净值较低的时候买入。

另外，由于基金净值是当天股市结束后好几个小时才能在公司网站上公布，所以在申购基金时投资者并不知道该日净值到底是多少，怎样能提前知道该基金的净值呢？

投资者可以去基金公司的网站阅读该基金的最新公告，并记录前 10 名重仓股票，然后在下午即将收盘之前查看这 10 只股票的涨幅。若多数飘红，说明该基金今日净值会高于昨天净值，反之净值将下跌（当然也要比较涨幅和跌幅的大小）。

股票型基金的持股数目一般都多于 10 只，因此该基金持有的其他股票的涨跌，投资者可以简单借助当日的大盘指数来判定，由此来进一步确认基金净值的变化程度。

2.3 套牢莫担心，转换来帮你

在市场的下跌中，难免有股票基金的投资人不幸套牢，这时想要赎回，又不舍得割肉；而坐视不理，又承受不了净值的一路下跌，真是左右为难。

这时，需要灵活应变的勇气和技巧，面对气势汹汹的"大熊"，不如转移一下注意力。利用基金公司的转换服务，适时将股票基金转换为同一家公司的货币基金，一方面保住前期收益，另一方面以逸待劳，一旦行情回暖再转回股票型基金。就像在围魏救赵的故事里，"围"是手段，"救"才是目的；把股票型基金转换成货币市场基金，"买货币市场基金"只是手段，伺机"买股票型基金"才是目的。

2007 年 5、6 月份沪深股市剧烈震荡带来的波动风险，使很多投资者在赎回和持有之间摇摆不定、左右为难，震荡行情到底应该如何投资？基金专家建议，可以利用基金转换灵活应对股市震荡风险，调整投资组合，追求更为稳健的收益。仅以银华基金管理公司为例，其在 2007 年 6 月 8 日发布公告，自 6 月 12 日起开通其旗下 6 只开放式基金之间的转换业务，所涉及的产品涵盖了股票型、平衡型、保本型及货币型等不同风险收益类型基金。

在国外基金转换是基金的主流交易方式之一，在国内，许多基金公司也已推出了基金转换业务。所谓基金转换，是指投资者在基金存续期间要求将其持有的全部或部分基金份额转换为基金管理人管理的其他开放式基金份额的行为。基金转换和"先赎回后申购"有什么不同？最重要的是转换可以节省交易时间和交易成本。从交易时间来看，按照原来的交易程序，先赎回后申购，一般需要5个工作日，而选择基金转换，则只要2个工作日就够了；从交易成本来看，基金转换时的费用一般由转出基金赎回费、转出和转入基金的申购费补差以及转换费三部分构成，这些费率总合通常会比"先赎回，再申购"的费率要低。

基金转换具有交易快捷、成本较低的优势。从交易时间来看，以股票型基金为例，按照原来的交易程序，先赎回再申购，一般至少需要5个工作日；而选择基金转换则可以在短期内完成，基金转换有利于投资人更为灵活地应对市场震荡。此外，基金转换相对于"先赎回再申购"的操作极大地降低了投资人的交易成本。假设某基民购买基金公司的债券基金，后来想换成该公司的股票基金，若是以前，投资者来回要支付2%的费用（债券基金的赎回费率0.5% + 股票基金的申购费率1.5%），但由于该公司现在已经开通了基金转换，所以投资者最后只支付了0.7%的费用（股票基金的申购费率1.5% – 债券基金的申购费率1.0% + 基金转换费用0.2%）。如果在优惠期转换，投资者支付的费用还可以低至0.5%。不过，基金转换业务必须同时满足两个条件：

①提出转换申请的两只基金必须是在同一销售机构均有销售。

②提出转换申请的两只基金必须在当日都能够正常交易。

众所周知，股票型基金通常有较高的股票持仓比例，因此，当股市短期震荡较为剧烈的时候，股票型基金的风险相对较高。比如在2007年跌幅最大的6月4日，根据银河证券的统计，跌幅最大的为指数基金，平均跌幅达到6.95%，而平衡型基金的平均跌幅仅为5.04%。可见，不同类型和投资风格的基金产品之间进行转换，可以有效地抵抗股市震荡带来的风险，实现更为稳健的投资目标。

另外，对于低净值基金转换成高净值基金，不能为此而忧心忡忡。虽然基金净值高低会进一步地影响到投资者购买基金份额的成本，但决定基金未来成长性的仍然是基金的管理和运作基金的能力。在同一个起跑线上，高净值基金显然比低净值基金具有投资上的优势。但只要基金未来的净值增长能力超强，投资者完全有将低净值基金转换成高净值基金的必要。

基金在套牢时进行转换的基本思路：

（1）在中高风险的基金产品和低风险的基金产品之间转换。

比如在低风险的货币基金和高风险的股票基金之间转换，这样才能最大程度地发挥基金转换的效用。在相同风险收益特征的基金之间转换，只适用于投资者想转出的基金和想转入的基金长期以来表现差异很大的情况。

（2）投资市场发生较大变化时进行基金转换。

在准确判断大势的基础上，股市不好的时候，将股票型基金转换成债券基金或货币基金，避免基金净值缩水而造成的投资亏损；股市向好的时候，则将债券型基金、货币基金转换成股票基金，以享受股票基金长期而言较高的投资回报。

（3）投资者风险承受能力发生变化时进行基金转换。

当投资者个人因年龄增加、收入降低、疾病等原因导致个人风险承受能力下降时，应将股票型基金转换成债券型基金或货币基金，提高投资组合的安全性；反之，因升职、加薪等因素因素收入状况改善，使得个人抗风险能力增强时，可考虑将债券型基金或货币基金转换成股票型基金，从而提高自己投资组合的获利能力。

1. 基金转换普遍规则及费用组成

（1）基金转换的普遍规则。

①基金转换只能在同一基金管理公司的同一基金账户下的基金份额之间进行。

②在发生基金转换业务时，转出基金和转入基金必须在"交易"状态下，即转出基金必为允许赎回状态，转入基金必须为允许申购状态。

③基金转换通常只允许在同为前端收费或者同为后端收费的基金之间进行，不允许将前端收费基金转换为后端收费基金，或者将后端收费基金转换为前端收费基金。

④各基金管理公司可设置最低基金转出份额，多为1000份。

⑤基金转换采用"未知价"原则，即以交易申请当日基金单位资产净值为基准进行计算。基金转换采用"份额转换"原则提交申请，即投资人以其持有的基金份额为单位提交转换申请。

（2）基金转换的费用组成。

基金转换包含两项费用："转出基金的赎回费"和"申购费补差"两部分。

其中，"申购费补差"就是两只转换的基金的申购费率的差额部分。如果投资者从高申购费率的基金转为低申购费率的基金，则不需要交纳此差价，而如果从低申购费率的基金转为高申购费率的基金，则需要"补差"。所补申购费的费率等于两者申购费率的差的绝对值。

一般情况下，不论是股票型基金互相转换，股票型基金转到债券/货币型基金，还是把债券/货币型基金转到股票型基金，转换手续费都比先赎回再申购更优惠。

2. 不同基金形态转换的具体分析

（1）股基→股基：可省股票基金申购费。

张先生在 2005 年 3 月 1 日申购了 10 万份上投摩根中国优势，2006 年 9 月 1 日决定将其转换为上投摩根阿尔法，当日，中国优势的净值为 1.8613 元。如果先赎回中国优势，再申购阿尔法，张先生需支付的费用为：赎回费 = 100 000 × 1.8613 × 0.35% = 651.45 元，申购费 = （100 000 × 1.8613 − 651.45）× 1.5% = 2 782.18 元，共计：654.45 + 2 782.18 = 3 436.63 元。

如果直接转换，由于两只基金的申购费相同，张先生只需支付中国优势的赎回费，即 100 000 × 1.8613 × 0.35% = 651.45 元。

【基金专家点评】不难看出，股票基金互相转换可省一部分申购费用。通常，适用于原有股票基金获利已达满足点，希望通过调整投资组合进一步获利；或原有股票基金跌至所设定的止损点，不愿认赔赎回，可转换成其他具有潜力的股票基金或表现更稳健的平衡型基金，让投资组合布局更均衡。

而从目前的情况来看，看好中长期市场者，将仓位较高的纯股票基金转为更稳健的平衡基金，在适当避险的前提下，又不会错过市场的反弹。

（2）债基→股基：只交两者申购费差价。

李先生 2006 年 7 月 20 日申购了 10 万份华夏债券基金，今年 6 月 4 日将其转换为平衡型基金华夏回报，转出时，华夏债券的净值为 1.069 元。如果先赎回华夏债券，再申购华夏回报，由于华夏债券没有赎回费，李先生只需支付华夏回报的申购费，即 100 000 × 1.069 × 1.5% = 1 603.5 元。

如果直接做基金转换，由于在当初买入华夏债券基金时，李先生只交了 1% 的申购费，而华夏回报的申购费率为 1.5%，需补 0.5% 的申购费差价，即 100 000 × 1.069 × 0.5% = 534.5 元。

【基金专家点评】目前不少债券基金已不收取申购费，对这些债券基金而言，直接转换成股票基金的优势就不明显了。

(3) 货基→股基：持有货基越久越优惠。

不少基金公司对货币基金转换为股票基金都单独给出了一定的费用优惠政策，惯常的做法是，持有货币基金的时间越长，转换成股票基金的成本越低。

如孙先生想将 10 万份华夏现金增利，转换为前端申购模式的华夏回报，其实际费率 = 转入基金的申购费率 − (0.25% × 华夏现金增利的持有天数/365)，最低为 0。如果孙先生已持有华夏现金增利 1 年，则实际转换费率 = 1.5% − (0.25% × 365/365) = 1.25%，持有期在两年以上，则实际转换费率可降到 1% 以下。

【基金专家点评】当股市将从空头转为多头，应将停留于债基或货基里的资金及时转换到股票型基金里，抓住股市上涨机会。

(4) 股基→债基/货基：可省转入基金申购费。

由股票基金转换成债券基金，与传统的"赎回再申购"相比，省下的也是债券基金的申购费。

假如赵先生于 2003 年 8 月 1 日申购了招商股票基金 10 万份，2003 年 11 月将其全部转换为招商债券基金，假设转换日招商股票基金净值为 1.1 元，如果先赎回招商股票基金，再申购招商债券基金，张先生需支付：赎回费 = 100 000 × 1.1 × 0.1% = 110 元，申购费 = (100 000 × 1.1 − 110) × 0.8% = 879.12 元，共计 989.12 元。而选择直接转换只需支付招商股票基金的赎回费 110 元。

可见，将股票基金直接转换为债券基金和货币市场基金并无费率上的优势，但将此债券基金或货币基金再度转回股票基金时这一优势就能体现出来。如，由招商先锋基金转换而来的招商现金增值基金再向招商先锋基金转换时，转换费率就只有 0.5%，而赎回再申购则需交 1.5% 费率。

【基金专家点评】如果准备将手上的股票型基金获利了结，但目前尚无资金使用需求，与其将钱存在银行里，不如将手上的股票型基金转换成债券或货币基金，不仅可以持续赚取固定收益，也可让资金的运用更为灵活。从目前来看，不看好中期股市者，可采取此策略。

2.4　震荡市里有起伏，摸索方法来应对

自 2007 年以来，虽然股市走出了一波波澜壮阔的牛市行情，但并不乏巨幅震荡。2 月 27 日、4 月 19 日及 5 月 30 日的大幅暴跌，其阴影仍在人们的心中挥之不去。基金作为一种专家理财产品，净值也会出现巨幅震荡，投资者究竟该做哪些必要的准备呢？

1. 应对震荡市的五种方法

（1）心理准备。

承认基金净值变动的不规律，是投资者投资基金时需要引起注意的。同时，还应当充分地认识到净值变动的复杂性。造成这些的原因，有基金管理人内在管理和运作水平方面的差异化，更有受政策影响或经济环境影响的外部因素。如提高证券市场股票交易的印花税，就是明显的例证。

（2）资金准备。

在任何环境下，投资者留存部分备用资金是非常必要的。特别是在市场出现巨幅震荡的情况下，投资者可以利用资金进行补仓，从而摊低原购买基金的成本。因此，震荡市的出现，对投资者来讲，既是危机，但更是转机。危机是因为基金净值下跌造成了投资者浮盈收益的减少，而转机是因为基金净值下跌为投资者创造了购买基金的机会。

（3）不盲目做短期差价。

从以上几次证券市场的巨幅暴跌情况来看，都是在瞬间完成的。而对于赎回时间在 T+4 或 T+5 交易日的股票型基金来讲，这边赎回的资金刚刚到账，而那边证券市场又走出了新一轮的上升行情。因此，对于牛市行情中的暴跌，投资者

应当有明确的理解和认识，而不能盲目地进行调整。因为基金不同于股票，更不像权证投资，资金的到账时间异常迅速。基金赎回资金的到账局限着投资者实现套利的可能性。

（4）保留基金品种也需要"重质"。

像股票投资一样，基金投资者在证券市场的持续上涨行情中重势将高于重质，而在面临下跌的市场中，重质将胜过重势。因为只有重仓持有抗跌性强的绩优蓝筹股票，基金的下跌空间才有被缩小的可能。因此，投资者在面临证券市场的震荡调整时，优选优秀行业中的龙头股票品种的基金，首先应当被列入投资者选择基金的视野之中。

（5）基金净值振幅空间的大小决定着基金的成长性和稳定性。

一只基金的振幅剧烈，说明基金投资组合具有极大的不稳定性，并受市场环境的影响巨大，当其配置资产品种成为投资者追逐的热点时，无形之中增大了基金投资的风险。投资者应当慎选此类基金。

2. 新基民面对股市震荡如何应对

有基金专家分析认为，投资者在基金市场上，只需要选择货币市场基金、股票指数基金和债券指数基金三种基金就可以实现规避风险、长期赢利的目标；也有人认为在震荡市上低净值的基金拥有良好的上涨空间，所以就只买低净值的基金。诸如此类，我们需要灵活善用，不能过于局限。

（1）这里所说的三只基金不是让投资者买三家基金公司的产品，而是根据个人的投资风格和风险承受能力，按比例买三只不同风格的基金。如果在股市处于横盘期，一下子买进了好多基金，其实都是股票型基金。在股市下跌的时候，它们都会跌，股市涨的时候，它们又都会一起涨。只要你购买了相同风格的基金，那就意味着收益和风险都差不多。

（2）净值低未必涨势好，关键看大盘行情。

不少基民有此疑问，新基金和净值低的基金到底好不好？很多基民愿意买新基金和净值低的基金，因为大家认为这样保险，其实这是个误区。拿着大家的钱都是买股票，股市走得好，基金都会涨，股市不好，净值一样会下降，谁也不能保证基金不会跌破发行价。而且新基金因为募集后有 1～3 个月的封闭期，这期间不能申购和赎回，流动性不好，所以需要审慎而为。

3. 选择主题、行业基金要谨慎

（1）主题、行业基金需谨慎。

从 2007 年 5 月 30 日以来，大部分以主题、行业为投资标的的基金，下跌幅度比较大，因为其均存在周期性，所以变化比较剧烈，如广发中小盘、金鹰中小盘都跌幅较大。

（2）指数型基金交易成本低。

基金专家认为，上调印花税直接的影响就是增加交易成本，而以 ETF 和 LOF 形式存在的指数型基金既可以像股票一样实时交易，又无须缴纳印花税，成本优势显现。尤其是从长期来说，建议关注嘉实沪深 300、深证 100 等指数型基金。此外，老基金建仓成本较新基金低很多，比如上投摩根中国优势、景顺长城内需增长、华夏中小盘、富国天益价值等都值得留意。

（3）平衡型、混合型基金具备天生优势。

由于本身特性原因，在动荡股市中，平衡型、混合型基金对风险的控制值得重视，天生具有较强的抗跌性，在操作中可以关注嘉实服务增值、泰达荷银效率优选、鹏华动力、交银稳健等。

2.5　轻松面对震荡市，专家支招长技能

在人们纷纷热衷于投资理财的眼下，基金投资能享受"专家理财"的优势已是众所周知。但面对市场变化时，如何巧妙利用基金转换赢得先机、提高收益，仍是众多投资者渴望获取的投资"秘诀"。

这里依据众多基金专家的操作方法及经典思想做出了更多的经验总结和精华汇总，基金投资者在投资理财的过程中需要会用理财方法，善用理财技巧，保障自己的"一亩三分地"会有丰收。

1. 震荡市不妨买点货币基金

随着理财意识的广泛普及，个人与银行打交道的次数越来越频繁，对于银行

知识、业务的了解似乎也有了很大的进步，基金、国债，哪种产品适合自己就买哪种。然而2007年5月以来，股市巨幅震荡，准备成为基民的投资者开始观望，甚至转为定期存款，其实，基金专家建议这个时候不妨买点货币型基金，毕竟，定期存款的收益不如货币型基金。

2007年3月19日升息后，银行一年期定期存款在扣除20%的利息所得税之后，收益率为 2.79% × （1 – 20%）= 2.232%，而2007年许多货币市场基金的七日年化收益率（类似于年利率）都在2.4%以上（且货币基金收益不用纳税，在银行直接购买货币基金不需要任何的费用）。例如，2007年3月30日华宝现金宝（B级）七日年化收益率 2.918%、华富货币基金七日年化收益率还高达 3.486%。可见，货币市场基金的收益明显高于1年期及以下期限的银行定期存款。

假设拿10万元投资货币市场基金，以2.4%的七日年化收益率计算，其投资收益为2 400元；而10万元投资储蓄存款，1年期的税后投资收益2 232元、半年期的税后投资收益才1 944元、3个月的定期存款税后投资收益更是少至1 584元。后三者分别比前者的投资收益少了168元、456元和816元。

而且，货币市场基金流动性好、变现快，具有"收益赛定期、便捷似活期"的特点。投资者可以不受到期日的限制，根据自身对资金的需求，随时赎回变现，赎回的款项第2天（通过基金公司网站直接买卖）或是第3天到账（通过银行柜台或是网上银行买卖）。且收益率不会因为赎回而受到影响，也就是说货币市场基金不会有"定期存款提前支取，收益变活期"的不足。

例如，拟投资1年期10万元货币市场基金，因急需资金于投资半年之后赎回变现，则收益（收益率假定为2.4%）约为1 200元；而10万元的定期存款存了半年后提前支取（按活期利率计算），税后收益才为288元。收益真是天壤之别。

利息收入是货币市场基金收益的主要来源。人民币升息后，市场利率会越走越高，货币市场基金的收益率也水涨船高。因此，在目前股市还未走稳，而且又在加息周期的环境之下，流动性极好的货币市场基金非常适合于那些基金观望者、活期储蓄存款投资者、一年期以下的定期储蓄存款投资者。

2. 调整期两类基金可关注

2007 年股市上涨到 4 000 点上方，市场风险在逐步加大。基金专家指出，新基金由于手中握有大笔现金，一旦市场下跌，受到的损失相对较小，同时更能有效把握市场未来的热点，这是新基金的优点。但由于新基金都有 1～3 个月封闭期，投资者只能等待其开放之后才能赎回，如果大市跌起来想赎回都来不及。此时，拆分基金和"封转开"基金的优势就充分显现了出来。

首先，拆分基金和"封转开"基金，由于已运作较长时间，基金的质地和能力都非常清楚，因此相对于新基金来说更令人放心。有专家指出，基金份额拆分后，基金份额总数与持有人持有的基金份额数额均相应调整，但调整后的持有人持有的基金份额占基金份额总数的比例不发生变化，因此份额拆分对持有人的权益无实质性影响。同时，相比于基金分红，拆分的基金不需要卖出依然看好的持有股票，向投资人实现分红收益。也就是说，基金拆分相比于分红对于该基金投资的影响小，可以继续坚持基金的投资策略与风格，而不需要被迫"割肉"。

其次，基金分拆没有封闭期，投资者可根据市场变化及时进行申购或者赎回，这显然比新基金方便得多。

3. 赚钱能力是关键

基金最重要就是有赚钱能力，而不是基金净值高不高。基金跟股票不一样，股票可能有一个市盈率的限制，股票的市盈率达到某处可能就高估了，但是对基金而言，没有这样一个所谓的高与不高的衡量标准，会主动根据对市场的判断，对股票的判断调整仓位。长期以来大家都是觉得买便宜的划算，以前可能净值超过 1 块就觉得高了，现在 2 块、3 块的也是有投资机会的，从长期来看，越赚钱的基金是越好的基金，而不是看价格是否便宜。

4. 弱市保护伞——保本基金的利用

2007 年 5 月 30 日，市场放量暴跌，尾盘沪综指报收 4 053.09 点，单日下跌281.84 点，跌幅达到 6.50%，创 2007 年 "2.27 大跌" 以来单日最大跌幅。受两市大盘暴跌的拖累，偏股型基金净值受到自 "2·27" 以来的又一次重创。2007年 6 月 4 日，沪深两市个股继续出现大面积暴跌。倾巢之下，基金坚守的绩优蓝筹也未能幸免。近一半基金重仓股以跌停报收，这使得偏股型基金净值再次大幅缩水。统计显示，纳入统计的207只偏股型基金净值2007年6月3日平均跌幅达到5.69%，跌幅最大的达到8.49%。数据显示，6月4日单位净值跌幅超过7%的基金个数共有20只，超过6%的则达到98只。

值得注意的是，在连日市场重挫之下，有一部分基金的净值并未受到太大影响。这部分基金主要以"平衡型、稳健型"基金为主，跌幅相对都不大。从基金净值的表现来看，不同类型的基金收益、风险匹配的特征还是非常显著。对于不同投资者而言，选择适合自己风险偏好特征的基金就显得尤为重要。投资者张小姐这样苦恼："股市震荡走势弄得我摸不着头脑，到底是进还是退对投资者来说真的是很大的考验。"

基金专家解释，像张小姐这样的投资者很多，但是里面的想出来，外面的想进去，有些新入市的股民还是非常疯狂。投资者现在对投资入市看作是追求一种时尚，如同喝可口甜米酒，初次品尝十分甘甜醇香，相当过瘾，可是只有第二天头痛犯呕的时候才幡然悔悟。针对这种情形，专家建议投资者，投资要归于理性，在做投资组合时，当前不妨选择配置一些风险相对较低的理财产品，比如平衡型基金、货币基金、保本基金。

据了解，保本基金以保本和增值为目标，主要通过调整股票等高收益、高风险资产和风险很低的资产之间的配置比例，在保证投资者到期能得到本金的前提下最大限度地追求回报。

曾有业内专家形象地将保本基金比喻为：弱市中的"保护伞"，牛市中的"战斗机"。"保护伞"突出了它保本的功能，据资料显示，2007年1月31日出现180多只偏股型基金净值平均跌幅5.15%，部分超过8%，让很多初入市的投资者损失惨重。春节后的2月27日更是以"黑色星期二"来了个猛回头，以268点跌幅创下十年来的最大单日跌幅。在此次市场暴跌的情况下中，只有保本基金的保本特性得到充分体现，风景这边独好，充分显示了它"保护伞"的优势。

有的投资者会说，货币基金同样能起到保护伞的作用，对此，基金专家表示，货币基金和保本基金确实都具有"保护伞"的作用，但不同的是，保本基金还会拿出它的杀手锏——充当牛市中的"战斗机"，即它增值的特点。据统计，在2006年单边上扬的牛市中，保本基金的平均绝对收益率达到了27.52%。

收益最高的更是取得了绝对收益 82.75% 的骄人业绩，其表现超过了大多数股票基金。

故而，在牛市中，保本基金也会发挥"战斗机"的功能，冲锋在前，为投资者创造不菲的收益。

据了解，目前我国市场上保本基金产品发展日渐丰富，在保本基金大力发展后，将与目前市场上的股票型基金、普通型的混合型基金等基金产品构成一个较为完整的投资梯队，更方便不同投资目标和不同投资偏好的投资者，也更利于市场的发展。

2.6 基市里面有真理，坚信理念守纪律

"从投资的角度看，基金投资者在此番市场拉锯的时候入市，可能机会更多。"一位基金专家如是说。

他的理由很简单，如果不看好市场，你可以不投资；如果市场预期可被看好，投资人最合适的介入时机就是在市场产生分歧的时候，即所谓"站好位，等机遇"。并且基金专家也一再强调，基金投资一定要关注市场趋势选择品种，同时要有长期持有的信心。

对于投资者而言，主动参与投资其实是一种最佳的选择。虽然市场震荡，但如果其对后市有信心，不妨用心挑选一些好的基金品种进行组合式的投资，或者在投资入市时掌握正确的风险投资理念，从而真正享受基金投资带来的乐趣。

1. 基金投资应对风险的七大理念

（1）新老优劣各不同。

首先，新基金并不是保本的，也不是稳赚不赔的，投资者不要将新基金误解为新股。而且新基金也不是就比老基金的风险低，也未必会比老基金涨得快。

其次，在不同的市场情况下，新基金与老基金的业绩是有区别的，用广发聚富、广发稳健的例子说明了在 2004 年中市场下跌过程中，广发稳健（新基金）

下跌的幅度比广发聚富（老基金）的幅度小。反过来，用广发小盘和广发聚丰的例子，来说明在市场一路上涨的情况下广发小盘（老基金）的业绩比广发聚丰（新基金）的业绩好。

（2）只买对的，不怕贵的。

基金不是越便宜就越好，基金的净是表示该基金从成立到现在的收益情况，同一时间成立的两只同种类型的基金，净值高表示在过往的一段时间里基金的业绩好。用一个例子说明，对于净值高低不同的基金，只要上涨的幅度是一样的，客户的收益水平是相同的，与基金的净值无关。

因此，选择基金不必在乎基金的净值高低以及获取的份额，只需要关注自己的基金未来能够上涨多少。

（3）分红多，不代表收益高。

分红是将钱从客户的左口袋搬到右口袋，并不是平白无故送钱给客户，因此，客户不要以为分红就是送钱。实际上，从目前的数据我们发现，基金的分红频率或者分红金额与基金的收益率并没有直接的关系。没有证据表明分红越多的基金，收益率就会越高。

（4）牛市中，红利转投资收益会更高。

红利转投与现金分利最大的区别，就是分红的钱是否又再投到基金中。红利转投有一个最大的好处就是再投资的基金份额可以免申购费。

从广发基金的几只基金的业绩我们可以发现，客户如果选择"红利转换"，则收益率会提高很多。如果选择"红利转换"，则从广发聚富成立起就开始投资，收益率可以达到185.93%（截止到2006年12月29日），但如果选择现金分红，则收益率只有145.73%。

（5）频繁换基，欲速则不达。

基金的投资是一个中长期的投资，短短的一个月或者一周不能体现基金的投资能力。而且基金的申购、赎回费较高，频繁的申购赎回会将投资者的大部分收益吞食。美国从1984年到1998年的14年间，共同基金的收益率超过500%，但是一般投资者的收益率仅为186%，而余下的314%的收益则是由于频繁的买卖而亏损掉。

（6）基金组合不宜太分散。

大家都知道"不要将鸡蛋都放在同一个篮子里"，但这并不表明"每个篮子里面放一个鸡蛋"。

证券市场的风险包括两个部分，一部分是系统风险，另一部分是非系统风险，非系统风险是可以用投资组合的方式来分散的，而系统风险则不能通过组合投资来分散，投资基金所实现的功能就是分散非系统风险，而对于系统风险则必须通过保险或者其他方式来实现。

由于基金本身所具有的分散风险的功能，因此，购买多只基金并不会有效地降低风险，反而有可能降低收益率水平。

正确的做法是根据自身的风险偏好，持有 3～5 只优质的投资风格不接近的基金为佳。

（7）长期持有胜过波段操作。

低买高卖看起来像是真理一样正确，但实际上却很难做到。在投资者每一次作选择的时候，正确的概率都只有 50%，作波段操作，意味着投资者的每一次选择都必须是正确的。就如抛硬币，连续十次抛到正面的概率只有 0.09%。从实证数据上，我们也发现，真正能够在低点申购、高点赎回的客户是"万里挑一"的。

2. 震荡市保持赢利需要遵守的纪律

2006 年基金市场火爆，购买基金已经成为家庭理财的一个重要组成部分。但是面对错综复杂的市场，许多人又心中犯怵，如何能轻松理财又获得较高收益呢？基金专家建议投资者选择分批买卖的方式应对波动的市场，并遵守以下几条铁律：

（1）不能被基金净值所累。

在众多基民中，通过各种途径关注自己所购买基金的净值已经成为每天生活的一部分。许多人因为涨了几分钱欣喜若狂，也有人哪怕净值下跌一点都颇为郁闷。基金专家建议投资者要更加理性地对待每日净值，不能为其所困，更不能因为净值高低而错失投资机会。

以广发聚丰为例，这只 2005 年 12 月底成立的基金，2006 年 2 月大盘在

1 287点时，净值为1.09元，投资者一个月轻松挣了9%。"一些投资者便赎回基金，寻求落袋为安的感觉。而没有申购的则认为那时的净值很高，打算等它回调后再买入。"3月9日，这只基金的净值为1.06元，许多人认为自己判断正确了。但到了3月底，大盘仍然在震荡，但聚丰却涨到了1.2元。"这时候赎回的人觉得后悔，没买的人则打算再次等待回调。但从此之后净值却再也没有跌回来，许多人白白错失机会。"

对于投资者的这种心态，基金专家总结为三点，"基金净值低时对市场没信心，基金净值高时对价格没信心，既怕套牢又怕踏空。"投资者如果看好后市和基金公司，应果断地买进、坚定地持有才能获得更高的收益。

（2）择时进出市场很难。

在华尔街有一句谚语，成功地选择进出股市时机要比空手接住一把落下的飞刀还难。股市变化莫测，各种力量错综复杂，一个普通的投资者准确判断时机更是困难。"在市场中，真正通过判断时点挣钱的人很少，就连巴菲特也不擅长择时。而且这种成功不可复制，因为不可能每次都判断对。"

在生活中，商场打折时会人满为患，但股市下跌时却很少有人敢买。"投资者在市场里受到非理性心理的影响，追涨杀跌。在股票上涨时非常想买入，下跌时则很想卖出。"针对这一人性弱点，基金专家称分批买入能够有效克服投资者优柔寡断、追涨杀跌的心理。"分批买卖法克服了只选择一个时点进行买进和沽出的缺陷，真正做到有纪律地投资。"

例如，某投资者在2004年11月决定投资广发聚富，总共200万元。该投资者将资金均分为4笔，每笔50万元，计划大盘每下跌50点，投下一笔资金。从2004年11月到2006年2月，15个月中大盘从1 387跌到过998点，又回升至1 300点。该投资者在2006年2月赎回所有基金，赎回总金额为2 363 044元，收益率达到18%。

可见，并不是必须在低点买入、高点卖出才能赚钱。投资者热衷于通过判断市场的高低、基金净值的高低来决定购买时机是舍本逐末的做法，不仅劳心劳力，而且还很难得到自己所期望的结果。

（3）分批买入，懒人理财。

　　投资者进行分批买入时也可以参考几项指标。"可以关注大盘指数，如沪深300，或者是所投资基金的风格指数。不同的基金有不同的投资喜好和风格，比如一些小盘基金主要投资于小市值公司，这些公司往往在一些细分子行业中占有绝对的市场占有率，其成长性也较好。对这类公司研究透彻，同样也能带来不错的收益。这些指数的调整可以作为分批买入的促发条件。第二是以月度为周期，如果大盘指数或风格指数的调整都没有达到交易的促发点，可以选用时间周期为条件。"

　　分批买入的一种特殊形式为定投。"定投是定期定额投资的简称，就是指在固定的时间（如每月 8 日）以固定的金额（如 1 万元）投资到指定的开放式基金中，类似于银行的零存整取方式。因其方便简单，故称为懒人理财法。"和其他基金投资方式相比较，因为定投的方式在投资过程中自动逢低加码、逢高减筹，所以自动摊低投资成本，风险要略低于平均水平，而收益则略高于平均水平，在国外十分流行。"定投在国外一般是子女教育和养老的手段。采取这一方法在下跌的市场环境下投资也不会让人有被套牢的感觉。"只要月收入大于月支出的人群都可以通过定投的方式有效管理自己的资产。"有些人觉得小钱不值得打理，殊不知对每月的小钱进行有效投资，在十年、二十年后对自己生活带来的影响会是巨大的。"基金专家表示。

　　（4）定投也要讲究方法。

　　基金专家提醒投资者，定投的基本要求是不能影响现有的生活，为了完成定投而使生活拮据就没有必要了。另外，选取定投方式还需要注意三个问题：

　　①不是每只基金都适合定期定额投资。

　　投资的基金需要有一定的弹性，才能更有效地摊低投资成本，股票型基金更适合做定投。如果选择了货币型基金做定投，由于其净值变化不大，也就不能体现出这一方法降低风险的优点。同时因为定投是一项长期投资，要选择具有长期增长能力的优秀基金，也要更多关注所选择的基金在牛市和熊市的综合表现。

　　②在获得满意收益后，赎回也要讲究方法。

　　定投计划完成的日期并不是合适的赎回日期，投资前要注意资金流动性要求。一般投资者在需要使用资金前两个月就应该开始注意基金净值，以便在一个较好的点位赎回。

③在选择分红方式方面，红利转投会远好于现金分红。

以 2005 年 1 月 6 日开始进行广发聚富的定投为例，截止到 2006 年 6 月 1 日，共投资 18 期，以红利转投的方式投资收益是 69.22%，以现金分红的方式投资收益是 64.59%。

2.7 调整未必是坏事，当作礼物未可知

有基金专家认为，市场近期的震荡实际上是对前期上涨的一种校正与修复，未来一段时间仍有可能要持续经历这样一个调整过程。但此调整是个理性的调整过程，是牛市发展下的阶段性需要。随着市场基本面的改善，一些指标在经过市场震荡消化后正慢慢修复，后市仍然可被看好。

另外，调整之后的市场，很多品种又呈现了比较好的投资价值，一些好的股票也已经进入了调整的尾期，对于基金投资人来说，更有可能去抓住后市，更好地取得投资收益。

那么，基金投资者应该如何应对股市调整，控制风险呢？要回答这个问题，基金投资者需要关注股市，理解股市目前的状态和下一步的走向，这是决定基金投资策略的基础。

1. 印花税调高：改变心理预期

引起 2007 年第二季度股市大跌的导火索是财政部调高印花税。之所以造成大跌，根本原因是改变了投资者的心理预期，而心理预期则是支撑股市近一段强劲走高的主要因素。

从印花税调整本身来说，税率由 1‰上涨至 3‰，对实际交易成本的提高影响是很小的，从政策效果上来说尚属温和的调控政策。虽然如此，印花税调整的政策信号十分明确，显示管理层对于股市持续快速上涨中蕴含风险因素的担心，也是近期不断进行的风险提示中最现实的一次。管理层对股市的期望是健康、有

序、平稳地发展。股市的上升趋势不是坏事，但涨得过猛却可能影响到市场的稳定性。

印花税调整对股市最大的冲击是对投资者的心理影响。有基金专家提出，股市已经进入心理层面推动的价格上涨。因此，一旦投资者心理受到冲击，对市场的短期冲击就不可避免。明确的调控信号对投资者，尤其是对新投资者的心理影响如何是决定股市走势的关键。在 2007 年 5 月 30 日大跌之后，股市连续数日缩量暴跌，新资金进入放缓可以说是主要因素。

2. 理解股市走向的政策背景

2007 年以来股市的快速上涨可以说出乎了大多数人的意料，不但市场中的各类投资机构未曾预期，股市上涨之快也大大超出了管理层的预料。在持续上涨过程中出现过几次关于股市泡沫的讨论，政府也多次出台了相关调控措施，但几次调控的结果都如出一辙：市场在短时下跌后迅速报复性反弹，马上以更快的速度加速上涨。

看起来似乎管理层的政策对于火热的股市已经失去了明显作用，股市的热情在源源不断的新资金推动下丝毫未减。不过，印花税调整已经清楚地告诉我们这是一个假象。管理层的政策对于股市不是无力影响，只是时候未到。政府希望看到股市健康、稳步发展，市场越来越多的泡沫化迹象无疑是政府不愿看到的。在泡沫接近可以接受的临界点之时，更有力的调控政策也能"该出手时就出手"。

我们可以这样想，本轮牛市的起点就是股权分置改革。既然政策可以造就这个大牛市，一样是有能力调控股市发展节奏的。这不只是证监会为代表的股市直接管理层，也是更高层的政策关心点。因为股市的健康发展对于整体经济的重要作用已经不容忽视。

从这个背景下我们来理解目前的市场环境，也许能给投资者更多的一些清醒。我们有理由相信，一个阶段性的调整是管理层所乐见的。这就决定了近期投资策略的基调仍然是控制风险。即使在市场从暴跌的阵痛中恢复回来，之前普涨快涨的格局也将会发生改变。我们预期市场将更多地以震荡的方式开展调整。

如果市场再度回到之前的普涨快涨态势，不排除进一步更直接的调控措施出台。建立在心理预期上的股价泡沫将会进一步受到打击。

所谓阶段性调整，具体含义是什么？这里认为主要有两个层面：

（1）挤压总体泡沫。

通过市场总体震荡来缓和甚至降低市场的总体估值水平，给过热的市场降降温。

（2）打压结构性泡沫。

改变延续相当一段时间的低价股、概念股领涨的格局，重新回到"价值投资"的轨道。从支撑股市长期发展的基本面因素出发，具备实际业绩支撑、行业景气向好、估值水平相对合理的绩优个股可能重新主导市场，以相对估值较低的大盘蓝筹股为代表，重新回到业绩主导的投资主线是管理层乐于见到的结果。

故而，长期牛市的基础并未动摇，当前的调整也许是市场送给长期投资者的最好礼物。

3. 牛市基础未改

而从长期趋势来看，基金专家表示，由于长期牛市的基础并未改变，中级调整反而为投资者提供了低点建仓的机会，应该坚决抓住这一难得的礼物。

基金专家认为，2007 年牛市的推动力来自三个方面，包括股改带来市场体制的变革、上市公司业绩的持续快速增长以及由于贸易顺差和高额外汇储备所带来的本币升值。基金专家认为，股改实现了非流通股股东与流通股股东，以及股东与管理层两层关系上的重大改善，驱使大股东致力于做大做强上市公司，影响之一便是会使企业的真实利润得到持续的释放。同时，股改后市值对大股东越发重要，将促使大股东将优质资产注入上市公司，使其业绩获得大幅增长，甚至超出市场预期。

因此，基金专家认为，此次调整，为投资者提供了验证上市公司 2007 年业绩，进而调整 2008 年业绩预期的时间。只要宏观经济持续繁荣，企业的盈利增长保持良好的态势，那么从长期来看，高成长性的市场应该获得更高的估值和更高的溢价，当前的中级调整正是难得的建仓良机。

4. 把握五大投资主题

基金专家认为，中国股市作为新兴市场，在经历了牛市初期个股普遍上涨之后，结构性分化、强者恒强的特点依然非常明显，2007 年将重点把握五大投资主题。

（1）大盘蓝筹股价值回归。

内地流动性过剩使海外股票大规模回归成为必然，中国人寿、中国银行等一批特大型企业已陆续回归A股。目前香港未回归的纯H股有90多家，境外上市的内地公司中，70%以上的市值和利润是由能源、金融、通信这三个垄断性最强、利润最丰厚的行业所构成，并且均是各行业的龙头，这些大盘蓝筹股是投资者挖掘的重点。2007年将成为大盘蓝筹股尤其是H股回归上市的高潮，质地优良的将回归A股市场的蓝筹H股公司，在未来的行情中，无疑会成为投资的热点。

随着股指期货、融资融券、权证等金融创新产品的推出，为了抢占大盘的战略制高点，流动性好、指数贡献大的大盘蓝筹将由折价转为溢价，引发大规模的价值回归，大盘股折价现象将渐趋消失，尤其是成长性好的大市值股票更要重点关注。

（2）人民币升值和资产重估。

人民币升值和资产重估是2006年股市的主旋律，在可以预见的将来，中国外贸顺差仍然有扩大的趋势，人民币将长期平缓地升值，在此前提下所展开的中国资产价格重估将持续，最大的受益者包括金融、地产、航空等行业。

（3）整体上市、资产注入和股权激励。

在股改后，大股东对资产证券化的认同以及持续的资产注入，将提高资本市场资源配置的效率，也提升了上市企业的竞争力。股权激励可以促进企业家精神的释放，使管理层和股东的利益趋于一致，实施股权激励政策的上市公司，管理层提升公司业绩的动力大大增强，从而对公司股价形成有力支撑。

（4）两税合并。

所得税并轨预期2008年1月正式生效，金融业将是此次税制改革的最大赢家，目前商业银行由于实际工资费用和呆账准备金税前无法完全抵扣，主要上市银行的平均所得税率在35%左右，预计税率调整后实际税负将下降到27%左右，将带来银行净利润平均10%～11%的增长；两税合并对通讯服务业、机械、食品饮料、钢铁、煤炭等行业也带来正面影响。

（5）消费升级和奥运会。

目前我国的人均 GDP 已接近 2 000 美元，已具备从生存型消费向享受型、发展型消费升级的经济基础。食品饮料、酿酒、商贸、医疗、金融理财、航空旅游、汽车等耐用品消费、住房消费、通讯等，这些升级型消费的需求增速，会显著地高于居民消费总量的增速，这将是今年重要的投资机会。

奥运会对第二产业中的建筑、建材、体育器材、通讯设备、汽车等行业具有明显的投资拉动作用；对第三产业的影响最大，将促进房地产业和金融保险业升温，推动体育、餐饮、商贸流通、旅游电信等行业的发展。

围绕上述投资主题，基金专家表示 2007 年主要看好受益于人民币升值和两税合并的金融证券行业、价值重估的钢铁行业、以及机械、汽车、食品饮料、航空旅游等行业。

2.8 基金组合好策略，长期分散保赢利

1. 关注基金组合

投资者是否追逐短期业绩出色的基金，是否偏好五星级基金，是否在构建组合时没有考虑自身的理财目标和风险偏好，是否在不知不觉中购买了大量的基金而导致组合十分臃肿。回答"是"的投资者不知不觉中已经承担了不必要的风险，触犯了构建投资组合的大忌。确定理财目标、识别基金投资风格、买进并持有合适的基金是构建组合的三部曲。

基金投资者要根据自身的投资目标、投资周期、风险偏好来制定合适的理财目标。年轻人投资年限较长，风险承受能力偏高，同时希望有更多的资本积累，可以选择风险较高的股票型或积极配置型基金；中年人的风险承受能力下降，组合应更倾向稳健型，因此，较高比重的积极配置型与低权重的债券型基金可以保证理财目标的稳步实现；老年人更加追求本金保障，希望获得稳定的基金回报，高比重的债券型基金加上部分保本基金或货币市场基金将是理想组合。

投资者的理财目标需要由投资组合来实现，因此，投资者对组合中的基金了解有多少是最重要的问题。很多持有人在选择基金时表现盲目，如前期规模偏

小、持有较多中、小盘股的基金成为投资者追捧的对象，而在市场大跌的背景下，一些没有业绩支撑的中、小盘股一泻千里，持有它们的基金也面临大幅回调的压力。潮水退去，基金的投资风格已显露无遗。持有较多大盘蓝筹股的基金虽然前期上涨缓慢，但在市场大跌时表现出的抗跌让持有人免受更多的风险担忧。因此，追求稳健的投资者构建组合时，核心部分应以大盘蓝筹股基金为主，稳定组合的风险特征。为了追求超额回报，非核心组合中可以适当增加中小盘股的基金。此外，关注基金规模对了解基金的投资风格有一定的帮助。规模偏小的基金容易做波段，其主要精力更集中在中、小盘股的炒作中。投资者购买这类基金不仅无形中支付了更多隐性费用（频繁买卖股票的交易费用），还承担了过高的风险。在实际应用中，晨星的投资风格箱可以帮助持有人了解基金的真实投资风格。

2. 关注中长期

当投资者决定购买大盘蓝筹类基金时，在同种风格的基金中还需要进行精细的筛选，挑选的原则包括基金的长期业绩、风险评价、公司品牌、基金经理与投研团队和费用等因素。需要注意的是，对于投资期限较长的投资者，选择基金时，不妨更多地关注基金中长期业绩，而避免短视。基金回报受到其投资组合的风格和行业分布等因素的影响，如果其投资风格和行业分布正好与市场上升行情一致，则基金短期内的回报也会随之攀升。而不同的时期，市场热点也不同。因此，投资者不妨关注具有业绩稳定性的基金，虽然其不像有些波动性大的基金在短期内表现亮丽、容易吸引市场的关注，却是比较可靠的选择。

对于股市中长期走势，基金专家仍然认为趋势未改：

（1）股市上涨的根源在于中国高增长低利率的宏观环境，如果通货膨胀预期不大幅上升，央行不持续大幅加息，很难改变股市长期上涨的趋势。

（2）当前企业盈利和经济增长没有出现根本恶化，但市场估值明显脱离基本面，有过热并引发资产泡沫的可能，管理层在这个时候加强调控，是希望着力消除牛市健康发展中的不和谐因素，市场可能会引来阶段性调整，但这种调整是健康的，有利的。

（3）前期炒作过度的低价、绩差、概念股应该尽快退出投资者的备选范围，应当关注具备实际业绩支撑、行业景气向好、估值水平相对合理的绩优个股，坚守价值投资理念，分享牛市长期收益。从基金在暴跌中的策略反应来看，基金对市场调整的态度普遍较为理性。根据基金专家测算的基金仓位变动情况，多数偏股型基金没有因为暴跌而大幅减仓，部分基金减仓在暴跌之前，属于策略性控制风险。在对后市的看法上，多数基金认为虽然调整异乎寻常，但不改长期看好趋势。

与此同时，调整持仓结构成为不少基金强调的应对策略。在系统性风险席卷个股时，泥沙俱下的市场已经给基金提供了结构性调整的良机。不少个股跟随市场大幅下跌，重新进入投资价值区域。所谓"价值投资"的价值，将会在市场震荡过后显现出来。在这种情况下，由于坚持"价值投资"理念而在2007年上半年相对表现下滑的一批老绩优基金有可能重新焕发活力。

此外，从目前的市场格局来看，基金专家认为轻仓的基金和新基金在调整中将有更大的主动权。

对于基金投资者来说，市场进入阶段性调整，以及下一阶段可能的投资主线转变，提示我们应该从两个方面控制风险，并把握下一阶段的基金投资方向。正如调整突如其来无法预期，预测调整时间有多长，何时结束调整是没有意义的，重要的是策略性地转变投资重点。这里面一是保持适当仓位，二是看结构是否合理。

3. 分散投资

分散投资可帮助投资者在板块轮动的市场中获得良好的长期收益。分散投资包括资产的动态配置和基金风格的互补。前者主要通过基金组合中持有的股票、债券和现金了解大类资产的配置是否符合理财目标，后者主要关注基金组合是否具有同质化，同一风格的基金是否可以通过行业交叉来分散风险。

如果投资者持有的基金都集中在某个行业或是某种投资风格，则减少了基金组合分散投资的功用。投资者应当仔细研究基金投资策略、投资风格等特征，选择互补的基金，构建分散的组合。

此外，如果投资人对股票型基金充满兴致正准备跃跃欲试，却又对市场的调整心存担忧，不妨采用定额定期投资这种"有纪律的投资方法"。

2.9 在暴跌中检验基金：看看四类基金的抗跌排行榜[①]

俗话说：真金不怕火炼。这话用在基金市场里同样有效。在单边上扬的市场行情中，所有基金的净值都有大幅的增长，投资者单从表面的升幅是无从辨别其好坏的。

然而，当市场发生逆转，指数暴跌，基金净值急骤缩水时，抗跌性好，跌幅排名靠后的基金就凸显出与众不同的"英雄本色"。因为，在投资市场里，"跑得快"的基金并不一定就是"赚得多"的基金，"赚得多"的基金才是最有投资价值的基金。然而，当前的现实是，一些基金经理受到外界排名和考核的压力，为了短期收益也会对一些投机、炒作题材的股票进行配置。这类基金也许在单边上扬的行情体现出它良好的增长率，但这不足以证明一个基金的投资能力。当大跌来临时，这些基金往往会现出原形。暴跌是检验基金的最佳时机，因为风险管理出色的基金，应当能在市场投机氛围浓重的情况下进行适度的减仓，回避高估值热点股票，在暴跌前减少风险。那么，有哪些基金在暴跌中尽显"英雄本色"？基民又该如何判断抗跌的基金呢？这里以 2007 年以来的三次暴跌行情为例，帮助投资者检验抗跌基金。

1. 在持仓结构中寻觅抗跌基金

基金投资的主要风险来自股市波动的风险。各类不同基金因为股票投资比例的不同，风险自然也大大不同。因此，在股市下跌时基金净值的跌幅就和基金具体的持仓结构密切相关。事实上，不少基金公司从 2007 年"五一"节后就开始减仓，仓位有所控制。很多业内人士已看出股市已处于高位运行，需要技术性的调整；2007 年 5 月 18 日央行打出"三率"的组合调控政策，表明监管部门对高

---

① 资料来源：《私人理财》杂志，作者：罗瑜

涨股市的担心，政策调控市场的可能性已经非常高。因此，优秀的基金经理敏感地减仓，并且将资金集中在抗风险的大盘蓝筹股上。因而不少基金在2007年5月30日的暴跌中减少了损失。比如，汇丰晋信龙腾基金组合中的一只重仓股为中集集团（000039），中集集团作为蓝筹龙头股，并没有让汇丰晋信龙腾基金失望，2007年5月30日这周该基金涨幅达到了12.83%。在暴跌中蓝筹股表现出了很好的抗跌性，因而持有该股的基金整体上也表现优异。基金根据市场热点和行情特征变动持仓结构是很正常的，但是，一些基金为了获取高收益，频繁参与题材股操作，导致较高的换手率，而高换手未必带来高收益。天相统计显示，2006年股票换手率最高的基金是申万巴黎盛利配置，换手率高达1 657.83%，比平均值高出6.5倍。但2006年一季度申万巴黎盛利配置涨幅仅为3.22%，居于榜尾。可见，高换手率并不必然带来高收益。在业绩排名靠前的基金中，有些换手率并不高，如上投阿尔法基金换手率为120.32%，还不到一些基金换手率的十分之一，但其2006年的收益为173.01%，充分显示了其择股眼光。此外，上投优势基金换手率为240.31%，这是一个频度比较适中的换手率，2006年的收益为171%，位居前列。此外，一些持有进入停牌阶段股票的基金，由于停牌，目前这些基金的净值较低，但一旦股票复牌，股票价格可能翻番，基金净值可能快速增长。比如基金泰和在封闭式基金中业绩并不算突出，然而因持有S阿胶使它"身价倍增"。S阿胶从2006年年底至2007年5月长期处于停牌状态，5月初该股复牌后连续涨停，直至5月15日起再次停牌。在完成股权分置改革之后，S阿胶于2007年6月1日起复牌，这意味着在此之前购入持有S阿胶4.09%的基金泰和，存在套利空间。

2. 从Beta系数中判断抗跌基金

Beta系数是用来衡量基金的收益和市场收益相关性的经典指标。简单来理解，Beta系数描述的是在平均意义上，市场向上或向下波动时，基金收益相对市场收益波动的倍数。也就是说，Beta系数为1，说明基金收益波动幅度和市场相当；Beta系数大于1，说明基金收益波动幅度大于市场收益；Beta系数小于1，说明基金收益波动比市场更小。正因为如此，Beta系数被当作是基金风险的一个重要度量指标，Beta系数越大，基金的风险被认为越大。因此，对于投资者来说，可以依据基金的 Beta 系数辨别基金的风险波动大小。

例如金鹰优选基金近一年的 Beta 系数为 0.57，表明它收益波动比市场更小，表现了良好的抗风险能力，收益稳健。而长信金利基金近一年的 Beta 系数为 1.04，说明基金收益波动幅度大于市场收益；风险系数较高，波动较大。通常的 Beta 系数把基金收益向上和向下的波动都计入了风险。而在震荡市下，投资者更关心的是市场发生大幅下跌时，哪些基金的损失更小。也就是说，只有收益向下波动的风险更让投资者关心。这就要通过基金的负 Beta 系数来判断。负 Beta 系数小于 1，说明在市场下跌时基金净值跌幅小于市场跌幅；负 Beta 系数大于 1，说明在市场下跌时基金净值跌幅大于市场跌幅。比如，在过去一年中，中银中国精选的负 Beta 系数仅为 0.5，大致可以理解为，历次市场下跌的时候，中银中国精选的净值跌幅约为股票市场的一半。而嘉实 300 基金近一年负 Beta 系数为 1.02，说明在近一年市场下跌的时候，嘉实 300 基金的净值跌幅大于股票市场。因此不难看出，风险控制和抗跌能力的强弱将是在 2007 年震荡牛市中选择基金的一个重要的参考指标。现从 2007 年表现比较突出的三次震荡中分析各基金的走势情况，此内容仅供投资者借鉴和参考，其具体分析如下：

（1）5·30 大跌：偏股型基金受挫，配置型基金抗跌。

2007 年 5 月 30 日，财政部上调证券交易印花税，沪深两市大幅跳空低开。沪指开盘报 4 087.41 点，低开 247.51 点，报收点 4 053.09，下跌 281.84 点，跌幅 6.50%；深成指开盘报 12 651.20 点，低开 805.40 点，跌幅为 5.99%。受股市暴跌的影响，偏股型基金受到较大的影响。根据数据统计显示，当天有 208 只偏股型基金净值全部下跌，无一幸免，基金净值平均跌幅高达 5.27%，这是偏股型基金自"2·27"以来的又一次重创。其中，净值跌幅超过 6% 的基金达到 52 只，超过 7% 的有 4 只。同样，指数型基金也没有逃脱暴跌的惨痛命运。华夏中小板 ETF、友邦华泰红利 ETF、华安上证 180ETF、鹏华中国 50、大成沪深 300、万家上证 180、易方达深证 100ETF、嘉实沪深 300、长城久泰中标 300 等 11 只指数基金净值的跌幅全部超过 6%。而封闭式基金并未表现出更好的抗跌性。开盘交易的 39 只封闭式基金全线大幅下调。其中，跌幅超过 9% 的基金达 16 只。基金科翔、基金裕隆、基金景宏跌幅位居前三位，分别下跌 10.01%、10.01%、

9.98%。基金安久跌幅最小，跌3.87%。此外，LOF场内交易的18只基金全线大跌，16只基金跌幅超过5%。其中，荷银效率、南方高增、长盛同智位于跌幅前三位，分别下跌8.47%、7.13%、7.09%。兴业趋势跌幅最小，下跌3.21%。ETF跟随标的指数全线大幅下跌，跌幅超过6%。上证50ETF跌8.15%；上证180ETF跌6.82%；上证红利ETF跌7.46%；深证100ETF跌7.63%；中小板ETF跌8.93%。但值得注意的是，在股市重挫之下，有一部分基金的净值并未受到太大影响。这部分基金主要以"攻守兼备"著称的配置型基金为主，像博时平衡配置、泰达荷银风险预算、中信经典配置基金等的跌幅相对都不大，基本在2%到4%左右。其中，中信经典配置基金不光是抗跌，在股市上扬的过程中所表现出的盈利能力也不逊色。在最近3个月之内中信经典获得了29.36%的收益，最近一年的收益率高达127.98%，在80只积极配置型基金中名列前茅。

【基金专家点评】在此次暴跌之前封闭式基金出现一片红火的迹象，但2007年5月30日的暴跌封闭式基金并没有表现出良好的抗跌性。由于封闭式基金重仓蓝筹股，当日蓝筹股受大盘的拖累起起落落，封闭式基金跌幅受到影响。但当宏观调控措施旨在于坚持价值投资，打击炒作题材的个股时，大盘反弹的重任必然落到了蓝筹股的身上，因此封闭式基金仍有投资价值。另外，此次暴跌起因于证券交易印花税，而封闭式基金不需要缴纳印花税，也为其提供了投资价值。而此次暴跌完美地体现配置型基金的抗跌优势，这主要在于配置型基金本身的投资特点——"攻可进退可守"。由于其资产配置的比例可以根据行情灵活变化，所以当市场不稳定的时候可以将持有股票的比例缩小，而持有的股票又可以保证是那些估值水平低但又优质的股票，做到灵活自如。

（2）4·19大跌：大盘高折价基金普跌，小盘基金抗跌。

2007年4月19日本是一季度宏观经济数据公布的日子，统计局推迟了一天，市场恐慌气氛加重。当日沪深股指双双低开后在套现压力下大幅走低，沪市收盘3449.02点，跌163.38点，跌幅4.52%。深成指开盘10359.96点，收盘9857.23点，跌544.39点，跌幅5.23%。股票型、指数型等基金在大跌中无一能幸免。股票型基金的平均跌幅在3%以上，甚至跌幅在4%、5%也不在少数，如华夏大盘精选当日跌幅为4.24%，华夏优势增长当日的跌幅为4.45%，嘉实300

当日的跌幅为 4.51%，而小盘金鹰优选基金当天的跌幅仅为 1.27%。去年业绩排名靠后的金鹰优选基金在今年实现了大翻身，2007 年一季度基金业绩上升到第 6 名。而 ETF 跌幅稍逊股票型基金。上证 50ETF 跌 4.09%，上证 180ETF 跌 3.96%，上证红利 ETF）跌 4.79%，深证 100ETF 跌 4.27%，中小板 ETF 跌 5.01%。封闭式基金普遍下跌，小盘基金表现相对抗跌。开盘交易的 44 只基金有 1 只上涨，43 只下跌。其中有 10 只跌幅超过 5%，基金汉盛（500005）、基金同盛（184699）、基金景宏（184691）跌幅居于前三位，分别跌 5.77%、5.49%、5.47%。因实施封转开而将终止上市的基金兴科（184708）复牌后，收盘涨 3.75%，报 2.464 元。

LOF 交易的 17 只基金全线下跌，跌幅两极分化。其中有 15 只基金跌幅超过 4%，鹏华动力（160610）、富国天惠（161005）、南方积配（160105）跌幅居于前三位，分别 7.32%、5.33%、5.32%。跌幅最小的万家公用（161903）跌 2.89%。

【基金专家点评】在市场高位剧烈震荡，热点转换迅速的环境下，小盘基金充分发挥了自身优势，灵活调仓，快速把握市场热点，可谓是"船小好调头"。而 2007 年股市的震荡将是个常态，当股市出现震荡时，跌幅靠前的大多是大盘基金，表明小盘基金要比大盘基金抗跌。这也从一个侧面反映出下档承接力量不足，因此在偏弱调整状态中，稍有抛盘出现，大盘基金的抗跌性就明显不如小盘基金了。另外，从基金本身特点看，小盘基金到期时间大多比大盘基金短，因此，"准债券"特征更容易表现出来，小盘基金的稳定性相对高。

（3）2·27 大跌：指数型基金整体受挫，主动型基金抗跌。

2007 年 2 月 27 日，上证指数在开盘创出 3049.77 点的历史新高后，就一路下跌，最终以 2 771.79 点收盘，跌幅高达 8.84%；深证成指的跌幅高达 9.29%。跟大盘最密切的指数型基金整体受挫最大，50ETF、深 100ETF、红利 ETF、180ETF、中小板跌幅依次为 8.76%、9.02%、9.24%、9.25%、9.61%；各自跟踪股指上证 50、深证 100P、红利指数、上证 180、中小板 P 跌幅分别是 9.47%、9.20%、9.46%、9.29%、9.40%。

LOF 场内交易方面，除长盛同智跌 5.71%外，其余 15 只基金跌幅超过 7%，南方高增跌停报收，鹏华价值、荷银效率、南方积配、景顺资源、博时主题、中银中国、招商成长共8只基金跌幅逾9%。

2007年2月27日之后虽有几日反弹，但2007年3月1日的大幅下跌使得反弹显得杯水车薪。开放式股票型基金无一幸免地全部下跌，平均跌幅达到了7.28%，其中12只基金的净值跌幅在10%以上，银华和南方旗下的基金跌幅居前，这与2006年四季度重仓持有的金融板块大幅下挫有关。除了轻仓的新基金中欧新趋势仅下跌1.55%外，跌幅较小的主动型基金为金鹰成份股优选、华夏大盘和宝盈鸿利收益，分别下跌1.55%、1.91%和3.91%。

65只平衡型基金的净值也全部下跌，平均跌幅为6.63%，19只基金的净值跌幅在8%以上，交银施罗德稳健配置的净值跌幅居首，达10.24%，该基金去年四季度的重仓板块为金融和地产。净值跌幅较小的基金均为持债比例较高，股票仓位较轻的品种，嘉实成长、泰达荷银风险预算和宝康灵活配置的净值跌幅均不到3%。6只保本基金平均跌幅为2.74%。封闭式基金平均净值跌幅达7.66%，安久、隆元和通乾的净值跌幅超过10%，净值跌幅小于5%的仅裕阳和安瑞两家，分别下跌3.67%和4.10%。从以上3次暴跌各种基金跌幅的情况可以看出，牛市不是单边的上扬，暴跌是牛市的常态。投资者应该在暴跌的情况观察各基金的"百态"，看清基金的投资价值，选择抗跌的优良投资品种。

【基金专家点评】大盘的震荡首当其冲的就是被动型指数基金，被动型指数性基金受大盘表现的拖累，往往缺乏抗跌性。相比之下，配置型基金更能规避股市调整的风险。如果都是股票型基金，主动型基金要比指数型基金抗跌。但是目前主动型基金持仓水平普遍较高，开放式股票型基金所持股票的净值占基金净值的80.94%，开放式混合型基金为67.3%。如果在在短期内市场处于震荡的情况下，不宜盲目加大主动型基金的投资，应调整主动型基金配置。

3. 三次暴跌下的基金抗跌排行榜

三次暴跌下的基金抗跌排行榜，具体见表 2 - 1、2 - 2、2 - 3、2 - 4。

表 2 - 1　　　　　　股票型基金抗跌排行榜（截至 2007 年 6 月 4 日）

基金名称	近一年 Beta 系数	近一年负 Beta 系数	近两年 Beta 系数	近两年负 Beta 系数	2007 - 2 - 27	2007 - 4 - 19	2007 - 6 - 4
金鹰优选	0.57	0.34	0.59	0.40	- 5.30%	- 1.27%	- 10.50%
南方稳健	0.72	0.37	0.75	0.42	- 7.97%	- 1.48%	- 8.42%
融通成长	0.57	0.40	0.59	0.45	- 5.48%	- 3.40%	- 8.81%
富国天益	0.79	0.42	0.75	0.53	- 8.69%	- 5.09%	- 8.69%
中银增长	0.78	0.44	-	-	- 8.23%	- 3.51%	- 9.63%
天治核心	0.81	0.44	-	-	- 8.33%	- 2.16%	- 17.65%
荷银成长	0.73	0.44	0.67	0.55	- 7.44%	- 3.50%	- 8.68%
普天收益	0.62	0.44	0.65	0.50	- 7.47%	- 3.29%	- 11.60%
华宝动力	0.63	0.46	-	-	- 9.04%	- 3.77%	- 8.15%
宝康消费品	0.59	0.50	0.57	0.52	- 6.73%	- 2.91%	- 8.17%
华泰中国	0.73	0.50	-	-	- 7.42%	- 3.69%	- 9.70%
长城消费	0.66	0.51			- 8.59%	- 3.79%	- 7.92%
广发聚富	0.69	0.52	0.71	0.57	- 7.60%	- 4.55%	- 10.60%
华安创新	0.68	0.52	0.67	0.54	- 7.07%	- 2.64%	- 10.23%
万家公用	0.58	0.52	-	-	- 6.55%	- 3.09%	- 12.59%
建信恒久	0.75	0.52	-	-	- 8.39%	- 3.65%	- 10.79%
金鹰精选	0.65	0.54	0.68	0.53	- 6.11%	- 3.24%	- 15.60%
海富通精选	0.68	0.55	0.68	0.54	- 6.94%	- 3.23%	- 9.10%
交银精选	0.65	0.56	-	-	- 6.44%	- 3.66%	- 8.49%
荷银稳定	0.62	0.56	0.64	0.53	- 7.43%	- 3.62%	- 5.22%

续表

基金名称	近一年 Beta 系数	近一年负 Beta 系数	近两年 Beta 系数	近两年负 Beta 系数	2007-2-27	2007-4-19	2007-6-4
博时精选	0.68	0.58	0.67	0.51	-6.69%	-4.21%	-10.10%
博时价值	0.73	0.58	0.71	0.56	-6.35%	-3.96%	-6.63%
广发聚丰	0.82	0.59	-	-	-8.90%	-4.80%	-11.89%
华夏成长	0.80	0.59	0.77	0.63	-7.88%	-4.00%	-9.79%
荷银周期	0.71	0.60	0.72	0.65	-7.55%	-3.78%	-9.23%
光大红利	0.84	0.60			-7.82%	-4.50%	-11.93%
鹏华成长	0.71	0.60	0.69	0.61	-6.77%	-4.04%	-9.89%
国泰精选	0.73	0.61	0.68	0.62	-8.82%	-3.61%	-10.27%
景顺增长	0.74	0.62	0.73	0.62	-6.74%	-3.20%	-9.06%
招商成长	0.79	0.62	-	-	-8.47%	-4.07%	-11.25%
博时主题	0.67	0.62	0.66	0.54	-8.37%	-4.45%	-7.27%
银华88	0.82	0.62	0.78	0.67	-8.87%	-4.26%	-9.34%
景顺资源	0.78	0.62	-	-	-7.88%	-3.30%	-9.46%
银华优选	0.86	0.63			-9.07%	-4.97%	-9.78%
上投阿尔 法	0.74	0.63	-	-	-8.18%	-4.08%	-9.73%
景顺股票	0.71	0.64	0.68	0.59	-7.37%	-3.21%	-9.66%
华宝增长	0.83	0.64	0.78	0.61	-8.96%	-4.31%	-9.40%
大成价值	0.74	0.65	0.71	0.64	-7.34%	-3.09%	-10.72%
保德信量 化	0.86	0.66	0.83	0.69	-8.45%	-4.72%	-11.64%
申万新 动力	0.86	0.67	-	-	-8.53%	-1.48%	-12.22%

续表

基金名称	近一年 Beta 系数	近一年负 Beta 系数	近两年 Beta 系数	近两年负 Beta 系数	2007-2-27	2007-4-19	2007-6-4
荷银精选	0.87	0.68	0.83	0.69	-8.86%	-5.06%	-9.71%
国投核心	0.87	0.69	—	—	-9.58%	-4.26%	-7.46%
工银价值	0.80	0.69	—	—	-8.60%	-3.71%	-9.36%
金鹰增长	0.77	0.70	0.73	0.68	-8.83%	-3.13%	-10.97%
中信红利	0.81	0.70	—	—	-7.95%	-4.57%	-14.03%
招商股票	0.73	0.71	0.71	0.63	-6.21%	-3.34%	-11.47%
长信金利	1.04	0.72	—	—	-9.03%	-3.65%	-15.80%
海通股票	0.80	0.74	—	—	-7.81%	-4.00%	-11.68%
景顺鼎益	0.75	0.77	0.70	0.64	-7.95%	-3.26%	-9.60%
诺安股票	0.71	0.78	—	—	-7.97%	-3.90%	-12.76%
宝盈沿海	0.77	0.80	0.70	0.63	-6.45%	-3.72%	-13.69%
易方达成长	0.88	0.81	0.81	0.74	-8.61%	-3.76%	-12.13%
融通景气	0.93	0.81	0.83	0.75	-8.08%	-4.58%	-13.59%
南方高增	0.80	0.81	—	—	-9.16%	-1.85%	-9.90%
融通深100	0.98	0.83	0.95	0.85	-8.97%	-4.64%	-14.91%
长信精选	0.81	0.83	0.76	0.68	-6.80%	-3.34%	-12.90%
长城久泰	0.88	0.84	0.88	0.80	-7.96%	-4.53%	-14.38%
华安MSCI	0.87	0.84	0.84	0.74	-8.72%	-4.51%	-13.54%
博时裕富	0.76	0.84	0.78	0.77	-8.75%	-4.17%	-12.43%
50ETF	0.77	0.84	0.77	0.75	-9.45%	-4.09%	-10.90%

续表

基金名称	近一年Beta 系数	近一年负Beta 系数	近两年Beta 系数	近两年负Beta 系数	2007 - 2 - 27	2007 - 4 - 19	2007 - 6 - 4
易方达 50	0.77	0.85	0.76	0.74	-9.22%	-4.31%	-9.95%
融通巨潮	0.83	0.85	-	-	-9.50%	-4.43%	-11.47%
万家 180	0.82	0.85	0.79	0.75	-8.94%	-4.32%	-12.84%
易方达策略	0.97	0.86	0.88	0.81	-8.64%	-3.66%	-12.04%
宝盈鸿利	0.72	0.89	0.73	0.69	-5.45%	-3.90%	-11.91%
南方积配	0.82	0.89	0.77	0.78	-8.81%	-3.90%	-9.02%
180ETF	0.87	0.90	-	-	-9.32%	-4.53%	-14.02%
德盛精选	0.81	0.91	-	-	-7.71%	-5.24%	-16.25%
深 100ETF	0.99	0.91	-	-	-9.17%	-4.89%	-15.49%
大成 300	0.88	0.91	-	-	-8.56%	-4.10%	-15.19%
广发小盘	0.89	0.93	0.88	0.88	-8.81%	-4.11%	-17.71%
巨田基础	0.85	0.99	0.79	0.76	-7.64%	-3.03%	-18.55%
嘉实 300	0.97	1.02	-	-	-8.77%	-4.51%	-15.15%
上证指数	1.00	1.00	1.00	1.00	-8.84%	-4.52%	-15.33%

附注：直线下划线为跌幅最大的 5 名，波浪下划线为跌幅最小的 5 名

表 2 - 2　　　　配置混合型基金抗跌排行榜（截至 2007 年 6 月 4 日）

基金名称	近一年Beta 系数	近一年负Beta 系数	近两年Beta 系数	近两年负Beta 系数	2007 - 2 - 27	2007 - 4 - 19	2007 - 5 - 30
盛利配置	0.34	0.12	0.29	0.15	-3.82%	-1.54%	-4.09%
荷银预算	0.37	0.24	0.36	0.24	-4.37%	-2.34%	-7.74%
中国精选	0.54	0.29	0.56	0.31	-5.98%	-4.10%	-8.65%
华夏回报	0.72	0.39	0.71	0.55	-6.93%	-2.89%	-8.64%
上投双息	0.63	0.39	-	-	-7.05%	-3.77%	-8.27%
德盛小盘	0.72	0.40	0.66	0.46	-7.70%	-2.88%	-7.48%

续表

基金名称	近一年Beta 系数	近一年负Beta 系数	近两年Beta 系数	近两年负Beta 系数	2007－2－27	2007－4－19	2007－5－30
宝康配置	0.52	0.43	0.57	0.47	－5.75%	－3.30%	－9.80%
国海收益	0.41	0.48	－	－	－5.13%	－2.64%	－8.20%
德盛安心	0.50	0.50	－	－	－6.57%	－2.76%	－5.37%
中信配置	0.64	0.51	0.63	0.50	－6.95%	－3.86%	－9.95%
嘉实服务	0.68	0.52	0.69	0.48	－8.20%	－3.85%	－10.17%
国投景气	0.69	0.53	0.65	0.55	－7.35%	－3.60%	－9.18%
景顺平衡	0.64	0.54	0.58	0.48	－7.42%	－2.76%	－5.95%
华夏红利	0.82	0.54	－	－	－7.68%	－4.15%	－13.12%
招商平衡	0.55	0.55	0.53	0.47	－4.93%	－2.52%	－8.27%
海富通收益	0.67	0.56	0.62	0.51	－7.30%	－3.98%	－11.21%
中海红利	0.72	0.64	－	－	－8.19%	－3.07%	－12.40%
天弘精选	0.72	0.65	－	－	－8.44%	－3.33%	－12.35%
天治增长	0.79	0.66	0.66	0.59	－6.67%	－2.26%	－14.06%
银河银泰	0.85	0.75	0.77	0.71	－8.90%	－3.87%	－12.44%
世纪分红	0.87	0.83	－	－	－7.38%	－4.22%	－15.76%
东方龙	0.89	0.84	0.79	0.79	－8.90%	－4.68%	－17.23%
上证指数	1.00	1.00	1.00	1.00	－8.84%	－4.52%	－15.33%

附注：直线下划线为跌幅最大的 5 名，波浪下划线为跌幅最小的 5 名

表 2－3　　　　偏股混合型基金抗跌排行榜（截至 2007 年 6 月 4 日）

基金名称	近一年Beta 系数	近一年负Beta 系数	近两年Beta 系数	近两年负Beta 系数	2007－2－27	2007－4－19	2007－5－30
嘉实成长	0.43	0.32	0.53	0.32	－3.87%	－3.09%	－6.80%
盛利精选	0.66	0.38	0.64	0.46	－6.97%	－3.67%	－7.74%

续表

基金名称	近一年Beta 系数	近一年负Beta 系数	近两年Beta 系数	近两年负Beta 系数	2007-2-27	2007-4-19	2007-5-30
信诚四季红	0.68	0.43	—	—	-6.64%	-3.72%	-9.55%
荷银效率	0.61	0.44	—	—	-7.06%	-3.40%	-8.15%
嘉实增长	0.66	0.47	0.66	0.53	-7.08%	-3.39%	-7.88%
嘉实稳健	0.60	0.47	0.61	0.48	-6.85%	-3.13%	-5.98%
广发稳健	0.66	0.47	0.67	0.53	-7.81%	-4.62%	-7.97%
富国动态	0.59	0.50	0.58	0.57	-6.43%	-0.46%	-5.31%
富国天瑞	0.63	0.51	0.66	0.55	-8.18%	-5.04%	-9.44%
银华优势	0.66	0.52	0.62	0.58	-6.88%	-3.61%	-5.86%
长盛成长	0.58	0.52	0.59	0.57	-5.90%	-2.92%	-11.33%
银河稳健	0.84	0.56	0.82	0.58	-7.98%	-3.75%	-11.61%
富国天惠	0.68	0.56	—	—	-9.46%	-3.93%	-7.92%
招商先锋	0.63	0.57	0.66	0.49	-7.20%	-3.51%	-10.01%
华夏精选	0.88	0.58	0.84	0.57	-7.14%	-4.24%	-12.63%
添富优势	0.82	0.60	—	—	-8.62%	-3.92%	-9.74%
兴业趋势	0.78	0.61	—	—	-7.99%	-3.93%	-6.35%
中海成长	0.76	0.62	0.77	0.60	-8.15%	-4.46%	-12.67%
诺安平衡	0.68	0.62	0.66	0.53	-7.62%	-3.46%	-9.02%
易方达增长	0.60	0.64	0.58	0.61	-6.66%	-3.01%	-10.43%
天治优选	0.87	0.64	0.78	0.64	-8.74%	-2.41%	-16.71%
东方精选	0.81	0.67	—	—	-7.44%	-3.67%	-12.42%
鹏华50	0.72	0.67	0.71	0.67	-6.74%	-3.93%	-14.44%
长城平衡	0.60	0.69	0.62	0.61	-6.13%	-3.40%	-9.37%

基金名称	近一年 Beta 系数	近一年负 Beta 系数	近两年 Beta 系数	近两年负 Beta 系数	2007－2－27	2007－4－19	2007－5－30
嘉禾精选	0.79	0.73	0.75	0.61	<u>－8.93%</u>	<u>－2.15%</u>	－12.16%
德盛稳健	0.76	0.74	0.68	0.66	－6.95%	－3.78%	－10.85%
新蓝筹	0.82	0.74	0.76	0.70	－7.51%	－3.79%	－10.93%
泰信策略	0.86	0.75	0.86	0.72	－7.58%	<u>－2.43%</u>	－13.72%
大成精选	0.93	0.75	0.89	0.73	<u>－9.31%</u>	－4.45%	－11.31%
大成稳健	0.88	0.78	0.79	0.73	－8.71%	－3.72%	－10.55%
上投优势	0.96	0.87	0.91	0.86	－8.21%	<u>－4.56%</u>	－14.35%
长盛精选	0.79	0.87	0.74	0.79	<u>－6.55%</u>	<u>－1.59%</u>	－13.56%
华富优选	0.95	0.90	0.91	0.88	－8.22%	－4.18%	<u>－16.38%</u>
巨田资源	0.94	0.91	－	－	<u>－9.65%</u>	－3.88%	<u>－15.24%</u>
国泰回报	0.82	0.94	0.75	0.79	－8.51%	－3.34%	<u>－14.47%</u>
上证指数	1.00	1.00	1.00	1.00	－8.84%	<u>－4.52%</u>	<u>－15.33%</u>

附注：直线下划线为跌幅最大的 5 名，波浪下划线为跌幅最小的 5 名

表 2－4　　　　**转债混合型基金抗跌排行榜**（截至 2007 年 6 月 4 日）

基金名称	近一年 Beta 系数	近一年负 Beta 系数	近两年 Beta 系数	近两年负 Beta 系数	2007－2－27	2007－4－19	2007－5－30
华安配置	0.69	0.49	0.67	0.53	－7.45%	－3.52%	－8.72%
兴业可 转债	0.52	0.53	0.49	0.43	－6.24%	－1.77%	－7.52%
上证指数	1.00	1.00	1.00	1.00	－8.84%	－4.52%	－15.33%

基金理财盲点大扫除：

※开放式基金的封闭期

开放式基金的封闭期是指基金成功募集足够资金宣告成立后，会有一段不接受投资者赎回基金单位申请的时间段。设定封闭期一方面是为了方便基金的后台（登记注册中心）为日常申购、赎回做好最充分的准备，另一方面基金管理人可将募集来的资金根据证券市场状况完成初步的投资安排。根据《开放式证券投资基金试点办法》规定，基金封闭期不得超过 3 个月。

※基金发行期认购利息计算

基金发行时期认购资金的利息是按照金融同业年利息 0.99% 计算（比个人储蓄利率高）。发行成功后，基金公司会将发行期利息折算成基金份额计入投资者的个人账户。

※股市下跌、基金净值缩水，投资者怎么办

基金投资者在基金净值下跌时应该仔细分析其中的原因，如果市场上绝大多数基金的净值都发生下跌，这种情况很可能是由系统性风险造成的，而不是基金管理人之过，这时投资者就需要结合自己对市场趋势和风险承受能力的判断做出投资选择。

基金作为中长期投资的一种方式，需要投资者对市场未来发展做出大致的判断，如果投资者认为目前市场的下跌只是短期现象，未来股市还会有更大发展，同时自己选择的基金可以在市场发展中分享收益，那么就应该坚定地持有，甚至增加申购，因为在市场低点的时候买进显然成本更低。但如果投资者对后市持悲观态度，或者目前基金净值的波动超过了自己的风险承受能力，那么赎回手中的基金或转向其他风险更低的投资工具也不失为一种选择。

※投资者能否将自己账户里的基金资产转让给其他人

不可以。目前基金市场只受理继承、捐赠、司法强制执行等情况下的基金过户情况。

※权益登记日、除息日和红利发放日

权益登记日是指享有分红权益的基金份额的登记日期，只有在分红权益登记日前购入的基金才有资格参加分红。除息日是指在这一天，基金的份额净值中要减去分红金额。红利发放日是指发放红利的那天。

※LOF 基金是何物

LOF 基金，又叫"上市开放型交易基金"。跟一般的开放式基金不同，这种基金可以有两种交易方式，既可以像开放式基金一样在一级市场申购、赎回，也可以在二级市场像买卖股票一样交易，由于不同交易方式的存在，其交易成本和基金的价格都有所差异。

与在银行柜台等一级市场进行申购、赎回相比，通过交易所在二级市场买卖LOF 的优势之一就是交易成本要低得多。如果在二级市场买卖 LOF 基金，需要支付的成本主要是券商佣金，一般来说，买卖一个来回的佣金是交易金额的0.3%，最多也只有 0.5%；而如果在一级市场申购、赎回，需要支付的费用则与普通开放式基金相同，约为 2%，即申购费用 1.5% 和赎回费用 0.5%。这样一来，仅仅是买卖过程，在二级市场可以省下约 1.5% 的交易成本。

上市型开放式基金，Listed Open - Ended Fund（LOF），是一种可以在交易所挂牌交易的开放式基金。兼具封闭式基金交易方便、交易成本较低和开放式基金价格贴近净值的优点。

其特点为：

①上市开放式基金本质上仍是开放式基金，基金份额总额不固定，基金份额可以在基金合同约定的时间和场所申购、赎回。

②上市开放式基金发售结合了银行等代销机构与深交所交易网络二者的销售优势。银行等代销机构网点仍沿用现行的营业柜台销售方式，深交所交易系统则采用通行的新股上网定价发行方式。

③上市开放式基金获准在深交所上市交易后，投资者既可以选择在银行等代销机构按当日收市的基金份额净值申购、赎回基金份额，也可以选择在深交所各会员证券营业部按撮合成交的价格买卖基金份额。

④投资者可以通过跨系统转托管实现在深交所交易系统买卖和在银行等代销

机构申购、赎回基金份额两种交易方式的转换。

※（ETF）指数基金

（ETF）指数基金是一种在交易所买卖的有价证券，代表一揽子股票的所有权，可以连续发售和用一揽子股票赎回。它为投资者同时提供了交易所交易以及申购、赎回两种交易方式：一方面，与封闭式基金一样，投资者可以在交易所买卖 ETF，而且可以像股票一样卖空和进行保证金交易（如果该市场允许股票交易采用这两种形式）；另一方面，与开放式基金一样，投资者可以申购和赎回 ETF，但在申购和赎回时，ETF 与投资者交换的是基金份额和一揽子股票（普通开放式基金在申购和赎回时交换的是基金份额和现金），而且 ETF 一般都设有申购和赎回数量的下限，达不到其下限的交易只能通过交易所进行。另外，ETF 通常采用完全被动式管理方法，以拟合某一指数为目标。

※对冲基金

对冲基金英文名称为 HedgeFund，意为风险对冲过的基金，起源于 20 世纪 50 年代初的美国。其操作的宗旨，在于利用期货、期权等金融衍生产品以及对相关联的不同股票进行实买空卖、风险对冲的操作技巧，在一定程度上可规避和化解投资风险。

※期货基金

期货基金是一种以期货为主要投资对象的投资基金。期货是一种合约，只需一定的保证金（一般为 5% ~ 10%）即可买进合约。期货可以用来套期保值，也可以以小博大，如果预测准确，短期能够获得很高的投资回报；如果预测不准，遭受的损失也很大，具有高风险高收益的特点。因此，期货基金也是一种高风险的基金。

※ 期权基金

以期权为主要投资对象的投资基金。期权也是一种合约，是指在一定时期内按约定的价格买入或卖出一定数量的某种投资标的的权利。如果市场价格变动对投资者履约有利，投资者就会行使这种买入和卖出的权利，即行使期权；反之，投资者亦可放弃期权而听任合同过期作废。作为对这种权利占有的代价，期权购买者需要向期权出售者支付一笔期权费（期权的价格）。期权基金的风险较小，适合于收入稳定的投资者。其投资目的是为了获取最大的当期收入。

※套利基金

套利基金指主要投资于国际金融市场，利用套汇技巧进行套利、获取收益的证券投资基金。

※基金中的基金

基金中的基金指投资对象为证券投资基金的基金，其投资组合由各种基金组成。根据2004年6月1日实施的《中华人民共和国证券投资基金法》第59条的有关规定：基金财产不得用于买卖其他基金份额，但国务院另有规定的除外。一般情况下，目前我国禁止证券投资基金投资于其他证券投资基金。

※保本基金

保本基金指在一定时期后，投资者会获得投资本金的一定百分比的回报。同时，视基金运作情况，投资者还会获取额外收益的基金。保本基金具有部分"封闭式基金"的特点，通常具有一定的封闭期，如投资者在封闭期内赎回份额将无法得到基金管理公司的保本承诺，所以保本基金也被称为"半封闭式基金"，是一种理想的避险品种。

※成长型基金、收入型基金、平衡型基金

从基金的风险和收益来划分，可分为成长型基金、收入型基金、平衡型基金：

①成长型基金：又称价值型投资基金，这类基金的投资目标在于追求资本的最大效用，为获取最大利润，从事股票短期买卖或对发展前景好的股票进行投资，以从这些股票升值或股票短期买卖差价中赚取利润。一般不看重当期收入，同时，这类基金取得收益后，很少分配股利，而是将所得收益用于再投资，以不断追求基金资本增长。

②收入型基金：以追求基金当期收入为投资目标的基金，其投资对象主要是那些绩优股、债券、可转让大额存单等收入比较稳定的有价证券。收入型基金一般把所得的利息、红利都分配给投资者。这类基金虽然成长性较弱，但风险相应也较低，适合保守的投资者和退休人员。

③平衡型基金：是既追求长期资本增值，又追求当期收入的基金，这类基金

主要投资于债券、优先股和部分普通股，这些有价证券在投资组合中有比较稳定的组合比例，一般是把资产总额的 25% 至 50% 用于优先股和债券，其余的用于普通股投资。其风险和收益状况介于成长型基金和收入型基金之间。

Investment *easy*

第 三 章

像局内人一样
买基金

章前导读语：菜鸟玩转基金

现在已经进入了"理财时代"，各种新鲜产品层出不穷，普通投资人深感"乱花渐欲迷人眼"，有的产品个人不能参与，而有的产品太复杂、看不懂，到底怎么投资好？这时，不妨利用第三者的力量来实现自己的理财目标，比如基金，就是一个很好的借力打力、四两拨千斤的工具。

第一，借道基金购买个人不能参与的投资品种。

普通老百姓都很喜欢买国债，但却没有注意到有很多收益高的债券品种自己却不能从中获利，比如银行间市场个人不能参与、企业债零售额度限制、个人购买不到等，这时投资者就可以通过购买债券基金来间接投资于银行间市场上的央行票据、企业债等。

股票市场上同样有很多个人投资者只能望而兴叹的投资机会。一般来说，上市公司公布股改方案或其他重大事项，都要停牌一段时间，这些公司的股票，很多在复牌后即大幅上涨。投资者通过上市公司的股改方案或公告虽然可以预料到股票会大涨，但苦于股票停牌，已无法买到获利。这时就可以去买那些重仓持有停牌公司股票的基金，股票复牌后大涨，相应地对基金净值可能会带来不小的贡献。

第二，借力基金获得大资金才能有的优势。

基金本身就是一个可以让你坐享大资金规模优势的投资工具。现在股票那么多，个人投资者要想用小额的资金就构建一个投资组合，难免显得捉襟见肘。即使你只买了1 000元的基金，也相当于你买进了二三十只股票，获得组合投资、分散风险的好处。

买基金还可以享受到很多大资金才有的优势。比如，个人投资者参与"打新股"时，由于在参与渠道、专业操作经验以及可动用的资金量等方面都无法与机构投资者相提并论，因此很多投资者在"打新股"时大多只是充当"垫背"的角色。其实大可不必如此亲力亲为，大多基金在新股申购时都会动用大笔资金通过网上、网下多渠道参与新股申购，市场上甚至还有专门"打新股"的债券基金，通过大规模资金运作大大提高申购的成功率，从而分享到大资金才有的新股收益率。

第三，借助基金参与自己不熟悉的投资领域。

权证、可转换债券、股指期货……不断冒出的新名词让投资人应接不暇。与其花精力去熟悉这些投资品种，还不如投资基金，让专业的基金经理去考虑这些复杂的事情，让那些"三高（高文化、高学历、高收入）"的基金经理为自己"打工"，何乐而不为？

3.1　局内局外买基金，首先看它的出身

事实上，关于基金的资料都唾手可得，关键在于我们应该怎么解剖这些数据和资料。

我们可以直接到基金公司的网站去了解基金公司本身。有几点值得特别关注：公司的股东、基金管理规模与基金公司的产品线。

股东实力，股东的投资经验。一切有利于基金公司发展的资源都可能是一个关键要素。比如银行系基金仰仗银行股东的资金实力和销售渠道而享有得天独厚的地位，自然也能吸引优秀的人才。而一些中外合资的基金公司因为外方股东在投资上的国际经验而获益匪浅，拥有一份国际视野和先进的风险控制体系往往是问题的实质所在。

而产品线是否完整同样能看出一家公司的实力。至于基金公司的管理规模在很多文稿中都有详细的讲解，这里就不赘述。

1. 老牌基金公司：先发优势，得天独厚

嘉实、大成、南方、鹏华、华安和华夏等都是 1998 年首批成立的基金公司。经过多年来的持续经营和品牌建设，老牌基金公司借助先发优势，已经建立了较为成熟完善的投资管理体系，在投资者中也享有较高的知名度。

老牌基金公司由于成立时间较早，发行产品较多，一般都已经形成了较为完善的产品线，而且通常会有一到两只拳头产品成为公司的亮点。以华安和嘉实为例，两家基金公司分别管理着 11 只和 13 只封闭式和开放式基金。华安的华安宝利，先后获得第四届金牛奖基金和理柏首届中国最佳基金，成立满 2 年后连续获得晨星 2 年期 5 星评级；嘉实的策略增长基金，发行首日即突破 400 亿元。目前，老牌基金公司旗下均有规模庞大的"旗舰"产品，如何运用手头充裕的资金，更好地投资于相对稀缺的股票，并保持业绩持续增长，成为一道难度很大的综合考验题。

2. 中外合资基金公司：借助外脑，寻求突破

首家中外合资基金公司的头衔曾经引来湘财荷银（现已更名为泰达荷银）、

招商基金、海富通三家竞争。截止到 2006 年 11 月底，中国已经批准设立 24 家中外合资基金公司。中外合资基金是外资进一步参与中国证券市场的一种方式，合资基金公司的外方股东往往是历史悠久、资产管理经验丰富的大型欧美金融集团，其中不乏一些"百年老店"。

中外合资基金公司的初衷是借助外方股东成熟的投资管理和产品设计经验，结合中方股东的本土资源和渠道，中西合璧，取长补短，实现公司快速发展。但市场环境和中西文化的差异，使中外合资基金公司或多或少都走过麦城。

光大保德信的量化核心由于专注于定量分析，纯粹按照保德信的量化模型进行投资，尽管预测到了中国市场蓝筹板块的启动，但在介入时机上出现失误，致使量化核心一度表现不佳。

随着中国证券市场的不断发展，中外合资基金公司的许多投资理念也在不断为市场所验证，当这种"百年智慧"与中国证券市场的现实相结合，就会迸发出强烈的力量。2006 年，光大保德信量化核心全年累计净值增长率高达 125.80%，被银河证券评为四星级基金。在度过磨合期以后，中外合资基金公司的能量正在不断释放之中。

3. 中小基金公司：蓄势待发，黑马园地

国内还有为数众多的中小基金公司，它们没有老基金的品牌优势，没有银行系基金的嫡系渠道，也没有中外合资基金的眩目光环，与上述两类白马特质明显的基金公司相比，黑马更容易在这些有时被市场和投资者忽视的中小基金公司中产生。而相当多的中小基金公司已经在投资业绩上充分显示了其"隐型冠军"的特质。

3.2 基金销售有点"疯"，花言巧语莫轻信

很多人在购买基金时，都是冲着基金能赚钱而来的，很少有人真正花时间做些研究，大多是听了周围人或"理财专员"的强力推荐后，就冲动地购买了，过了一段时间，发现和自己想象的完全不同，于是后悔莫及。想去质疑理财专员，可人家一开始就提出了"慎重入市，风险

自担"！明明是一片大好形势，怎么我一上来这刀光剑影、凶相毕露的提示就显灵了呢。

市场上有一千只基金，就有一千句基金的销售话术，到底是哪些花言巧语在误导投资者呢？

中国证监会基金部2007年年初起草了《证券投资基金销售机构内部控制指导意见》，《意见》规定，基金销售宣传推介活动应当遵循诚实信用原则，不得有欺诈、误导投资人的行为。在销售过程中，要关注投资人的风险承受能力和基金产品风险收益特征的匹配性，遵循销售适用性原则，在同时销售多只基金时，不得有歧视性宣传推介活动和销售政策。故而，在基金市场上要善于辨别真伪，不能被基金销售推广者的花言巧语所蒙蔽。

1. 花言巧语之"新基金便宜实惠"

新基金一元一份，便宜！未来更容易上涨，在老基金被大量赎回消息不断传来的同时，新基金却是一发一个准，甚至还到了要"抢购"的地步。

【基金专家解密】不少投资者喜欢购买新发的基金，主要是新发基金在认购期的宣传力度很大，容易给投资者带来视觉和听觉上的冲击，加上银行、券商等基金代销网点的主动性推销，致使投资者在看待新基金和老基金的关系上有所偏颇。其实，从理财的角度看，新基金和老基金本质上并没有差异，完全是同质性的产品。首先，新基金并不能像新股票一样在上市后大涨甚至一日翻番，新基金募集完成后需要在规定期限内建仓，买入股票、债券等，它们的未来是涨是跌完全取决于这些股票的走势，老基金也一样。其次，老基金更容易判断和优选，我们买基金产品，就是希望基金净值能够上涨，而且涨得比别的基金要多一些。老基金由于面世已久，以往的业绩能体现管理人的投资管理能力和风险控制能力，投资者更容易根据它的历史记录来判断其发展趋势。

2. 花言巧语之"这只基金净值太高，上涨空间已不大"

患有基金"恐高症"的基民不在少数，认为那些净值已经涨到2、3块钱的基金实在太贵，已经没有什么上涨空间了，而净值低的基金不但划算，而且安全，不会往下掉多少，价格越便宜风险就越低，买到更多份额能赚更多钱。

【基金专家解密】只要基金成长性好，净值高低没什么区别。不同基金，就像不同的股票一样，不能仅凭价格来决定买卖，永远都不能买价格最低的股票。为什么基金的价格会有差异？由于开放式基金的申购、赎回价格主要由基金净值决定，影响基金净值高低的因素主要有三个：一是基金运作时间的长短，二是基金的投资运作水平，即基金净值的增长率，三是该基金是否近期有分拆或分红导致净值降低。净值高低不是选择基金的标准，净值只决定你买到多少份额，只要挑到一只有发展前途的就可以，净值不能代表什么，对投资没有太多的参考价值。

3. 花言巧语之"这只基金分红多"

分红多，证明基金经理的投资实力强，基金业绩成长好，能使投资者获得更多的实惠和回报。

【基金专家解密】分红与基金本身没有任何关系，分红只是营销手段，如果投资者认同这支基金，分红或不分红没有关系。很多基金投资者把分红当作获取收益的唯一途径，实际上分红也不是额外的收益，也是从基金净值里出，分红后基金的单位净值会下降，基金的累积净值不会改变。基金的累积净值才能真正反映基金的管理水平，同期成立的同类型基金累计净值越高管理水平越高。采用连续分红策略的基金公司容易遭遇到大规模的赎回，引人注目的是，基金分红比例和赎回比例之间还存在一定的负相关关系，即分红越多，赎回规模越大。很快基金就认识到，分红只是一个结果，不断增长的投资人在享有了一次分红之后，是否能相信还会有下一次分红很成问题。看来，吸引和稳定投资人还需要进一步说明自己在遴选投资品种方面的过人之处。

4. 花言巧语之"这只基金追求'绝对报酬'"

持保守态度买基金的投资者，更希望保护资产免于亏损，致使理财专员摒弃以往追求"相当绩效"的客观评论，改"绝对报酬"为基金销售的目标。

【基金专家解密】以往在股市走多头时，投资人对基金的最大期待就是打败大盘指数，绩效优于大盘，这代表经理人的操作能力值得肯定，可以为投资人带来比市场平均水平更好的报酬率。但是当大盘走向空头时，如2000年的全球股市大跌，基金绩效虽战胜大盘指数，却仍是负报酬，对投资者而言，是赢了指数、赔了钞票。面对这样的窘境，投资者更希望基金能给他们带来"绝对报酬"，但投资于追求绝对报酬的基金，就真的可以让投资者赚到钱吗？其实没有那么容易，因为在国外，所谓追求绝对报酬的基金，通常是指避险型基金。这类基金可以用放空投资标的、运用财务杠杆及买卖衍生性金融商品等非传统的技术及工具，以规避风险并增加收益，较不受市场风险的影响，故容易达成绝对报酬的目标。但国内的基金由于在投资标的和工具上受限较多，加上操作广度又不如海外的避险基金，因此不存在所谓真正意义上的追求"绝对报酬"的基金。

5. 花言巧语之"买股票型基金赚得最多"

身边的人全年买股票基金的都赚了，基金的风险不大，基金经理在给我们的投资控制风险。

【基金专家解密】股票型基金因为大部分投资股票，特别是在股市单边上扬的行情里，仓位越高越可能获得高回报。但在分享股票市场成长的成果时，同时也在分担着股票市场的巨大风险。基金虽然是由专业人士操盘，但在目前市场状况下，任何专业人士也难以完全避免股票市场机制不完善所带来的系统性风险。在目前我国资本市场主要还是依靠政策调控，股市受政策影响严重的情况下，政府任何一个相关政策的出台，都会引起市场的剧烈波动，给投资带来风险，这也是基金经理所无法掌控的。在股市下跌的过程中，股票型基金的风险也是最高的，前几年股票型基金亏损20%的也不在少数。在做出投资决策之前，都需要想清楚自己的投资目标、投资周期和风险承受能力，看看自己是否适合购买股票型基金。股票型基金不适合做短期投资，如果投资者的资金在几个月后就要收回作他用，而期间市场波动使得基金净值下跌，那么投资者则没有足够长的时间来等待净值回升而被迫赎回实现了亏损。对于一些重本金轻收益的风险厌恶型投资者，保本基金和债券基金未必不是最好的选择，货币基金和短债基金是很好的现金管理工具。

6. 花言巧语之"保本基金一定保本"

买保本基金，肯定只赚不赔。

【基金专家解密】保本基金吸引了很多保守型的投资人，这种产品的设计方式，是保留投资人的本金，将本金所衍生的利息拿去操作。保本基金保本是有条件的，它们都有期限限制，一般期限是 3 年。这就意味着在投资期限内，投资者的这部分保本资金不能随便流动，如果提前赎回，只能按净值赎回，再支付手续费，可能就不能保本。而且，保本基金只有在认购期或者在新的一个保本周期开始前的集中申购期内购买的份额并且要持有到一个保本周期结束才能保本。"保本"性质在一定程度上限制了基金收益的上升空间。保本基金的投资通常分为保本资产和收益资产两部分，为实现到期日保证金额的保本资产部分会采取"消极投资"，通常投资于零息债券等政府债券、信用等级较高的债券或大额定期存单。收益资产部分则进行"积极投资"，投向股票或期权、期货等金融衍生工具。因为保本基金中债券的比例较高，其收益上升空间有一定限制。保本资产部分越大，积极投资部分比重越小，额外收益的空间也越小。最后，投资保本基金要看保证人信用，保本基金都引入了相关单位作为基金到期承诺保本的保证人，而这些单位就成为投资者保障的信心之一。

7. 花言巧语之"平衡型基金绩效最稳健"

货币基金保本但赚的少，股票基金风险大，平衡型基金最稳健。

【基金专家解密】以往国内的基金投资人几乎只分为两种，一类是积极型投资人，专门投资高风险、高回报的股票型基金；另一群则是极端保守的投资人，只投资相当于定存的货币、短债基金。但随着投资理财、科学理财的观念深入人心，平衡型基金越来越被老百姓看好，它的波动率低于股票基金，但报酬率却高于货币型基金，这样的回报打动了许多不能承受风险也不甘低回报的投资人。然而很多人误认为只要是平衡型基金就等同于稳健的绩效，事实上，平衡型基金持股比重的弹性相当大，依各基金契约的规定而不同。目前大多数平衡型基金的持股比重范围为三成至七成，有些基金的持股水平长期为七成左右，几乎和股票型基金的仓位相去不远，波动率也相当高，从报酬和风险表现来看，其实属于积极型操作。因此投资人还是要定期视察平衡型基金的持股比重，才能确定手中的平衡型基金是否真的属于稳健型。

8. 花言巧语之"选时很重要，而且要定期调整"

投资基金也要跟着市场走，关注单位净值的变化，低买高卖做价差，定期做调整，争取收益最大化。

【基金专家解密】很多理财专员把基金当作股票一样，建议客户用市场时机投资法，甚至运用技术分析等方式去买卖基金，其实，有时理财专员是为了赚取投资人在买卖之间的手续费，才让客户不断调整转换。一只基金买进卖出手续费合计就是4%左右，交易成本不低，过度操作直接吞噬了你的利润。部分投资者是想做价差，低买高卖，理论上这样做让收益最大化。但谁能做到每次买在最低、卖到最高，我们普通投资者往往是卖了基金后发现基金又创出了新高；赶紧追进去发现基金又跌了。买基金不要要求基金短期就有很好的表现，基金是分散投资，其下跌速度会较股票慢，其上涨也是稳步上升的。买进一只基金后，投资者不必天天关注净值变化，让基金经理们去为投资者打理资产好了，买基金就是买个省心。投资者买的基金短期内表现不及其他基金，也不要急于脱手更换。

9. 花言巧语之"这只基金排名很靠前"

对投资基金还不知道如何下手的投资者，看基金的排行榜，排名靠前的基金值得信赖。

【基金专家解密】首先，每个基金都有自己风险收益特征，排名靠前基金所获得高收益可能对应的是高风险，也就是其回报不确定性会特别高，对于风险规避型的投资者而言，收益最高的基金未必是最适合他的基金。其次，当一个基金挤进排行榜前列时，其所投资的股票债券可能早已涨了一大段，在这个时点进去，自己不但不能享受到这些资产增值的收益，净值损失的可能比较大。最后，由于目前国内基金排行榜分类比较粗略，而基金产品发展却相对迅速，导致一些不同类基金被放在同一类内比较，自然缺乏可比性，对投资者有一定的误导。

10. 花言巧语之"多数基金是可以跑赢大盘的"

买基金，就是找专家帮投资者理财，要充分相信基金经理的投资水平，多数基金是可以跑赢大盘指数的。

【基金专家解密】基金经理的投资判断能力无疑会远远高出普通的投资者。但在全球的投资机构中，90%的机构跑不赢大盘，这个结果可能会让你吃惊，统计数据显示，去年全年上证综指涨幅达到130%，同期净值增长超过这一数字的基金只有19只，仅占168只偏股型基金（成立一年以上）的11.3%。所有股票型基金的年平均收益率为109.83%，远远低于指数涨幅。数据能说明一切，在股

市上，能一直赚到钱的，永远是少之又少的那一部分人。

11. 花言巧语之"不能都放在一个篮子里"

鸡蛋必须放在不同的篮子的主要目的是，使投资者的投资分布在彼此相关性低的资产类别上，以减少总体受益所面临的风险。

【基金专家解密】此话不假。但是过于分散的投资会造成持有基金数目太多，会使投资者眼花缭乱、不知所措，整体收益不怎么样，管理基金的时间和费用成本倒大大提高了。如果两只基金在风格、业绩等方面都相似，不妨选择费用较低的那一只。巴菲特认为，在时间和资源有限的情况下，决策次数少的成功率自然比投资决策多的要高。"股神"尚且认为自己由于自身精力和知识的局限，很难对很多的投资对象有专业深入的研究，更何况是普通投资者呢？其实，理财投资应该是在相对分散的基础上适度集中，针对每项投资目标，应选择3～4只业绩稳定的基金构成核心组合，其资产可以占到你整个组合的70%～80%。核心组合外的非核心投资可增加投资者组合的收益，但同时也会给投资者的投资带来较大的风险。

3.3　玩转基金不迷茫，借助《钱经》通财神

"你买基金了吗？""你的基金涨了多少？"恐怕是今年最流行的问候语，就连身边对投资最没兴趣的朋友，也开始聊起基金的话题。基金在新的一年里，万众瞩目中成为最热销的金融产品，投资者学习基金知识的热情也空前高涨。在终于明白净值高没什么不好，大比例分红不见得是好事以后，"基民"们发现自己仍然不清楚该买哪只基金，仍然在几百只基金面前感到眼晕。最根本的问题"如何选择基金？"、"如何选择适合'我'的基金？"，仍然使我们的投资者感到困惑。

《钱经》理财杂志为大家准备一套很好的理财思路来挑选基金，这种方法也许稍显另类，但是我们就援引《钱经》理财杂志内容，拿出几支活生生的基金作为解剖的标本，用汉尼拔博士的如炬目光看透基金的"心肝脾肺肾"。

根据第一章的基金投资风格测试，对应于此，这里有一张描述不同属性的投资者适合的基金类型，读者可以以此为参考，初步确定自己投资的基金组合比例，见表3-1：

表3-1　　　　　　　　　　**不同投资风格基金的组合比例**

投资属性	风险偏好	风险承受能力	牛市行情基金组合		震荡行情基金组合	
积极性	高/中	高	股票型80%	配置型20%	股票型70%	配置型30%
稳健型	中	高/中	股票型60%	配置型40%	股票型50%	配置型50%
保守型	低	中/低	股票型50%	配置型50%	股票型40%	配置型60%

在挑选基金之前，投资者需要先做一些准备工作：发现自己的投资属性。虽然所有投资者都有风险越小越好，收益越高越好的美好愿望，但事实告诉我们，风险与收益是并存的，高收益往往意味着高风险。在不清楚自己的投资属性之前就盲目购买某一类型的基金，会使本来轻松的基金投资的过程变得艰难，而且还可能会做出错误的投资决策，因为犹豫而错过较好的行情，因为害怕而过早地赎回基金。

在《钱经》的方法操作中，其是在标本中取出四样"器官"进行切片分析，它们分别是：基金公司、基金经理、持仓情况和历史业绩。对应于此，在拿到任何一支基金标本时，投资者都可以从这四个方面入手分析它是否健康。

1. 基金分析之"基金公司大比小的好"

（1）基金公司靠管理费赢利。

在确定了自己的投资组合之后，摆在投资者眼前的是很多家基金公司发行的超过三百只开放式基金，投资者就像进入了自助餐厅的食客，虽然面对各种诱人的食物，却感到无从下口。

在考察基金公司的状况时，最主要的一个指标就是基金公司管理基金的规模，它的大小决定了基金公司实力的强弱，因为基金公司的管理费取决于基金规模，而丰厚的管理费是留住优秀投资团队的保证。《基金法》规定基金管理人的报酬（管理费），以基金净资产值的1.5%年费率计提，意味着基金规模越大，提取的管理费就越多。一些管理规模较小的公司，我们很难相信其拥有或能留住实力不俗的投资团队。一家管理5亿资金的基金公司每年能够收到的管理费是

750万，如果扣除公司各种经营成本和合理利润的话肯定不足以支付基金经理的百万年薪，更何况那些规模在1亿上下徘徊的基金公司。因此考察基金公司的管理规模就成为选择基金的第一件"功课"。

但是值得投资者注意的是，规模小的基金也并非没有好处。正所谓"船大调头难"，小基金的调仓灵活往往能使它取得比大基金更为优异成绩。此外，对于一些规模过大的基金来说建仓也是个问题，过大的资金量使得它们只能选择大盘股或债券作为重仓对象，降低投资者的收益率。

数据显示，2006年管理资产规模前十家基金公司分别是嘉实、南方、华夏、易方达、博时、广发、大成、银华、景顺长城和工银瑞信。观察可以发现，投资业绩无疑仍然是客户在不同基金间进行选择最主要、最重要的依据。2006年的火爆行情更加明显地揭示了这一规律。2006年底基金管理规模最大的前十家公司与2005年底相比出现了四家新面孔——广发、银华、景顺长城、工银瑞信，这四家公司无一例外地：均有五星级的股票型或配置型基金，均无三星级以下的股票型或配置型基金。如果不考虑封闭式基金的因素，那么这一规律则更加明显，上投摩根、交银施罗德则会取代博时和大成进入十大公司。

（2）规模并非全部。

虽然每家基金公司的规模很大程度上取决于公司以往的业绩，刺激投资者购买该公司新发的基金或同公司的其他基金产品，但是就此认为规模代表业绩也是明显的误区。因为业绩与规模之间存在着一定的滞后性，当然也受到公司宣传手段、成立时间长短影响。

表3-2　　　　　　　　最近一年股票型基金的总回报率排行榜

排名	基金名称	基金公司	最近一年总回报率（%）
1	华夏大盘精选	华夏	255.23
2	50ETF	华夏	218.26
3	兴业趋势	兴业	193.3
4	招商优质成长	招商	180.92
5	长城久泰	长城	177.21
6	中国优势	上投	175.6

续表

排名	基金名称	基金公司	最近一年总回报率（％）
7	德盛精选	国联安	174.2
8	景顺内需增长	景顺	172.1
9	中信红利精选	中信	172
10	深100ETF	易方达	171.27

数据截至：2007年4月4日   数据来源：展恒理财数据中心

从表3-2中我们不难发现，除华夏、景顺、易方达、上投外，有半数基金隶属的基金公司规模不在十大之列。因此投资者仅以规模是无法选出自己想要的基金。

其实，对于投资者而言，除了避免那些存在清盘风险的基金外，更重要的是应该从风格入手选择与自己投资属性相匹配的基金。以上投公司为例，稳健的投资者更宜选择上投阿尔法，而积极的投资者则最好选择中国优势。有些基金公司的整体收益波动比较大，比如南方，有些公司就是以稳健见长，比如国泰。

因此，总的来说，在挑选基金公司时投资者更应以自己的投资属性选择相当风格的基金。

2. 基金分析之"明星经理＝明星基金"

现在，在广大基民中间流行着这样一种观点：选基金就是选基金经理，明星经理＝明星基金。投资者追捧明星经理的热情从来没有停止过，就像青少年喜欢偶像明星那样，那些著名的基金经理背后都有一群热情的粉丝。基金经理的明星效应是基金公司最好的广告，每一家"著名"基金公司旗下都有那么一两位明星基金经理，成绩突出，业绩优秀。

（1）经历和业绩是关键。

那么，明星基金经理带领的基金就一定能成为明星基金吗？在寻找问题的答案之前，让我们先来看一下上投摩根（2006年业绩最优的基金公司之一）两位基金经理的履历。

孙延群——上投摩根阿尔法基金经理，工商管理硕士，八年证券、基金从业经验。

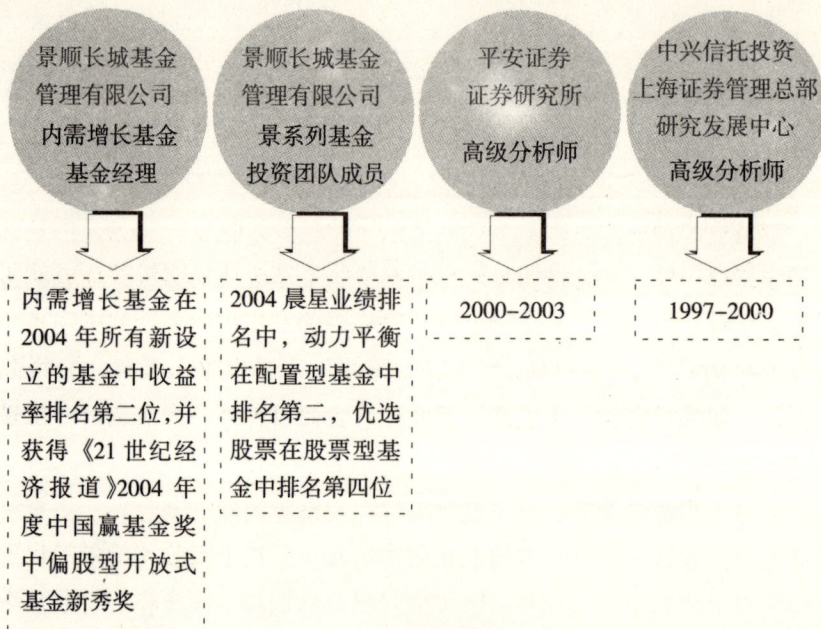

景顺长城基金管理有限公司 内需增长基金 基金经理	景顺长城基金管理有限公司 景系列基金 投资团队成员	平安证券 证券研究所 高级分析师	中兴信托投资上海证券管理总部 研究发展中心 高级分析师
内需增长基金在2004年所有新设立的基金中收益率排名第二位,并获得《21世纪经济报道》2004年度中国赢基金奖中偏股型开放式基金新秀奖	2004晨星业绩排名中,动力平衡在配置型基金中排名第二,优选股票在股票型基金中排名第四位	2000-2003	1997-2000

图 3 - 1　吕俊的资历详解图

　　吕俊——上投摩根中国优势基金经理,吕俊作为上投的投资总监,拥有十年证券、基金从业经验,曾入选《证券市场周刊》"2005 年十大基金经理";曾任职于平安证券公司资产管理部、国泰基金公司研究部;2002 年至 2004 年初先后担任基金金盛和国泰金鹰增长开放式基金的基金经理;2004 年 9 月起担任中国优势基金经理,被国内多家基金评价机构评为"五星级基金"如图 3 - 1 所示。其操作业绩见表 3 - 3、3 - 4:

表 3 - 3　　　　　　　2003.1.29——2004.3.20,国泰金鹰增长

基金代码	基金名称	单位净值 (元.2004.3.19)	累计净值 (元.2004.3.19)	指定时间总 回报率(%)
20001	国泰金鹰增长	1.172	1.202	29.58

表 3 - 4　　　　　　　　　2005. 9. 10——2006. 4. 18，上投摩根阿尔法

基金代码	基金名称	单位净值 （元 . 2006. 4. 18）	累计净值 （元 . 2006. 4. 18）	指定时间总 回报率（%）
377010	上投摩根阿尔法	1. 3373	1. 3773	38. 14

　　每一位明星经理的背后基本上都有那么一两只令人瞩目的基金，但是就和先有蛋还是先有鸡一样，究竟是明星经理带出了明星基金还是明星基金成就明星经理，则是一直存在的争论。从总体上说，明星经理带出优秀基金的概率是非常大的，一些曾在多家基金公司都有上佳表现的基金经理的基金"打分"将会明显占优，但是，如果投资者一味追逐明星经理就会面对另外一个难题——明星经理的频繁"出走"。

　　（2）基金经理不能掌控一切。

　　虽然基金经理对于一只基金的表现非常重要，但是不同公司的影响程度还是有所不同的，一般来说，基金经理投资权限较大的基金受其离任的影响更为严重。同时，从基金经理的调动中也不难发现，越是规模小、实力弱的基金公司，人员变动越频繁，而对于那些实力雄厚的公司而言，更多的是"引进"明星基金经理。

　　因此，虽然基金经理对于基金的上佳表现存在一定影响，但也不要将其过度"迷信"，特别是那些已经带了一两只基金的明星经理所发的新基金，更应谨慎乐观。

3. 基金分析之"基金持仓探秘"

　　简单地查看招募说明书并不能真正意义上了解一只基金的投资风格和资产配置策略，基金的年报、季报才是投资者需要重点关注的文件。其中基金的实际资产配置和十大重仓股的比例，虽然存在一定的时滞和偏差，但是考虑到机构投资者建仓、调仓的速度一般都要 1～3 个月，甚至更长时间，了解它们还是有助于把握基金投资的风格和方向。

　　我们知道每一只基金的投资风格会不一样，但其实每一家基金公司都有各自独特的投资偏好，毕竟他们"使用"同一研究团队，比如景顺就是非常明显的例子。就以景顺公司为例，2007 年以来完全没有了上一年的王者之气，表现得

让许多新加入的投资者感到失望。但如果了解该公司的十大重仓股，就不难发现问题的根源——平均21.925%高比例重仓银行股。同样的，当银行股表现好的时候，景顺公司整体处于第一集团军的事实也就不那么奇怪了，如图3-2所示。

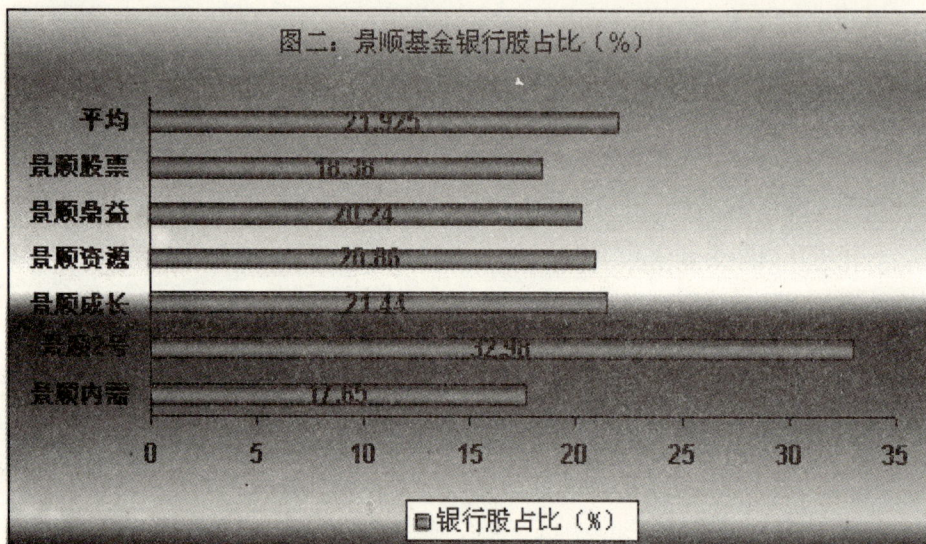

图3-2　景顺基金银行股占比（%）

4. 基金分析之"历史业绩说了算"

历史业绩能不能说明问题是很长一段时间以来困扰在投资者心中的疑问。从国内和国外的历史经验来看，没有一只基金是可以长胜不衰的，也就是说，简单察看历史业绩并不能帮助我们寻找到未来的NO.1。如果将表3-5与表3-2比较，可以看到其中有一半基金已经滑落排行榜，更不用说如果比较一周、一月、三月基金历史业绩给我们带来的困扰。

表3-5　　　　　　　　　　2006年度展恒最佳回报基金

基金代码	基金名称	单位净值（元.2006.4.18）	累计净值（元.2006.4.18）	指定时间总回报率（%）
260104	景顺内需增长	182.2	24.44	79
377010	上投摩根阿尔法	172.94	21.14	81

续表

基金代码	基金名称	单位净值 （元．2006.4.18）	累计净值 （元．2006.4.18）	指定时间总 回报率（%）
375010	中国优势	170.61	32.71	33
100020	富国天益价值	167.41	26.49	67
519001	银华核心价值	164.08	22.61	91
161706	招商优质成长	161.61	30.08	47
163402	兴业趋势	160.21	38.12	17
162204	泰达荷银精选	159.89	17.18	113
160605	鹏华中国50	157.98	27.1	61
519008	汇添富优势	155.07	24.3	80

　　以历史业绩为准则的最大问题在于忘记基金投资是对未来基金收益的支出，采用了排行榜或五星评级等方式挑选基金时，投资者往往会碰到这种情况，观察很久始终表现不错的基金一旦自己买了表现就变差，真是悔之晚矣。

　　基金的这一现象主要是因为调仓所引起的。基金在减持前期涨幅过大的股票时会反过来影响其净值，如果行情好的话可能会涨速较慢，但如果处于震荡行情下可能会引起深度跌幅。既然基金调仓是无法避免的情况，投资者就要依靠构建不同基金公司、不同投资风格的组合来避免上述风险，实现板块轮动、基金轮涨的有利局面。

5. 解剖修正报告：核心＋黑马组合

　　即使投资者全面考虑了以上四个方面，可一旦在错误的时间选择错误的投资策略还是不能取得事半功倍的效果，结合2007年的市场行情，建议投资者采取核心＋黑马的组合策略。

　　一方面，可以对经过牛熊市考验的明星基金以长期持有为目的介入做为基金组合中的核心部分，另一方面可以根据市场的热点配一些黑马基金。这种黑马基金可以依据市场的热点来选择，投资者尽可能选择规模较小、仓位不太高的基金，在市场热点实现和轮回中进行调整。这样的基金在今年的震荡市中能弥补核心基金可能存在的弱势。首先，2007年市场的形势使得一些成长性非常好的中小公司或者受国家政策实惠的企业优势凸现，其次，这些黑马基金较小资金规模也使其灵活机动，更有利于它们调整仓位。和明星基金相比，它们很有可能凭借短暂的爆发性带来优秀的业绩，因此投资者如果投资"黑马基金"就可以抓住一些可能是短期的机会。具体说来，投资者首先根据自己相中的热点来选择投资对象是热点的基金，然后逢相对低点买入，在持有一段时间后根据对大势的判断赎回，这样的话，核心基金的稳定加上黑马基金的灵活，也许可以使大家在2007年的投资中处于有利地位。最后要说明的是，不管是采取什么样的策略，选择什么风格的基金，一个基本的前提是基金的质地本身要有保障，也就是说，在任何情况下，都需要选择优质的基金，这是一个基础，在这个基础上再来结合其他的策略。

3.4 买基金重细节，收益"无中生有"

"无中生有"，现在人们多用它的字面意思，形容胡说八道、凭空捏造，但从兵法的原意来看，"无中生有"指的是先假后真、先虚后实，趁敌人迷惑不解之机，迅速变虚为实、变假为真，总之，无中必须生有。在基金投资中，如果我们注意一些细节，同样可以起到"无中生有"的效果，在不经意间提高自己的收益。

1. 看好基金，尽早出手

同样一只基金，发行时认购和跳出封闭期之后申购，费率是不一样的，基金公司为了追求首发量，规定的认购费率一般低于申购费率。比如认购5万元某基金的费率为1%，封闭期结束后的申购费率则为1.8%，二者相差0.8%。如果单从节省手续费的角度考虑，看好某一只基金，应尽量选择在发行时认购。

2. 后端申购，长线持有

正如前面所述，买基金会分前端和后端两种收费模式，投资者在购买开放式基金时就支付了认购费或者申购费的付费方式叫前端收费；在购买开放式基金时，不支付任何手续费，而在申请赎回基金份额时补交费用的方式就叫后端收费。在后端收费模式下，认购费用不在认购基金时扣除，投资者的所有投资将全部转换为基金份额，投资者投入的每一分钱都立即参与赚钱；而且，后端费用一般来说会随着持有基金时间的延长而减少，一定时期（通常4到5年）后可以免去申购费，相当于零成本买基金。

3. 红利投资，滚动生利

基金投资者可以选择两种分红方式，一种是现金红利，另一种是红利再投资，红利再投资时是不收取申购费的，红利部分将按照红利派现日的每单位基金净值转化为基金份额，增加到投资人账户中。这种方式不但能节省再投资的申购费用，还可以发挥"鸡生蛋，蛋又生鸡"的复利效应，从而提高基金投资的实际收益。当然，打算选择红利再投资的投资者需要注意，您在买基金时一定要注意主动选择红利分配方式，因为根据基金法规的规定，如果投资者不做选择，默认的分红方式就是现金分红。

4. 网上购买，省时省力

现在各大银行、基金公司都推出了"网上基金"业务，因为通过网上的渠道进行的交易实际上不用投入太多的人力物力，因此网上基金交易有一定的优惠。节省费用还是其次，最关键的是网上购买基金可以节省大量的时间，对于生活节奏快的现代人来说，节省时间不也相当于节省了金钱？

3.5 识基金季报年报，防"暗渡陈仓"不测

每一个季度、年度过后，所有的基金都会公布其在上一个季度、年度的报告。对于普通投资者来说，基金的定期报告可以使我们对所持有基金的状态进行简单的判断与分析，更好地跟踪自己基金的运行情况。但是在阅读这些相对专业的报告时，需要把握一些关键部分，眼光需要犀利一些，关注不容易被发现的问题。

1. 阅读基金季报的关键点

（1）基金的份额变化情况。

基金季报会披露"期末基金份额总额"的数据。基金规模过大或者规模过小，对基金的投资组合流动性、投资风格、投资难度等都会存在不利影响，就像人太胖或太瘦都不健康一样，百亿以上的"航母"、或者 2 亿左右的"微型基金"，都值得我们警惕。同时，我们还应关注"基金份额变化"。这个数据显示的是基金份额在此季度内变化的情况，包括申购的份额和赎回的份额。大规模的申购与赎回肯定都会使基金经理由于资金的压力而调整基金仓位，影响投资回报。

（2）基金的仓位变化。

看基金季报还要注意基金的仓位变化，因为基金仓位的变化直接反映出基金经理们对下一季度行情的看法。一般而言，基金仓位越重或加仓幅度越大，越意味着基金经理对短期行情很乐观。反之，如果基金仓位较轻或减仓幅度较大，就意味着基金经理对短期行情不乐观。比如，2005 年底，在市场仍然低迷的状态下，基金整体而言却是在小幅增仓，显示基金在当时的估值水平上对 A 股市场充满了信心，这其实也提供给了普通投资人一个判断市场趋势的线索。

要注意的是，如果投资者所持有基金的仓位比同类型基金的仓位偏离很多，要警惕基金经理的投资风格是否过于"特立独行"，如果仓位明显高出其他同类型基金仓位很多，说明这只基金是在用高风险博取高收益，非常激进。相反，如果有的基金的仓位只是同类型基金的平均水平，投资回报率却排名靠前，这也在一定程度上反映出该基金的较高投资管理能力。

（3）基金的投资组合状况。

基金季报中还会披露"十大重仓股明细"，这也是考察基金投资风格和选股思路的重要依据。从重仓个股的行业和特征可以看出基金经理的偏好，比如某只基金的前十大重仓股大多是大盘蓝筹股，那可以基本判定这只基金的投资风格趋于稳健。另外，我们还可以通过"持股集中度"，即十大重仓股持有市值占基金股票投资市值的比例，来看基金投资的分散度。如果持股集中度比较高，十大重仓股就集中了基金一半以上的资产，说明基金经理偏好集中投资，这也是投资风格相对比较激进的一种表现。最后，还可以看基金的"持股延续性"：根据基金本季度公布的十大重仓股名单与上季度十大重仓股名单比较，相同的股票数量越多，说明持股延续性比较高，基金调仓频率低；相反，如果十大重仓股每一季都是新面孔，说明基金的调仓比较频繁，基金经理相对比较偏好短线操作。

当然，需要提醒的是，读基金的季报不能光看披露的数据，毕竟季报中的数据只截止到上个季度的最后一天，公告时间与投资组合时间本来就存在 20 天左右的时间差。就在这 20 天内，说不定基金经理早已经"暗渡陈仓"，盲目追捧基金经理的重仓股就会变成一个"美丽的陷阱"。最重要的，还是从基金季报中读懂基金经理选择个股的思路和投资风格，以及基金经理对未来市场的看法。

2. 阅读基金年报的四个重点

说完基金季报，再来关注一下基金年报。已经全部披露完毕的证券投资基金 2006 年年报，把基金取得有史以来最大一次丰收的好消息带给了投资者。面对这样一份翔实的答卷，一般的中小投资者如何从中获取自己所需的信息呢？基金专家认为，投资者应该将重点关注放在业绩回顾、财务会计报告、基金投资组合等方面。

（1）对基金业绩的回顾。

当前国内基金的年报中，主要财务指标披露了基金的净收益、可供分配收益、资产净值、净值增长率等业绩数据，并与上一期间的数据进行比较。

其中，净值表现还与相应的业绩基准进行比较，并从不同期限长短来体现，如 3 个月、6 个月、1 年、3 年和 5 年。

基金专家认为，如果基金资产净值相比较前期发生的变化巨大，投资人也应当关注，毕竟资产规模过大可能对基金的投资策略、风格以至业绩会有所影响，尤其是许多小规模开放式基金在 2006 年通过营销策略变身为大规模基金。

（2）基金经理报告。

基金经理报告是投资者判断基金投资风格与自身投资需求的契合度的重要依据。

好的基金经理报告不仅会详尽讨论行业分布和个股选择的原因，还解释影响基金业绩的有利条件与不利阻碍；在业绩不尽如人意时，不应回避做出的错误投资决策，应向投资者阐述原因，让投资者了解个中问题。

基金经理报告中也会有对下一年度的展望，从中可大体窥见基金经理未来一年的策略和思路。

（3）财务会计报告。

基金的财务会计报告包括资产负债表、经营业绩表和净值变动表。投资者应留意基金经营业绩表中费用项目下的基金管理人报酬、基金托管费等基金费用支出。

在财务会计报告附注中，投资者可了解重大关联方关系及关联交易和流通受限制不能自由转让的基金资产等。

（4）基金投资组合。

基金投资组合说明基金在期末时点上投资于股票、债券和现金等资产的比例，还披露了股票投资的行业分布。投资者可以从基金持有股票明细中了解基金大量持有哪些股票。

管理人报告中的内部监察报告、重要事项提示部分也是投资人需要关注的。此外，基金持有人户数和相应的份额可以帮助投资人了解基金的持有人结构，究竟是以机构为主还是以个人为主；封闭式基金还披露前十大持有人的名单。

3. 轻松掌握基金绩效指标

衡量一只基金的表现没有那么简单，仅仅看净值增长的绝对数字是不够的。作为解读基金季报、年报的辅助，掌握一些基金绩效指标也是极为有用的。

有些可以帮我们客观衡量基金表现的绩效指标，虽然听起来有点专业且艰涩难懂。但投资终归不是一件小事情，花点力气去弄懂这些指标会使投资者投基之路更加神清气爽。

（1）基准指数。

基金都有自己的业绩比较标准。这一项指标告诉我们，基金打败自己参照物的能力，大于零时，数字越大，能力越强。

（2）基金类别。

跟自己的参照物比较还不算，基金还要跟同类作横向比较。所以这个数据告诉我们，基金在某段时间表现高于或者低于同类基金的平均回报。

（3）最差季度回报。

这个数据其实是提醒我们该基金的下行风险有多大，在历史上它表现最差的时候曾经到过什么地步。上投阿尔法成为唯一一只在季度回报中没有亏损过的基金，很大程度则是在于它比较生逢其时，成立于 2005 年 10 月，大盘正好开始长牛之旅。富国天益和中国优势确实值得表扬一下，分别成立于 2004 年 6 月和 9 月，尽管大盘曾经很低迷，但它们状况最糟糕的季度也就亏了不到 1%。

（4）标准差。

标准差反映了基金总回报率的波动幅度，数值越大，表明波动越厉害。嘉实增长这一指标就显示了其平稳的特点，相对而言，其净值表现会比较少出现"过山车"的状况。

（5）夏普比率。

如果打算长期持有，自然是回报越高越好，标准差越小越好。而夏普比率某种意义上就是把这两个指标揉合在了一起，所以重要程度不言而喻。

夏普指标是基金绩效评价中应用最为广泛的一个指标。它代表了调整风险之后的收益情况，就是无风险的超额收益，数值越大，表明基金的收益越好。在基金市场中，华夏大盘精选和阿尔法的表现就值得赞一个，在同等风险下，它们比同类基金收益做得要好。值得一提的是，要是哪只基金该指标小于零，投资者就要敲起警钟了。

（6）阿尔法系数（α）。

简单地讲，这个指标表示基金绝对回报和预期回报之间的差距。自然是以正值为佳，代表实际的回报比理论上更高，而且数值越大越好。

（7）贝塔系数（β）。

这是一个相对指标，β 越高，意味着基金相对于业绩基准的波动性越大。β 大于 1，则基金的波动性大于业绩评价基准的波动性。以实例分析，假如嘉实增长的 β 为 1.15，则意味着基准市场上涨 10%，基金上涨 11.5%。

（8）R 平方。

这个指标用得并不算多，主要是反映业绩基准的变动对基金表现的影响，数值越大，表明指标值越准确。如果该指标等于 100，表示基金回报的变动完全归功于业绩基准的变动。

这里有一些指标相对而言比较生涩一些，但是通过我们的深入认识之后，这些指标都将有助于我们科学一点地衡量收益和风险，找到更为贴近自身偏好的基金品种。

3.6 笑里藏刀需谨防，基金公司慎选择

基民都深有体会的一点是，现在各种持续营销手段可谓五花八门，简直令人眼花缭乱。拆分、大比例分红、手续费打折、基金复制等等，不一而足。如果是对基金业绩有利的话，当然是举双手赞成，然而如果仅仅只是一种促销手段，不仅对基金业绩没有帮助，反而可能有害，基民们在选择基金公司时可就要多留一个心眼了。

当基金销售人员对你展开"推销攻势"时，可要警惕哦，在那迷人的微笑下面，可能是一把准备"宰你"的"刀"。说是专家理财，但"专家"也有高劣之分，在把钱交给人家之前，一定要仔细分辨。

其实，买基金就是买"人"。因为买基金就是请人帮你挑股票，所以一定要考察你请的人——也就是基金公司，是否值得托付。以长期的眼光看来，基金的诚信与经理人素质的重要性甚至超过基金的绩效！

那么怎么选基金公司呢？

1. 三看基金公司

（1）看整体。

优秀的基金公司可以分成两类，一类是大象型的，另一类是猎豹型的，不要忘了，在非洲大草原上，就是这两类动物活得最长。大象型基金公司有很强大的股东背景，譬如股东是国内的大银行、大集团、大企业，或者国外存在上百年的大型资产管理公司。这类公司实力比较大、规模比较大、目光比较远、人才储备比较强，方方面面都长得像巨象一样。这种大象型的公司抗风险能力会比较强，经得起市场上的大风大浪。我们提倡基金要长期投资，如果买了一个基金可是基金公司都不在了，再好你不也心里打鼓吗？所以大象型公司的基金可以作为"核心—卫星策略"当中的"核心"，长期持有。另一类就是猎豹型的公司，这类公

司没有那么强的股东背景，但是市场反应能力很强，投资理念比较有特色，它的短期业绩可能比一般的公司高，所以这类公司的基金可能适合我们做一个"卫星"的配置，投资上相对灵活、机动。

（2）看细节。

优秀的基金公司细水长流，一般的基金公司集中轰炸。优秀的基金公司在没发行基金的时候也经常跟你接触，调查投资需求，跟客户不断地沟通互动，所以投资者会经常听到优秀的基金公司举办的各种理财会、联谊会等等，不断地拓展关系。一般的基金公司就像昙花一现一样，发基金时铺天盖地的广告，可是一下子就没了。另外，优秀的基金公司分享理念，一般的基金公司推销产品。优秀的基金公司重视投资理财理念的传播，经常把它自己的投资理念、思路和他们未来的战略慢慢地传导给投资者，可是一般的基金公司，就建议投资者这个产品好、买吧，再来一个产品就说这个产品适合投资者，总是在推销着各种产品。

（3）看团队。

优秀的基金公司有一个整齐的团队，并不非常突出明星基金经理的作用，投资团队中的每一个人都像一个有独门武功的武林高手，但如果没有经过严格的训练和制度的约束，很可能会各自为阵，而不能成为一支有强大作战能力的军队。所以说看基金经理更要看后面的团队是不是完整，看团队是不是能够不断地培养新的人才，不断创造优秀的业绩。

2. 基金公司四方面考察

到 2007 年 6 月，国内基金公司中管理着 1 只以上基金产品的有 56 家，要选择一家优秀的基金公司，投资者可以从以下几个方面进行考察：

（1）基本面。

公司股东实力与重视程度，是基金公司不断发展的重要基础。拥有深厚金融背景、雄厚实力的股东，可以让基金公司获得一个比较好的运营与发展平台。

（2）制度面。

规范的管理和运作，是基金公司必须具备的基本要素，是基金资产安全的基本保证。要看基金公司的治理结构是否规范合理；看基金公司对旗下基金的管理、运作及相关信息的披露是否全面、准确、及时；看基金公司有无明显的违法违规现象。

（3）技术面。

出色而稳定的投研团队是基金公司获得良好投资业绩的保障。看基金公司的产品线是否丰富；看投研团队是否经历过熊牛市的完整考验。

（4）市场面。

要关注基金业绩表现的持续性。不能只看某家公司某一只产品的短期表现，还要全面考察公司管理的其他基金的业绩。一只基金的"独秀"并不能证明公司的实力，旗下基金整体业绩出色的公司才更值得信赖。

3. 选择基金公司需要参考的其他因素

在选择值得投资的基金时，充分了解管理基金的基金公司是非常重要的。要选择一家诚信、优秀的基金公司，就应对基金公司的信誉、以往业绩、管理机制、背景、财力、人力资源、规模等方面都有所了解。下面几点对投资者选择基金公司来说也很重要：

（1）规范的管理和运作。

规范的管理和运作是基金公司必须具备的基本要素，是基金资产安全的基本保证。判断一家基金公司的管理运作是否规范，投资者可以参考以下几方面的因素：一是基金公司的治理结构是否规范合理，包括股权结构的分散程度、独立董事的设立及其地位等；二是基金公司对旗下基金的管理、运作及相关信息的披露是否全面、准确、及时；三是基金公司有无明显的违法违规记录。

（2）历年来的经营业绩。

基金公司的内部管理及基金经理人的投资经验、业务素质和管理方法，都会影响到基金的业绩表现。有些基金的投资组合是由包括多个基金管理人员和研究人员的基金管理小组负责的，有的基金则由一两个基金经理管理。后一种投资管理形式受到个人因素的影响较大，如果遇到人事变动，对基金的运作也会产生较大的影响。对于基金投资有一套完善的管理制度及注重集体管理的基金公司，决策程序往往较为规范，行动起来也比较有针对性。在这种情况之下，他们以往的经营业绩较为可靠，也更具持续性，可以在你挑选基金时作为参考。

（3）市场形象、服务的质量和水平。

基金公司的市场形象、为投资者提供服务的质量和水平，也是选择基金公司时可以参考的因素。对于封闭式基金而言，基金公司的市场形象主要通过旗下基金的运作和净值增长情况体现出来。市场形象较好的基金公司，旗下基金在二级市场上更容易受到投资者的认同与青睐；反之，市场形象较差的基金公司，旗下基金往往会受到投资者的冷落。对于开放式基金而言，基金公司的市场形象还会通过营销网络分布、收费标准、申购与赎回情况、对投资者的宣传等方面体现出来。你在投资开放式基金时，除了考虑基金公司的管理水平外，还要考虑到相关费用、申购与赎回的方便程度以及基金公司的服务质量等诸多因素。

3.7 认购渠道各不同，区别对待最相宜

基金的认购渠道有多样：有直销的、有代销的；有网上发售的、有柜台签售等形式。这些基金销售形式的多样化，给投资者带来了更多的选择方式，同样其也因其形式的不同给投资者的选择带来困难。

1. 基金销售的渠道

基金销售主要有三个渠道，即基金公司直销中心、银行代销网点、证券公司代销网点，现在邮储网点也已成为基金销售的第四个渠道。另有少数几家专业基金销售公司可销售基金。

2. 在不同渠道认购基金

（1）基金公司直销中心：优点是可以通过网上交易实现开户、认（申）购、赎回等手续办理，享受交易手续费优惠，不受时间地点的限制；缺点是客户需要购买多家基金公司产品的时候需要在多家基金公司办理相关手续，投资管理比较复杂。

另外，需要投资者有相应设备和上网条件，具备较强网络知识和运用能力。

（2）银行网点代销：优点是银行网点众多，投资者存取款方便；缺点是每个银行网点代销的基金公司产品有限，一般以新基金为主；投资者办理手续需要往返网点。

（3）证券公司代销：优点是证券公司一般都代销大多数基金公司产品，选择面较广泛，证券公司客户经理具备专业投资能力，能够提供良好的建议，通过证券公司网上交易、电话委托可以实现基金的各种交易手续；资金存取通过银证转账进行，可以将证券、基金等多种产品结合在一个账户管理；缺点是证券公司网点较银行网点少，首次办理业务需要到证券公司网点。

3. 如何选择适合自己的渠道去购买基金

对于有较强专业能力（能对基金产品进行分析、能上网办理业务）的投资者来说，选择基金公司直销是比较好的选择。只要自己精力足够，可以通过产品分析比较以及网上交易自己进行基金的投资管理。

对于年纪稍大的中老年基金投资者来说，适合选择银行网点及身边的证券公司网点。因为银行网点众多，比较便利；去证券公司则可依靠证券公司客户经理的建议，通过柜台等方式选择合适的基金。

对于工薪阶层或年轻白领来说，更加适合通过证券公司网点实现一站式管理，通过一个账户实现多重投资产品的管理，利用网上交易或者电话委托进行操作，辅助以证券公司的专业化建议来提高基金投资收益水平。

4. 不同渠道购买基金的流程

到基金公司和银行网点及证券公司网点办理基金开户或者购买的流程基本一致：

首先，到网点柜台填写《开放式基金账户申请表》→填妥的表格和有效证件提交柜台业务人员→客户自行设置交易密码和查询密码→柜台人员回复《开户受理回执》→客户于 T+2 日可通过电话、网上或者前往代销网点查询申请确认结果。

柜台开户需要提供的资料：

①本人有效身份证原件（包括居民身份证、警官证、军官证、士兵证、护照等）。

②本人活期银行卡或存折办理银证转账。

之后，通过电话委托、网上交易或者亲临柜台进行基金认（申）购、赎回手续。

3.8　黑马基金何处寻，小规模基金里有踪迹

在 2007 年一季度基金业绩的榜单中，前十名清一色都是小规模基金。光大红利、中海成长和金鹰优选去年底规模小于 2 亿份，属于微型基金；华夏大盘精选、益民红利和东方精选基金管理规模在 2 亿份到 10 亿份之间，管理规模较小；另外 4 只基金管理规模都是十几亿份，没有一只基金管理规模达到了现阶段开放式偏股基金 20 至 30 亿份的平均管理规模。可见，在小规模基金里是隐藏黑马基金的好去处。

1. 规模制约大型基金

当国联安基金在国内率先推出小盘基金时，国联安小盘成为当时投资者追逐的热点，原定 30 亿的发行规模最后变成了 80 多亿，由于当时国内适合小盘基金进出的中小板股票资源非常稀缺，该基金只能频频现身于大盘股，加上市场处于疲软阶段，拖累了业绩。

基金专家认为，规模是制约大型基金频繁操作的原因之一，为了保持在同一只股票中的 5% 持股比例的上限，大型基金会将资产分散在多只股票上——如果同样是一只股票上涨，重点配置的小基金能很快地反映在净值上。所以大型基金因为其买入并持有和分散配置的策略会表现出更稳健的特质。富国基金投资总监陈戈一直坚持"买入并持有"的策略，对于所谓的题材或者概念不屑一顾。但除却投资理念的影响，基金公司内部人士也坦陈，运作一支十亿不到的基金和一支八十亿的基金的操作方法简直天差地别，可能新基金看上去在上窜下跳，而一旦规模变大，它们会被迫变得稳定起来。

2. 次新基金

益民红利、中邮优选和华安宏利三只基金都成立于 2006 年。正如基金专家所分析的，这些次新基金有较为活跃的表现，主要是得益于建仓时机上正值大盘牛市行情的上升阶段，因而在基金投资组合布局上占得先机。对于这部分次新基金来说，建仓期大盘方向明确，有利于其抓住主流热点。同时，次新基金也没有

调整旧有组合的负担，这也是其能够取得较快净值增长的重要原因。

也有基金分析人士认为，一般新基金需要一个月到三个月的建仓期，基金经理们并不希望建仓期股票涨得太多，建仓完毕之后这些股票才会被"拉升"。由于基金的平均股票持有期限在三个月到半年，基金经理们建仓时自然重点考虑半年后，上市公司股票的目标价值和价位；如果基金经理建仓得当，基金成立三个月到九个月应该为最好的"收获时节"。

3. 红利基金优势在于市盈率低

红利基金 2007 年一季度表现也特别优异，益民红利、华安宏利、光大红利和红利 ETF 共计四只红利基金进入基金业绩前十名。

业内人士分析，一般来说高分红类股票的市盈率相对较低，当成长型股票的市盈率都到了50倍、60倍甚至80倍以上的时候，成长型股票上涨空间不被投资者十分看好，只有等到成长型股票的成长速度超越预期时，这些成长型股票才会继续大涨。相比成长型股票，一些市盈率低的、高分红预期的股票 2007 年一季度受到市场的青睐，带动了红利基金业绩走强。

随着上市公司年报在 4 月底披露完毕，上市公司分红潮即将展开，那些未来业绩稳定的高分红股票有望受到市场的青睐，红利基金有望获得更高的净值增长。

4. 小公司的动力

对于已经功成名就的大型基金公司，资金和人气不在话下，他们力求把基金业绩"作稳"。而摆在小基金公司面前的是生存死亡的压力，他们没有好的销售渠道——大银行更加青睐强强联合，小基金公司只能势单力薄地与一些银行谈合作；他们没有多大的名声，如果稍有不慎，清盘可能是它们的结局。因此"做好业绩"是这些小基金公司树立自己在市场上的口碑、追赶大公司的唯一途径。

股票基金净值增长前 10 名中的中邮核心优选、中海优质成长、天治核心成长、长信增利动态策略、长信银利精选，混合基金净值增长前 10 名中的益民红利成长、中海分红增利、中银国际收益，所属公司 2006 年底的资产管理规模均排在 30 名以外，其中多个公司资产管理规模在 20 亿元以下。这显示出中小公司并不愿意在激烈的行业竞争中坐以待毙。事实上，基金热让大家看到了机会，不少小公司正欲借良好的市场环境取得快速发展，2006 年下半年以来，尽可能加强了投研力量，更换基金经理，从大公司挖人的动作频频。

5. 明星基金的诅咒

在现在火热的基金申购背后，那些明星基金也有一肚子说不出的苦衷，"盛名之下，其实难符"好像成为了明星基金的诅咒，越是备受追捧、越是万民所向，越是难以达到投资者的期望。

在晨星 2006 年推出的投资者回报（Investor Return）概念中我们借助成熟市场的历史数据分析来解释这一现象。投资者回报是总回报（Total Return）的一个重要补充，是投资者更全面地了解基金的工具。投资者回报也称为资本加权回报，它是考量基金在过去一段时间内，将基金资金流入和流出因素考虑在内的所得到回报。总回报和投资者回报之间存在很大的差异。首先，总回报是时间加权的，而投资者回报是资本加权，其次，总回报假设在计算期间内投资者一直持有基金，并且没有增加或减少投资，而投资者回报则是将基金每月申购和赎回因素考虑在内。

同一只基金，其总回报和投资者回报的数据可以存在很大的差异。如果一只基金的资金流入流出大幅波动，则两者的回报可能差距很大。基金 A 的投资者在基金业绩十分出色的时候大量地购入基金，使得基金的资金流入大幅度增加，巨大规模拖累了基金的回报，而这个时候投资者开始大幅赎回，回报损失进一步加剧。因此基金过去 10 年的总回报是 15.05%，而 10 年的投资者回报只有 −1.46%。相比之下，基金 B 的资金流入流出是相对稳定的。因此，基金（B）的投资回报与总回报十分相近。

分散化投资可以提升投资者的回报。美国数据表明，分散投资的基金，其总回报和投资者的回报是十分相近的。例如股票行业基金类型的 10 年总回报为10.42%，而投资者回报只有 7.64%。而投资比较分散的平衡型基金类型 10 年投资者回报为 8.93%，与 10 年总回报 9.12% 十分相近。此外，不同基金类型投资者回报和总回报之差距也存在很大不同。例如，就股票型基金两个回报的差异是比较大的，而市政债券基金两种回报的差异则较小。

此外，基金的波动对投资者回报也是影响显著。晨星数据显示，低波动的基金组别，其投资者回报和总回报的差别不大，因此成功比率（投资者回报/总回报）达到了98%。相反，高波动的基金成功比率就很低，只有62%，这是因为投资者在高位的时候买入，在低位的时候卖出。

在美国，许多明智的基金公司已经开始关注这一点。旗下基金成功比率（投资者回报/总回报）较高的基金公司，例如美洲基金（American Funds）和富达基金（Fidelity），其资金流入较大。相反，像Janus这样的成功比率（投资者回报/总回报）较低的基金公司，则资金流出较大。

3.9　新基金在封闭期，作壁上观也无妨

前期股市大幅震荡，当一些新"基民"受不了"过山车"行情对心脏负荷的压力而选择放弃，急赴银行准备赎回时，却发现自己买的基金尚处"封闭期"而无法赎回，眼睁睁看着基金净值不断下滑却无法兑现浮动盈利，这些新"基民"不免焦虑。与此同时，也有些新"基民"对收益的预期很高，总是拿自己买的新基金和市场上的老基金或者其他同期发行的新基金去比，免不了抱怨自己的新基金简直像"瘟鸡"，净值上涨太慢，想换品种，资金却又被锁定在"封闭期"。

这里都是"封闭期"惹的祸吗？其实，"封闭期"较长是福还是祸还要具体分析。新基金之所以要有一个封闭期，一方面是为了方便基金的后台（登记注册中心）为日常申购、赎回做好最充分的准备；另一方面基金管理人则利用这段时间，开始初步用募集来的资金购买股票、债券，进行投资准备，在这段时间内，如果仍然有频繁的申购和赎回，势必对基金经理的建仓策略造成影响。为了让基金管理人在不受外界干扰的情况下逐步建仓，新基金成立之后，一般都会有一段时间不接受投资人的申购和赎回。封闭期相对长一点，才能保障基金管理人的建仓步骤不受资金进出的影响，当然，根据《证券投资基金运作管理办法》规定，基金封闭期最长也就是3个月。

基金作为一种适合长期投资的产品，追求的是长期、稳定的收益，如果投资者只看成立3个月内的业绩表现，或者短期市场一有"风吹草动"就想赎回，既

增加交易成本，也与长期投资的本意相去甚远。换句话说，如果投资者的预期投资期限连 3 个月都不到，一开始就不必考虑投资基金。

所以，既然投资者已经选择了一只新基金，说明投资者认可其投资策略和思路。不妨抱着一种"隔岸观火"的心态，"坐山观虎斗"——放手让投资者选择的基金经理帮其去考虑如何选择入场时点、选择哪些股票的问题，他们自己就会和新老同行们比拼"智力"，不要忘了，即便是新基金，每周也要公布一次净值，对基金经理的压力不言而喻。

另外，对新基金的业绩也要客观地看待，切不可操之过急。新基金初期可能因持仓比例不高，导致净值增长不快，和老基金相比处于劣势，但也正因为其持有较多的资金，可以及时选准主流的热点品种，使净值较快增长、"后来居上"。新基金与同期发行的其他新基金的比较，意义也不大。每只新基金都有各自的建仓速度，每个基金经理都有各自的投资风格，对于仍处于建仓期的基金，由于仓位高低不同，并不适合过多地去和其他基金比较。考察目前业绩排名居前的"明星基金"，我们会发现它们成立 6 个月以内的业绩排名参差不齐，有的甚至排名相当靠后，如果那时就匆忙对其业绩下结论的话，岂不是分享不到今天的收益？

总之，基金是一个适合长期持有的品种，3 个月的收益表现期限实在太短，很难做出客观的评价。"路遥知马力，日久见人心"，投资者不妨多一点耐心，作壁上观，在更长的时间段里再来考量自己持有的新基金。

3.10 理财境界有最高，理想组合会构建

基金已经成为证券市场最为重要的机构投资者，成为影响证券市场短期走势和长期发展的举足轻重的力量。

但是，广大基民仍然处在基金投资的初级阶段，有很多基民持有十几只基金，却不知如何取舍。现在应该是构建自己理想的基金组合，由基金投资的初级阶段向高级阶段过渡的时候了。

1. 基金组合的概念

基金组合应该是为了进一步分散风险，提高收益，按照既定的预期收益和风

险程度要求精心挑选，并且能够根据证券市场行情的变化作相应调整，由一定数量的基金有机组合而成的投资组合。

基金组合是一个投资组合，其组成的要素是各种类型的证券投资基金。基金组合不应该是一成不变的，证券市场的走势是熊牛交替不断变化的，各种类型的基金风险收益不一样，同一类型的基金也有优劣之分，同一只基金也不会好到头或坏到底，所以基金组合需要及时调整才能满足既定的预期收益和风险程度的要求，才能达到进一步分散风险、提高收益的目的。

2. 构建基金组合的重要意义

做股票需要建立由自选股组成的股票池，做基金也需要构建基金组合。每一只基金本身就是一个投资组合，货币基金是由短期债券和央行票据组成的投资组合，债券基金主要是由各类债券组成的投资组合，股票基金主要是由股票组成的投资组合。基金本身就有组合投资分散风险的优点，但是单只基金仍然有很多风险不能化解。风险可以分为系统性风险和非系统风险，系统性风险是所有投资品共存的风险，而且不能通过分散投资来化解，非系统风险则是某些投资品种自身特有的风险，是可以通过分散投资来化解的。

构建投资组合分散投资，通俗地讲就是不能把鸡蛋搁在一个篮子里。基金不会把资金全部投到一只股票或债券上，已经分散了单只股票或债券的投资风险，但是许多基金都是投资到特定行业或特定概念的股票上了，这些特定行业或特定概念的股票共有的不可化解的系统性风险对于其他的行业或概念而言又是可以化解的非系统性风险，共性和个性都只是相对而言。除了投资品本身的风险之外，基金经理的决策风险和道德风险，基金公司的经营风险和财务风险，都是单只基金无法回避和分散的风险。所以基金投资者是需要构建基金组合来进一步分散风险的。

其实构建基金组合不仅能够分散产品的风险，还能分散时机的风险。好的基金也未必任何时候投资都是恰当的，根据股市的行情追加的资金可以加到最合适的基金上，这样改变了原有组合的比例关系，一定程度上间接化解了投资时机把握不好带来的风险。从货币基金到股票基金，随着股票比例的递增，收益和风险也同步递增。根据股票市场的走势，应该对股票基金在基金组合中的比例作相应的调整。如果把基金组合看成一支足球队，股票基金显然是富于进攻性的前锋，货币基金和债券基金俨然是善于防守的后卫，那么混合基金就可看成是可攻可守瞻前顾后的中锋。牛市时采取进攻型打法当然要增加股票基金的比例，熊市就要增加货币基金和债券基金这些防守力量，在行情剧烈震荡前景不明朗的情况下应该增持混合基金，便于打防守反击。无论资金量大小，投资都是一个比例的问题，构建不同的基金组合就是采取不同的队形的问题，是四四二还是三五二视具体情况而定，荷兰队式的全攻全守也未必不可。

碰一只买一只而持有的一大堆基金不能算作基金组合，任何投资都应该遵循一定的思路，这样才有一定的前瞻性，投资争取的是未来。构建基金组合来投资基金就应该遵循一定的思路，这样才能减少盲目，更加理性地投资。新发行的基金未必比已有的老基金更加值得投资，当前最值得投资的基金未必是目前谈论得最多的基金。购买许多风格类似、持仓雷同的基金不能有效化解风险，也不便于管理，不如尽早构建遵循一定思路由不多的几只基金有机组合而成的理想的基金组合。

3. 构建基金组合的基本原则

构建基金组合应该遵循以下四大基本原则：

（1）有明确的预期收益和风险程度。

这是构建基金组合的前提，实际上是对投资者的自我风险承受能力和满意收益率的确定，需要结合自身的具体情况和市场的走势以及投资产品的特性才能更合理。只有确定这个前提，才能确定各类基金的大致比例和具体基金的挑选。

（2）尽量分散风险。

根据市场的行情确定各类基金的合理比例，对于组合中的基金的挑选应尽量避免选择同一家基金公司，甚至同一个基金经理管理的基金，尽量避免选择相同类型、同类风格的基金和相同操作理念的基金。

（3）数量适当。

组合中的基金尽量控制在 3～5 只，比例较大的类型可以选择两三只即可。数量过多不便于管理，如果把鸡蛋搁在同一个篮子的不同角落，未必能分散风险。

（4）适时调整。

基金组合构建以后并不等于一劳永逸，还是需要作一些适时的调整，基金不应像股票一样频繁操作，但是当股市出现明显的大调整，还是不能无所作为的，应该适当调整股票基金的持有比例。还应该建立一些备选的候补基金，已有组合中的基金比不上备选的候补基金就应该更换，不应过分考虑费用，开源比节流重要，挣钱永远比省钱重要。

4. 构建基金组合的各种条件

构建基金组合需要产品、平台、信息和人员四个方面的条件：

基金公司是基金产品的提供者，一方面需要做好基金的管理工作，尽力提高基金业绩，另一方面就是要不断创新，研发更多的基金产品。目前中国的基金产品数量已经不少，各种类型的基金产品也基本具备，但还是不够细分，投资方向和风格理念还是雷同较多。只有足够多而且不断丰富的基金产品，才能为理想基金组合的构建提供充分的素材。

基金产品是一方面，基金的交易平台也是很重要的。投资者能够在一个交易平台交易所有想买的基金自然是最省心的，还有费用和安全性的问题。如果在交易品种、交易方式、安全和费用四个方面都比较好，就算比较好的交易平台。

要构建理想的基金组合，肯定离不开充分的信息。除了基金公司网站公布的基金产品本身的公告信息，还需要专业的基金评价机构提供评价比较的信息和实时的动向。这样才能为理想基金组合的构建以及以后的监控调整提供一定的依据。

人员是一个不能忽视的条件，随着基金产品的丰富和交易方式的多样，基金理财会成为越来越专业的事情，需要一批专业人士来帮助客户更好地构建基金组合，这也是社会分工扩大和基金行业发展的必然结果。

5. 基金中基金、基金投资信托和基金组合

"基金中基金（fund of fund）"是以基金为投资对象的基金，可以看作比较正式且标准化运作的基金组合。目前，国内券商集合理财产品已经有"基金中基金"的性质，如招商证券的基金宝和华泰证券的"紫金2号"，但都还没有像真正的"基金中基金"那样标准化，进入门槛较高，业绩只能与中游水平的股票基金比，组合的优势并不明显。

基金投资信托是由信托公司发行的以基金为投资对象的信托产品，相对于基金宝和"紫金2号"来说，标准化运作程度更低，流动性更差，投资范围仅限于开放式基金，但信息披露更及时，保障也更高些。目前，上国投和华宝信托都已经发行了自己的基金信托计划。

基金组合是投资者自己或依靠专业投资顾问的帮助建立起来的基金投资组合，可以量身定做，比较灵活，适合投资者本人的基金投资需求。流动性与基金本身是一样的，资金安全性与基金本身也是一样的，省去了券商和信托公司的组合管理费用，也分散了单只基金的风险，为投资者带来满意的投资收益。

3.11　几多欢喜几多忧，几套心法巧评价

"为什么大盘指数在飞涨，我的基金净值却原地踏步呢？"面对2006年下半年热火朝天的行情，买了中小板ETF的小杨怨声载道。"这基金怎么就是扶不起的阿斗呀！"

杨老伯就比小杨心情愉快，他买的一只股票基金跟着股指坐上攀升的云梯，每天净值以近1%的速度增长，心里乐开了花。

"你看，还是我买的基金好多了。"

真是如此吗？

这里向大家推荐几套准确评价基金表现的重要心法，投资者可以运用这些方法对持有基金进行客观评价。

1. 心法之"道不同不相为谋"

水果和面包是没有可比性的。最简单的情况是，至少股票型基金、平衡型基金、债券型基金和货币市场基金之间不能简单横向比较，否则牛市中，你永远都会为债券基金和货币基金表现迟钝而火气冲天。

即便都是水果，拿苹果和梨也不好作比较。因为基金投资目标和范围的限定不同，很大程度会决定基金在一段时间的表现。

特定性很强的还有行业基金。其投资范围限定在某些行业中，这对于投资者的意义在于，当你看好某个行业，但是没有时间和精力去仔细研究这个行业内的具体公司时，那就可以直接购买行业基金。不过严格来讲，A股市场的行业基金还是给它所投资的"行业"划了一个不算很小的圈子。不像美国非常细分，可以有稀有金属基金、日用消费品基金等。

一般来说大家都是通过历史业绩来寻找一些好基金的痕迹，但对于上述特定投资的基金就行不通了。因为市场轮动的特点，说不定过往表现不好的基金在你投资之后就时来运转。

2. 心法之"不要仅仅拿大盘表现作参照"

事实上，一个基金做得好不好，更多要看它打败比较基准的能力，而不是仅仅拿大盘作参照。

对于很多人来说，接受业绩比较基准，从而接受基金业绩的相对表现，是一件挺困难的事。当你买的基金跌破面值，甚至滑落到0.9元以下的时候，基金报告里却偏说该基金"跑赢了比较基准，战胜了市场"，是不是让人感到酸溜溜的？"比较基准"是用来评价投资组合回报的指标。如果你买的基金是以上证指数作为比较基准的话，投资运作一段时间后，将基金实际回报和上证指数的涨幅作比较，可以评估基金管理人的表现。当然也有很多基金会采用一些我们非常陌生的指数作为参照，比如新华富时中国A600指数、中信300指数等等。

通过业绩比较基准更能方便投资者为一只基金准确定位。比如申万巴黎强化配置基金，虽然被划分到平衡型基金当中，但是它的策略是绝对回报，所以比较基准是一年期定期存款利率。这一条，其实已经表明它的风险回报都会跟保本基金差不多，只适合风险偏好很低的投资者，把它跟一般的平衡型基金比较就会有问题。

3. 心法之"对只做短跑冠军者，敬而远之"

关注基金过去的表现没有问题，但是如果考察业绩的时间短到只有半年或者几个月，这样的评价就会失去公允。这在彼得·林奇①看来，根据排行榜上最近一年或最近半年表现最好的基金来投资，"特别愚蠢"，因为这些基金的管理人，通常将大部分资金冒险投资于一种行业或一种热门类型的公司，并且取得了成功。而在下一年度，若这个基金管理人不是那么幸运，则可能会排到排行榜的最后。

这实际上告诉我们一个不争的事实，即基金业中的短跑冠军未必是长跑冠军。尤其是那些只能做短跑冠军者，长期下来的表现却排在很后面，这就说明其净值的上下起伏非常大，对于这样的"冠军"，还是不要投资为好。

投资者评价一只基金，关键还是要看它业绩表现的稳定性和持续性，基金专家建议大家把评价一只基金表现的时间周期尽可能拉长到三年以上。

4. 心法之"它的风险你应该看得到"

基金比较不能光看收益，还必须将基金的回报率与风险程度进行综合考察。对于那些在震荡行情中天天都有钱赚的基金，很可能基金管理人喜欢短线交易，投资者在享受净值上涨时也要认识到它的风险。

有些风险是看得到的，比如市场的系统性风险、基金经理过往运作水平参差不齐等。但有些风险，比如基金偏离了合同规定的投资范围；ST 股票或者＊ST 股票有时也会进入基金经理的重仓中；净值波动很大，显示基金管理人喜欢追逐热点……这些我们难以把握的风险最好是远离。

3.12　基金净值非标准，善解会用方为高

有不少投资人反映，他们很担心持有基金的净值一夜之间大幅下挫；也有的人问，投资在净值低的基金是不是更划算。这是需要明确的是，如果你认为基金净值和股票价格是同一个概念，那就撞入投资的盲区了。

---

① 彼得·林奇是美国最大投资基金麦哲伦基金经理。他从 1977 年管理麦哲伦基金以来，到 1990 年麦哲伦基金的价格提高了 20 多倍，资产由最初的 2000 万美元剧增为 90 亿美元，其曾被美国《时代》周刊誉为第一理财家。

事实上两者截然不同。在这里，我们来探讨开放式基金净值的意义以及在此基础上如何更理性地衡量基金的业绩表现。

1. 基金净值和股票价格的相似之处

基金净值和股票价格有很多共同点，它们都代表单位份额的价格，计算方法也一样：总资产＝份额数×单位份额价格。例如微软2006年11月9日的收盘价是29.24美元，流通总股数是98.3亿股，所以微软的市值是2 874.6亿美元。基金的单位净值等于基金资产总额减去各类费用再除以总份额的商。

2. 股票价格和基金净值价格变化规律不同

表示每一份额的价格是股票价格和基金净值之间最大的相同之处。然而，股票价格受供求关系影响，但一只基金的吸引力却与与它的单位净值毫无关联。由于上市公司总股数是一定的，如果出现大量的买盘时，股票价格就会上涨，反之如果卖盘大于买盘时，价格下跌。影响投资者买入或者抛售股票的因素有很多，例如财务报表显示强劲或微弱的盈利。这些因素同样可能来自外部，像投资者预期经济的衰退或者地缘政治的不稳定。

但基金的单位净值却至少不受投资者购买或赎回的直接影响。当资金注入时，基金总份额增加；投资者赎回时，基金公司付给投资者现金，不管是动用手头现金还是卖出股票获得现金。基金净值变动的主要缘由体现在投资组合的证券价格变动或者分红上。

3. 什么是基金净值

基金资产净值是在某一时点上，基金资产总市值扣除负债后的余额，代表持有人的权益。单位基金资产净值即每一基金单位代表的基金资产净值。

$$单位基金资产净值＝（总资产－总负债）／基金份额总数$$

其中，总资产指基金拥有的所有资产，包括股票、债券、银行存款和其他有价证券等；总负债指基金运作及融资时所形成的负债，包括应付给他人的各项费用、应付资金利息等；基金份额总数是指当时发行在外的基金单位的总量。

基金资产的估值是计算单位净值的关键。由于基金所拥有的股票、债券等资产的市场价格是变动的，所以必须于每个交易日对单位净值重新计算。开放式基金每个交易日都公告单位净值，净值是其计价基础，即申购或赎回价格取决于当日单位净值。

基金和股票的价格公布频率也不同。由于投资者的买进卖出，股票价格时刻都在变动。开放式基金却是每个交易日公布一次价格。

开放式基金的回报往往表现为该时期单位基金净值增长率。例如，某开放式基金上年末单位净值为 1 元，本年末单位净值为 1.05 元，则该基金在本年度回报为 5%。这里并没有考虑分红和申购费、赎回费情况。而基金分红后，单位净值会下降。

4. 基金净值不应该是选择基金的标准

因为基金净值可以被与投资组合价值无关的因素影响，不应该用它来衡量基金的投资价值。股票价格低时可能是投资良机（尽管我们也不认为每股价格是决定投资的必然条件），基金净值却不然，高的基金净值并不意味着投资是昂贵的。假设有两只基金有着非常相近的投资组合，净值低的不见得就是好的投资，投资净值高的也不一定会让投资者赚得更多。

投资总额 = 每份额价值 × 持有份额。拿两只标普 500 的指数基金来说吧，Vanguard 500 Index 和 T. Rowe Price Equity Index 500，净值分别是 \$127.19 和 \$37.05。他们的投资组合都由标普 500 股票组成，权重也非常贴近。如果你拥有 1 万美元的话，你可以拥有 78.6 份的 Vanguard 500 Index 基金份额，或者拥有 269.9 份的 T. Rowe Price Equity Index 500 的基金份额。请记住，你的投资总额并没有改变。这两只基金最近十年的回报也相当接近，年均前者 8.56%，后者是 8.33%。回报率的差异在于前者收取的费用更低。

因此，与其以基金净值来衡量投资价值，我们建议投资者需要更深入一点。总回报率是评价指标中最普遍的一个，当你关注总回报率时一定同时留意基金类型和比较基准。同样的道理，投资者也不应该用净值来衡量基金的投资组合资产是便宜的还是昂贵的。

当衡量你的投资表现时，把注意力集中在总回报而不是基金净值的变动上。总回报率计算了你投资的初始价值和结尾价值，同时把红利和投资收益考虑进去。所以总回报向你反映了基金是否帮你实现了投资收益。在选择基金方面，无论是目前还是潜在的投资者，至少还有一些关键词是要记住的：风险程度、基金经理和基金公司、投资风格、费用。

3.13 基金套利四招数，案例再现来相助

如今，在巨大的财富效应面前，投资基金已经成为一场全民运动。虽然基金是强调价值投资的中长期投资品种，买入并长期持有就会有不错的收益，但投资群体并不满足于平平淡淡的投资生活，总是期望寻求更刺激的超额收益，套利就是常见的一种做法。于是，一些高人们的套利手法就像武林秘籍一样成为传说，神乎其神。

但须知江湖险恶，套利的机会虽然会不时出现，但通常转瞬即逝，其间充满变数，更有大量专业玩家虎视眈眈。因此，听故事是一种享受，能不能亲自上阵是另一码事，心痒难耐的基民需对此心知肚明。

所谓套利，教科书的定义是指在一个市场买进某交易工具，在另一个市场卖出，两个交易工具可能相同或类似，藉以套取价格差异的利润。其实，套利之所以迷人是因为这是没有风险的赚钱机会，可以在短期内赚取丰厚的回报。但套利机会往往转瞬即逝，因为套利活动将会很快消除价格差异。

1. 套利基金重仓的部分股票

这种套利方式并不是近一两年才出现的，只是近两年股权分置改革启动后，恰逢牛市行情，很多优质股票在未股改待复牌期间，股市已经大幅拉升，同类股票已实现了很高的涨幅，可预期这些股票在复牌之后将会有惊人的涨幅，但因股票停牌无法买入，于是，就有一些资金通过大量买入重仓该股票的基金实现套利。

比如贵州茅台（600519）因即将进行股权分置改革于2006年2月24日起停牌，前一交易日收盘价为62.27元，到4月17日股票复牌，股价大幅上扬（停牌期间，上证指数上涨近7%），连续三个交易日报收涨停，4月20日，收盘价为84.03元。假设在获知股票复牌的信息后，买入重仓该股票的基金，即可在短期内实现套利。

这种套利方式之所以能够实现，与现在的基金估值方法有很大关系。开放式基金的申购和赎回是以净值为基础进行计算的，而基金净值是按照每天 3 点闭市后所持有各类证券资产的收盘价来计算的，这样就很难反映处于停牌期间的股票的真实价值，基金的净值就可能存在着被低估的情况，当然也可能被高估，曾经重仓持有银广夏的基金，在银广夏于 2001 年 8 月 3 日至 9 月 10 日停牌期间，净值实质上就被高估，9 月 10 日复牌后，银广夏连续 10 个跌停板，基金净值随之大幅下滑。如正好在停牌前不久投资这些基金，短期内的损失就在所难免。

道理听起来很简单，但这种套利操作仍然存在着风险。首先，这些待复牌的股票到底何时复牌就存在着很大的不确定性，而有明确消息出来的时候，现在的基金公司大多采取叫停开放式基金的申购和转入业务，同样无法买入，只能选择可以在二级市场交易的封闭式基金。其次，在买入持有的期间，大盘的走向也是影响收益的重要因素，特别是对封闭式基金。最后，如果是通过开放式基金来套利，手续费是不小的成本，如果复牌后股票的上涨不理想，短期内赎回基金还可能造成损失。

所以，既然是通过基金来做，不妨还是多花些心思，尽量找含有这些概念的盈利能力强的基金，即便复牌后的股票涨幅不理想，还可以长期持有，获取稳定回报，做到进可攻、退可守。

【案例 1：套利重仓待复牌未股改的基金】

2006 年 4 月 28 日，国泰基金公司发出公告，因金鹰增长、金龙行业精选、金马稳健回报三只基金持有的部分股票处于股权分置改革阶段，鉴于该部分股票的资产转让事宜取得重大进展，预计将在近期复牌并对基金份额净值产生较大影响，为保持基金份额持有人的利益，自 4 月 30 日起，暂停上述三只基金所有申购和转入业务。

此处所说的部分股票，即 S 双汇。4 月 27 日，S 双汇（000895.SZ）公告，接控股股东河南省双汇实业集团通知，香港罗特克斯有限公司已于日前收到证监会《关于同意罗特克斯有限公司公告河南双汇投资发展股份有限公司要约收购报告书的意见》，称对罗特克斯公告要约收购报告书无异议。因包含股改和股权转让外资双重概念，S双汇复牌后大涨已成共识。

S双汇股改进程始于2006年3月2日，5月23日复牌后的6个交易日，股价经历5个涨停板和一个7.63%的涨幅。2006年5月31日，S双汇再次停牌时收盘价为31.17元，当时深成指为4292.10点，截至2007年4月27日S双汇公告日，深成指已达10688.55点，涨幅149%。不少行业研究员认为S双汇复牌后的涨幅很可能超过150%。

若复牌后S双汇补涨150%，以国泰旗下的封闭式基金金鑫为例，基金份额为30亿份，获赠对价后，持有21292269股，净值增加9.9亿元，每份净值增长0.33元，按照27日2.03元的净值计算，净值增幅为16.27%。

2. 封闭式基金的套利机会

封闭式基金套利的根源在于折价交易。

封闭式基金的长期折价是国际上普遍存在的现象，一般认为这是对基金代理问题、流动性问题和信息浑浊问题所要求的补偿；但我国封闭式基金一度高达50%以上的折价率，使得基金被严重低估，这既有多年熊市的原因，也与投资者的认识误区有关。因此，在封转开的刺激下，2006年的封闭式基金表现抢眼。

为便于说明问题，假设某封闭式基金折价率为50%，因其资产组合中，大概有30%的资产为债券、银行存款等风险很低的资产，所以，其股票资产的实际折价率高达70%，即封闭式基金中的股票资产相当于以平均三折的价格出售，而大多数封闭式基金的重仓股多为中国石化、万科、招行等蓝筹股，其间蕴含的套利机会可想而知。因此，在2006年基金兴业顺利封转开之后，封闭式基金的投资价值逐渐得到普通投资者的认可。

封闭式基金套利的另一个机会是分红，因封闭式基金在基金合同中规定，每年必须分配已实现收益的90%，因此，每年三四月份基金分红的高潮期，就容易出现一波分红行情。其实，分红行情的背后原因，很大一部分仍是折价交易。假设，某封闭式基金现在的净值为2元，折价率为30%，其交易价格为1.4元，现按基金合同，分红0.9元，分红后净值为1.1元，相当于投资者用0.5元购买了价值1.1元的资产，折价率超过45%，在随后的价值恢复过程，投资者就可以实现套利，假设折价率仍然回到30%，交易价格就会在短期内达到0.77元，投

142

资获利54%。

3. LOF 基金的套利机会

LOF（Listed Open - Ended Fund）基金，即上市型开放式基金。也就是说在基金发行结束后，投资者既可在指定网点申购与赎回基金份额，也可以在交易所买卖该基金。不过投资者如果是在指定网点申购的基金份额，想要通过交易所的系统卖出，需要办理跨系统的转托管手续；同样，如果是在交易所系统买进的基金份额，想要在其他指定网点赎回，也要办理转托管手续。转托管手续的办理一般需要2天时间。

现在深交所开放了 LOF 基金的场内申购与赎回业务，即除了场内的实时连续竞价交易以外，还可以以基金净值来申购和赎回基金份额。这样可为基民节省办理转托管手续的时间，申购的基金份额或赎回资金均在 T + 2 日可用。当日场内买入的基金可于 T + 1 日在场内卖出；当日申购的基金份额 T + 2 可以在场内卖出；场内卖出基金份额资金当时到账可用，赎回基金份额的资金2个工作日后可以到账使用。目前，融通巨潮 100、南方积配等 15 只 LOF 基金均可办理场内申购与赎回。

LOF 基金的套利来自基金净值与实时成交价格间存在的价差。以目前一般交易情况来看，净值与实时成交价格之间的价差一般可达到1% ~ 2%。如果基金净值高于成交价格，投资者可在场内按成交价格买入，然后按净值赎回；相反，如果基金净值低于成交价格，投资者可选择在场外申购或在场内申购，然后在场内按成交价格卖出，获得套利收益。

现在交易开放场内申购赎回的 LOF 基金有 15 只，它们是：融通巨潮 100（161607）、万家公用（161903）、南方积配（160105）、博时主题（160505）、广发小盘（162703）、景顺鼎益（162605）、嘉实 300（160706）、南方高增（160106），中银中国（163801）、兴业趋势（163402）、招商成长（161706）、景顺资源（162607）、鹏华价值（160607）、荷银效率（162207）富国天惠（161005）。

【案例1】

我们以场内交易最活跃的广发小盘基金为例，2006 年 11 月 21 日基金场内全日收盘价为1.805元/份。当日基金净值为1.8428元。如果21日在场内买入基金，18日基金份额到账后在场内市场赎回基金。22日基金净值为1.856元。完全计算全部成本（基金赎回按0.5%，买入0.1%手续费计算成本为1.8158）两天的套利收益约为2.21%；在行情下跌时，根据广发小盘基金的历史数据，基金净值与场内交易价格价差在1.0%左右水平的时候。那么利用LOF基金套利算得上是一种比较稳健的获利方式。

【案例2】

始于2006年年底的LOF基金高溢价现象非常有代表性。2006年11月23日，南方高增长基金当日发布了大比例分红和暂停申购预告，每10份基金预计分红7元，该基金接连两日出现涨停。南方高增长带动了一大批LOF基金大幅上涨，基金溢价率迅速提高。南方积配、景顺鼎益、景顺资源等LOF基金先后出现涨停，到了12月1日，LOF的溢价率达到了顶峰。14只LOF基金收盘时加权平均溢价率达到6.83%，其中，溢价率超过10%的基金有6只，特别是景顺资源、南方高增和景顺鼎益三只大比例分红基金，溢价率分别达到41.04%、34.53%和28.19%。

一部分投资者通过场内申购LOF基金，T+2日就可以通过场内卖出；一部分投资者在场外市场认购了LOF基金之后，然后申请跨系统转托管，T+2日基金份额可以通过场内卖出。

可以理解为大比例分红加上暂停申购成为了LOF高溢价的导火索，再加上当时股市行情不断向上，一些资金参与了LOF的炒作。由于LOF基金场内交易规模较小，投资者对于LOF套利机制不熟悉，以及和LOF一样在交易所交易的封闭式基金大涨，LOF出现了完全脱离基本面的暴涨。其实，大比例分红对于LOF的投资价值没有任何提升，部分投资者把基金分红和上市公司分红进行错误的类比是LOF非理性上涨的重要原因。由于这些大比例分红基金获得了投资者巨额资金申购，LOF场内交易份额迅速增加，遏制了市场炒作行为。

4. ETF基金的套利机会

ETF（Exchange-Traded Funds）基金，即交易所交易基金，是可在交易所上市交易的开放式基金。一般情况下，ETF基金采用被动式投资策略跟踪某一标的市场指数，因此，ETF 基金也被称为交易型开放式指数基金。一方面，ETF 基金可以像封闭式基金一样，在交易所挂牌上市交易。另一方面，机构投资者又可以像开放式基金一样，在一级市场向基金公司进行基金股份/单位的申购与赎回。但是，ETF 基金的申购与赎回，不是采用现金，而是采用一篮子股票（或者债券）。

ETF 基金的套利机制一般是这样，当基金二级市场价格高于基金的单位净值时，投资者可以买入基金股票篮，申购基金份额，并将基金份额在二级市场卖出；当基金二级市场价格低于基金的单位净值时，投资者可以在二级市场买入基金份额，并赎回基金份额，将赎回获得的基金股票篮卖出。

ETF 基金套利的参与者主要是资金实力比较雄厚的投资者，因为一级市场上的申购赎回交易，金额一般至少要求 100 万元，中小投资者无力参与。

+-+

基金理财盲点大扫除：

※ 基金赎回费率

基金赎回率指投资人卖出基金单位时支付的费用比率，投资者申购不同基金时，可能会因为赎回金额的大小而使赎回费率有所不同。在这里，取费率最大值计算。

投资人在卖出基金后，实际得到的金额是赎回总额扣减赎回费用的部分。其中的计算公式为：

$$赎回总额 = 赎回份数 \times 赎回当日的基金单位净值$$

$$赎回费用 = 赎回总额 \times 赎回费率$$

$$赎回金额 = 赎回总额 - 赎回费用$$

投资者需注意的是，各基金规定的赎回费收入的归属可能会有所不同，有的规定只扣除较少的手续费后，大部分会归基金所有；有的规定全部或大部分用作手续费，而不归或只将少部分归入基金资产，这样如果您是部分赎回的话，前一种做法对您是比较有利的，在同等情况下，您持有的基金单位净值会高于后者。

※ 基金申购费率

指投资人购买基金单位需支付的费用比率，投资者申购不同基金时，可能会因为申购金额的大小，而申购费率有所不同。在这里，取费率最大值计算。

开放式基金的申购金额里实际包括了申购费用和净申购金额两部分。申购费用可以按申购金额或净申购金额的一定比例计算。国内的做法一般是按申购的价款总额（含费用）乘以适用的费率计算申购费用，并从申购款中扣除。这样，对一笔申购金额实际可以买到的基金单位的计算方法为：

申购费用 = 申购金额 × 适用的申购费率

净申购金额 = 申购金额 – 申购费用

申购份数 = 净申购金额/申购当日的基金单位净值

这种计算方法是美国等海外市场通用的计算方法。这种方法的优点在于，在采用"未知价法"的情况下，计算比较简便；此外，由于一般按申购金额增加采用递减的费率，可以避免出现按净申购金额计算会导致买得少的投资者实际交款可能高于买的多得投资者的不公平现象。

采用这种计算方法会使按净申购金额适用的费率略高于公布的费率。投资者如想了解按净申购金额计算适用的费率，只需作一个小的换算即可：

按净申购金额适用的费率 = 按申购金额适用的费率 ÷ （1 – 按申购金额适用的费率）

例如，按申购金额适用的费率为2%，则：

按净申购金额适用的费率 = 2% ÷ （1 – 2%） = 2.04%。

※ 基金累计净值

累计份额净值 = 基金份额净值 + 基金成立后累计分红

※ 累计净值增长率

累计净值增长率是指在一段时间内基金净值的增加或减少百分比（包含分红部分）

※ 基金单位净值

基金单位净值（Net Asset Value，NAV）即每份基金单位的净值，等于基金的总资产减去总负债后的余额再除以基金的单位份额总数。

单位基金资产净值 = （总资产 – 总负债）/基金单位总数

※ 詹森指数（阿尔法值）

　　优秀的基金产品在于能够通过主动投资管理，追求超越大盘的业绩表现。这说明基金投资不仅要有收益，更要获得超越市场平均水准的超额收益。将这一投资理念量化后贯彻到基金产品中来，就是要通过主动管理的方式，追求詹森指数（或称阿尔法值）的最大化，来创造基金投资超额收益的最大化。只有战胜了市场基准组合获得超额收益，才是专家理财概念的最佳诠释。投资者只有投资这样的基金产品，才能真正达到委托理财，获得最大收益的目的。

　　这里的核心概念，詹森指数实际上是对基金超额收益大小的一种衡量。这种衡量综合考虑了基金收益与风险因素，比单纯地考虑基金收益大小要更科学。一般在进行基金业绩评价时，基金收益是比较简单的指标；如果要求指标考虑到基金风险因素，则有詹森指数（Jensen）、特雷诺指数（Treynor）以及夏普（Sharpe）指数等综合性评价指标。

　　詹森指数是测定证券组合经营绩效的一种指标，是证券组合的实际期望收益率与位于证券市场线上的证券组合的期望收益率之差。1968 年，美国经济学家迈克尔·詹森（Michael C. Jensen）发表了《1945 – 1964 年间共同基金的业绩》一文，提出了这个以资本资产定价模型（CAPM）为基础的业绩衡量指数，它能评估基金的业绩优于基准的程度，通过比较考察期基金收益率与由定价模型CAPM 得出的预期收益率之差，即基金的实际收益超过它所承受风险对应的预期收益的部分来评价基金，此差额部分就是与基金经理业绩直接相关的收益。

　　用等式表示此概念就是：

基金实际收益 ＝ 詹森指数（超额收益）＋ 因承受市场风险所得收益

　　因此，詹森指数所代表的就是基金业绩中超过市场基准组合所获得的超额收益。即詹森指数 >0，表明基金的业绩表现优于市场基准组合，大得越多，业绩越好；反之，如果詹森指数 < 0，则表明其绩效不好。

　　之所以要提到综合性业绩评价指标，是因为检验投资基金能否战胜市场不是一件容易的事情，不能只简单地比较基金净值和市场指数的增长率大小，而应该综合考虑收益和风险两个方面。投资基金的收益通常用一段时期内资产净值的平均增长率表示。基金的风险则分为绝对风险和相对风险，前者是指基金资产净值的绝对波动情况，用净值增长率的标准差表示；后者是指基金资产净值相对市场指数波动的敏感程度，用基金的贝塔系数表示。一般来说，收益越高，风险越大；收益越低，风险也相对较小。

此外，在比较不同基金的投资收益时，用特雷诺指数和夏普指数可对其进行排序，而詹森指数优于这二者的地方在于可以告诉我们各基金表现优于基准组合的具体大小。詹森指数法直接建立在诺贝尔经济学奖成果资本资产定价理论基础之上。按照这一理论，随机选取的投资组合，其阿尔法值应该等于零。如果某一投资组合的阿尔法值显著大于零，则表明其业绩好于大市；如果投资组合的阿尔法值显著小于零，则表明其业绩落后于大盘。可见，詹森指数的特点是在度量基金业绩时引入了市场基准指数，能够较好地反映基金关于市场的相对表现。

自此我们得知，综合考虑收益和风险两方面因素后，衡量基金相对业绩（即能否战胜市场）的合理方法应该是从其收益中减掉与风险相关的那部分超额收益，即詹森指数所代表的内容，这也就是为什么要在基金投资中突出詹森指数的涵义。

因此，投资者可以参考詹森指数，来对基金投资的期望收益与证券市场的期望收益进行比较。投资基金可能在某一段时期收益是一个负值，但这并不表示这个基金不好。只要在这一阶段詹森指数为正，尽管基金的收益是一个负值，我们还是可以认为这个基金是一个优秀的开放式基金；相反，即使某一段时期投资者所购买的开放式基金有显示的现金收益，但如果它的詹森指数是一个负值，那么就表示投资者所购买的开放式基金是一个劣质的开放式基金，因为别的投资者100元能赚20元，而这个基金管理人只能帮投资者赚10元，投资者应当考虑重新选择新的基金。由于将基金收益与获得这种收益所承担的风险进行了综合考虑，詹森指数相对于不考虑风险因素的绝对收益率指标而言，更为科学，也更具有可比性。将詹森指数的概念运用于基金投资中，追求詹森指数的极大化，也就是追求基金超额收益的极大化，是基金投资业绩超越市场组合的最优体现。

※ 基金分红

基金分红是指基金将收益的一部分以现金方式派发给基金投资人，这部分收益原来就是基金单位净值的一部分。因此，投资者实际上拿到的也是自己账面上的资产，这也就是分红当天（除权日）基金单位净值下跌的原因。根据《证券投资基金管理暂行办法》的规定，基金管理机构必须以现金形式分配至少90%

的基金净收益，并且每年至少分配一次。基金净收益是指基金收益扣除按照有关规定可以在基金收益中扣除的费用后的余额，包括基金投资所得红利、股息、债券利息、买卖证券差价、银行存款利息以及其他收益。此外，因为运用基金资产带来的成本或费用的节约也应计入基金收益中。

分红并不是越多越好，投资者应该选择适合自己需求的分红方式。基金分红并不是衡量基金业绩的最大标准，衡量基金业绩的最大标准是基金净值的增长，而分红只不过是基金净值增长的兑现而已。对于开放式基金，投资者如果想实现收益，通过赎回一部分基金单位同样可以达到现金分红的效果；因此，基金分红与否以及分红次数的多寡并不会对投资者的投资收益产生明显的影响。至于封闭式基金，由于基金单位价格与基金净值常常是不一样的，因此要想通过卖出基金单位来实现基金收益，有时候是不可行的。在这种情况下，基金分红就成为实现基金收益惟一可靠的方式。投资者在选择封闭式基金时，应更多地考虑分红的因素。

※ 影子定价

影子定价就是指基金管理人于每一计价日，采用市场利率和交易价格，对基金持有的计价对象进行重新评估，即"影子定价"。

当基金资产净值与影子定价的偏离达到或超过基金资产净值的 0.5% 时，或基金管理人认为发生了其他的重大偏离时，基金管理人可以与基金托管人商定后进行调整，使基金资产净值更能公允地反映基金资产价值，确保以摊余成本法计算的基金资产净值不会对基金持有人造成实质性的损害。

影子定价的作用在于为了避免采用摊余成本法计算的基金资产净值与按市场利率和交易市价计算的基金资产净值发生重大偏离，从而对基金持有人的利益产生稀释和不公平的结果。

※ 买卖基金手续费

买卖基金的手续费是指在买或卖基金时支付给销售机构的费用，用来补偿基金销售机构因为办理基金买卖手续而产生的成本。手续费属于一次性的费用，也就是说你在买和卖基金时必须一次性地交付手续费，但在其他任何时候都不需要再支付。为了防止销售机构联手哄抬手续费而损害投资人利益，或是过度调降费率而引发行业恶性竞争，许多国家和地区一般都对基金买卖的手续费设有上限或下限。

买卖封闭式基金的手续费俗称佣金，用以支付给证券商作为提供买卖服务的代价。目前，法规规定的基金佣金上限为每笔交易金额的0.3%，佣金下限为每笔人民币5元，证券商可以在这个范围内自行确定费用比率。目前，大多数的证券商对封闭式基金的买和卖都同样收取交易金额的0.3%，作为手续费。

投资者在买入开放式基金时支付的手续费一般称为申购费，卖出时支付的则称为赎回费。根据相关部门规定，目前，国内开放式基金的申购费不得超过申购金额的5%；赎回费不超过赎回金额的3%。而目前国内开放式基金的申购费率水平普遍在1.8%以下，赎回费率水平则以0.5%居多。一般来说，基金的申购费用比例并不是固定不变的，而是随着基金规模的增加而递减。目前，许多基金公司以1 000万份基金份额作为分界，投资者如果申购超过1 000万份的基金份额，就可以适用比较低的申购费率。赎回费是针对赎回行为收取的费用，主要是为了减少投资者在短期内过多赎回给其他投资者带来的损失，因而往往略带惩罚性质。收取的赎回费在扣除基本手续费后，余额全部归基金资产，用来补偿未赎回的投资人，也有一些开放式基金的赎回费全部作为基本手续费，不计入基金资产。投资者可以在购买开放式基金前，仔细阅读有关基金的契约和公开说明书，了解其申购费与赎回费的具体收取原则。

※ 基金"收益率标准差"

"收益率标准差"是指过去一段时期内，基金每个月的收益率相对于平均月收益率的偏差幅度的大小。基金的每月收益波动越大，那么它的标准差也越大。

Investment *easy*

第四章

避了风险购买才可靠

章前导读语：买基金不妨落袋为安

自从上次张大妈听老白神侃一通创新型封闭式基金，对老白佩服得一塌糊涂，滋生起个人崇拜。在大妈的煽乎下，老白在营业部内逐渐树立起个人威信，每次到营业部看行情，都会围上一堆人问东问西。

"白总，您给我看看这个基金，是不是该卖了？"这天老白刚在营业部冒头，李大妈就在张大妈的带领下追了过来。

"基金的事别问我，瞅见那边那小子了吗，问他去！"老白最近几只股票振荡剧烈，正揪着心呢，哪有功夫给人解决问题。

李大妈无奈之下只好找到旁边正津津有味地看着报的吕小侯。"年轻人，你看看我这只基金是不是该卖了？去年初我闺女给买的，我什么都不懂，就是听说现在股市涨到很高了，政府还说有泡沫，我寻思应该也赚了不少了，是不是卖掉换个踏实呀？"

小侯接过大妈递过来的纸条一看："华夏大盘"，当时差点没晕过去。"恭喜了大妈，您中了大奖了！要是您去年初买的这只基金，现在翻了快两番了，赚得不是一般地多呀。"

"赚了那么多，那更应该卖了吧？"李大妈还是没明白过味儿来。

"卖？您不知道现在多少人想买这只基金还买不到呢。这可是今年最火的一只基金，收益率雄踞所有基金之首，而且都停止申购半年多了。您现在卖了它，就等于卖了一只下金蛋的母鸡啊。"小侯看大妈还不明白就有点起急。

"这基金不是应该买卖自由么？为什么半年多买不到？而且股票讲究获利了结，基金赚了钱就不该卖么？"旁边的张大妈也有点不解地问。

小侯听了心里明白，这位还是按炒股的思路炒基金。"开放式基金的确应该自由申购赎回，不过这只基金业绩太好，管理人怕大量资金涌入把基金的规模一下子撑得很大，不利于基金经理操作，所以才停止了申购。再说这基金该不该获

153

利了结的问题。跟您举个例子，去年全球业绩最好的基金出在咱中国，给投资者赚了将近两倍的收益，可后来人家一研究发现，才有不到5%的投资者去年从头拿到尾，完完全全赚足了这些收益。为什么？很多投资者都是觉得涨了不少，该获利了结了，结果自断财路。再拿最近的例子来说，六月初股市大幅调整，基金是跟着跌了不少。可最近您去看看净值，很多基金净值都再创了新高。您要是月初把基金卖了，不就赶不上这新高了吗？"

看着两位大妈似懂非懂的样子，小侯赶紧趁热打铁。"其实基金是一种理财工具，千万别把它当作一种炒作对象。只要市场好，基金经理能力又说得过去，您就踏踏实实把钱交给他让他帮您炒股，赚钱多轻松啊。频繁申购赎回经常踏错点不说，一进一出也有2%的手续费呢，这成本也不能不考虑呀。说实话，天天盯着净值忽涨忽跌的确让人有买进卖出做波段的冲动，我劝您干脆一个月甚至一个季度看一次净值。只要股市这两年还在涨，那基金肯定不会亏待您的。要是您实在忍不住老想看净值，我听说有家基金公司准备发行一种封闭一年的基金，这一年里您想卖都卖不掉，您要有闲钱一年不用，不如尝试一下这种基金，逼着您持有一年。您再自己由着性子操作一只基金做做波段，一年后两只基金的收益一比，到时候就知道我说得对不对啦。"

4.1　火热的基金市场，不合理八大行为[①]

2006 年基金的赚钱效应几乎被放大至极致，于是全国人民的神经被触动了，从年轻白领到垂暮老人，从大学生到退休人士，无不成为基金的"粉丝"，那股狂热劲儿绝不输给超女的粉丝团，甚至有过之而无不及。有趣的是，基金还一夜之间成为时髦词汇，车厢里、地铁上、办公楼的电梯里总能不时听到这类话题，而讨论者往往还是穿着时髦的年轻女性。

不过，买基金一旦成为群体性运动，"排浪式"的投资浪潮，总会陡然出现不少怪事。不少基金投资者，尤其是初次接触基金的投资者，往往还是"冲动＋盲动"的投资者，在人声鼎沸之中忘了思考，失了理智。

1. 怪状一：凌晨排队抢"头号"

原本以为股市的震荡会减弱投资者买基金的热情，不料事实完全相反，自新基金发行开闸以来，其火暴程度和过去相比有过之而无不及。在新基金发行放缓之后，2007 年首批上市的 5 只新基金又一次刷新了销售的新纪录。

建信优化配置基金创下半天发行 100 亿的新纪录，信达澳银领先增长基金和中海能源策略基金发行分别上演"一小时"抢购潮，而限量 100 亿份的汇添富成长焦点基金更是在开售后 10 分钟就全线宣告结束。

汇添富成长焦点基金上市当日，不少基民甚至赶在凌晨三四点钟前往工商银行排长队，场面不亚于当年市民搬着板凳连夜排队买房。

一位徐大妈告诉基金专家，当天她 4 点刚过就到了一家工行门口排队，4 点半左右到银行门口，排在她前面的已经有八九个人，大都是上了年纪的老人，带着小板凳，坐在风口里。9 点不到，工作人员出来发了 50 多个号。轮到她的时

[①]　资料来源：摘自第一理财网（www. Amoney. com. cn）

候，工作人员表示申购额度还有，可谁知填写到一半时，徐大妈被告知基金销售已经告罄，最后只能空手而归。

【基金专家点评】吹着寒风、提着板凳，通宵守在窗口前，这样的阵势让人联想到春运期间火车站售票点的"盛况"。然而，春运火车票数量有限，一票难求只得连夜上阵可以想象，买开放式基金也让人如此"伤筋动骨"，似乎就有点犯不着了。

既然是开放式基金，它的份额是不固定的，为何一定要赶在发行期内抢着去认购？其实，在新基金建仓的封闭期结束后，投资者完全可以自由地进行申购。而且，认购新基金时，基金规模多大、投向哪里、收益如何，其实投资者都是一无所知的，完全是"瞎猫去撞死老鼠"，而到了申购期，投资者就可以将它与市场上同类型的基金进行比较，然后决定是否购买，这样不是更有的放矢吗？即使那些执著于买新基金的人，完全可以选择网上银行等工具购买，手续上简单很多，根本用不着连夜排队。

2. 怪状二："内部消化"开卖就断货

自从基金热销以后，银行工作人员的地位明显上升。某位在银行网点工作的人士告诉基金专家，近来经常有亲戚朋友，或者是亲戚朋友的朋友，甚至关系很远的熟人的朋友请她帮忙买基金。这位银行工作人员说，如今每有新基金发行，她的工作量就超级繁重。

除了基金发行的"内部消化"以外，一些银行在正常的销售前，已经开始了预约认购工作。从某种程度而言，提前预约也是造成基金过早销售告罄的原因。

此前某基金发行当日，有些银行网点开门即告"断货"，导致排队等候的投资者不满。有人甚至跳到桌上抗议银行搞"关系销售"，混乱的现场甚至惊动了民警。

一位中年基民愤怒地告诉基金专家："我的一个从国外回来的有钱亲戚，最近收到银行短信通知，说某某优质基金公司的新基金要发行，银行通知他约定好想买的数量，从什么边门进入先办理购买。"对于网点的"不公平"销售，很多基民心存不满。

【基金专家点评】银行网点刚刚开卖就告售罄，一来可见基金的确热销，二来则见银行和基金公司"暗箱操作"的痕迹。

渠道销售的不公平是一直存在的问题，银行照顾大客户，放弃小客户，在产品的推广上也有些倾向性，只推广对银行推销工作有利的产品，这对基金市场目前存在的问题负有不可推卸的责任。其实，基金不是原始股，可不是包赚不赔的。别看现在发行时照顾了"关系户"，可如果基金在市场上表现不如人意，"关系户"就不领情了，就像当初金新信托的乳品计划，本是银行向贵宾客户重点推介的，到头来出了问题，"关系户"们可是闹得最凶的。

3. 怪状三："限量销售"制造稀缺

新基金限量发行的做法已有不少时日，不过事实上，除了少数几家公司真正希望限量外，大多数基金公司只是把"限量发行"当作促销口号而已。

比如2006年底不少新基金都宣布计划限额50亿元，但最后的发行额却超过100亿元。一些基金公司人士自己也坦言，限量只是一个营销手段，其目的是希望在"限量"的宣传之下，让投资者认为基金稀缺，从而踊跃认购。不过从2007年开始，基金"限量"的诸多细节发生了改变。首先是证监会要求基金公司严格执行限量的标准，不可超过限量的额度。其结果就是，基金公司纷纷增加限量的额度，限量50亿变成了限量100亿。最早审批的5个基金，基本都在首发之后达到这个规模。

在一家工行的网点，一位投资者兴奋地告诉基金专家，她非常幸运地认购到了某只新基金，而且还对这只基金的大规模欣喜不已，仿佛自己买到了紧俏的商品。在她看来，100亿的基金一定会比30亿的基金表现好，因为100亿基金买的人更多。而事实呢？2007年以来大多数"巨无霸"基金的业绩都排在后三分之一的位置，这些新的100亿基金估计也难有突出表现。

【基金专家点评】物以稀为贵，集藏市场上常用的"限量发行"如今套用到基金市场上，似乎失去了"稀缺"的真实内涵，反而让人感受多数只是个幌子。至少有90%以上的基金公司都是用此"引诱"投资者，这也是为什么2006年很多限量基金，最后的规模都远远超过了限量的规模。说白了，打上"限量销售"的招牌，也就抓住了小老百姓们追求"稀缺"的心理。其实，开放式基金用得着限量吗？封闭期结束后，申购赎回皆自由，基金公司到底要如何限制老百姓的买和卖呢？

至于投资者乐意追捧"限量销售"的基金，正是一方中了另一方的招。

4. 怪状四：不爱打折爱买贵

如果有人认为新基金比老基金"划算"的话，那为何明显比新基金更为"划算"的封闭基金却倍受冷落？这又是一个让人看不懂的怪现象。

和开放式基金供不应求形成反差的是，深沪交易所挂牌交易的 50 多只封闭式基金目前还处于大幅折价交易状态，而且六折、七折的基金俯拾皆是。和2006年相比，如今封闭式基金的折价率还有所扩大，显然投资封闭式基金的安全边际比开放式基金高了许多。

不过放眼看去，能说清什么是封闭式基金的投资者几乎屈指可数，出现这种怪现象也就情有可原了。

【基金专家点评】同样是基金，封闭式基金有许多开放式基金所没有的优点。第一是手续简单，和买股票的方法完全一样，手续费低廉，而且卖出后迅速到账。第二是具有折价率的空间，价值 2 元钱的基金，如今打 7 折、8 折就能买到，岂不划算？第三是规模容易控制，大家不妨看看最近几个月封闭式基金的净值增长情况，大部分封基在排名中榜中名列前茅，原因之一就是规模适中。和那些动辄 100 亿元以上规模的"巨无霸"开放式基金比起来，15 亿元到 30 亿元的规模恰好合适，这些基金上涨的步履也轻快了许多。

一个简单的道理，为何服装换季打折时大家疯狂血拼？因为新品上市时高价的衣服现在只要花三五折的钱，当然很划算了。金融产品其实也是一样，封闭式基金的净值其实不低，现在只要花六七折的钱买下来，再加上"封转开"的实施，以后以净值的价格卖出去，何乐而不为？

5. 怪状五：基金当储蓄等着拿利息

随着股市向好，基金开始成为大众理财的首选。这本不是件坏事，但不少投资者纷纷把家庭日常性存款取出，用来购买基金，甚至把基金当成了储蓄，以为还可以拿利息呢。

某银行网点工作人员告诉基金专家，最近来询问基金事宜的人每天络绎不绝。不过有很多不熟悉基金的投资者认为，既然这些产品是在银行销售的，那就应该和存款差不多。"2.27"股市暴跌那天，一位中年基民气冲冲地奔进银行，大声质问："我的基金怎么会跌的？我买的时候你们不是说去年翻了一倍吗？我的钱这么多年存你们银行，可是从来没亏过本的。"最有趣的是，一位60余岁的老太太，稀里糊涂地签下了申购基金的合同后，临出门时问了一声："听说最近加息了，基金的利息是不是也加了？"工作人员苦笑不得。

【基金专家点评】基金不是储蓄，它也需要承担股市波动的风险的。在经常阅读理财书籍的读者看来，这应该是最基本的常识，可是在很多基金盲从族中，它似乎仍然不为人所知。这些年，银行代销的业务增加了很多，可是在一些市民看来，银行就是个存取钱的地方，所以就发生了诸多把保险当成储蓄、把基金当成储蓄的笑话。买的时候兴高采烈，以为花小钱得到了大实惠，等到发现钱不能随时支取、基金随着股市波动可能亏损时，只能大呼上当。

基民的无知让人嗟叹，而银行工作人员的"讳言"乃至误导也是一个毒瘤。有不少投资者向基金专家反映，在银行购买基金的时候，只听到吹嘘"基金去年业绩翻倍"、"收益率达到80%"等，几乎没有得到任何风险提示。在购买基金的整个过程中，没有人说过一句：基金比银行储蓄的风险要高得多。

6. 怪状六：追涨杀跌短线"炒基"

频繁买卖基金在最近几个月中成了市场震荡的帮凶。和聪明的低吸高抛还有所不同，最近很多投资者对基金的操作都是追涨杀跌——看到指数大跌，心里产生了恐慌情绪，于是把基金赎回。看着基金净值又涨回去了，觉得也许会错失机会，忍不住又重新买回基金。这么一折腾，自己损失还不说，在暴跌日当天集中赎回，还造成基金不得不减仓套现，加剧市场的震荡，成了市场震荡的助推剂。

某基金公司人士告诉基金专家，他们公司最近研究了基金赎回的数据后发现，很多投资者频繁地认购和赎回，其中有相当一部分投资者喜欢认购新基金，然后在1.2元到1.3元左右赎回基金，之后再回头买新基金。收益没获得多少，来来回回的手续费倒是贡献良多。

【基金专家点评】把基金当作股票来短炒，十者中之八九要亏。且不说基金和股票一样，波段操作的节奏很难把握，单是基金买卖的费用就让你成本大增。

开放式基金，买进卖出一个来回，手续费就得扣除2%到3%，如果一年里进行三四个来回，岂不是10%的收益都成了手续费，你还能剩下多少赚头呢？无数的事实表明，基金适宜长期投资，而不宜频繁买卖，喜欢"短炒"风格的投资者，如果改不了自己的习惯，倒不如去玩权证吧，T＋0的交易规则，随便你一天里玩几个来回。

7. 怪状七：比例配售"摇"新基

为了应对新基金的供不应求，一些基金公司搞起了基金配售。最新推出的招商核心价值基金和汇丰晋信动态策略基金，用的就是这种方式。

具体的方案和新股发行相似，主要依据申购期内投资者的认购总规模分为两种情况：一是如果在基金募集期内，投资者的认购申请不超过一百亿份，那么所有的有效认购申请全部予以确认；二是如果在募集期内认购申请高于一百亿份，则对募集期内的有效认购申请采用比例确认的原则给予部分确认，并将未确认部分的认购款退还给投资者。

【基金专家点评】像摇新股一样摇新基金，搞出了比例配售的新招，还要公布"中签率"，敢断言，如此新招将是"短命"的。从基金公司的角度而言，这样做无非是出于好意，用这种方法，投资者想买新基金也不需要起早排队了，可是从市场层面来说，基金不是新股，难以实现"一夜暴富"，而且，随着新基金的不断发行，疯狂之火必将难以持续。事实也证明了这一点。新基金发行实施"比例配售"第一单日前揭晓，招商核心价值基金两天的认购期里的总规模并未达到100亿元上限，"比例配售"将成"全额供给"，创新之举"出师未捷"！

8. 怪状八："小孩玩大钱"咋让人放心

一家从没有登台亮相的小基金公司，首发的第一只基金规模就近百亿元，大大超过市场上一些历经风雨的品牌基金的规模，如此现象令人喜耶忧耶？

比如信达澳银旗下首只基金信达澳银领先增长基金，在没有任何历史业绩可以参考的情况下，这只基金一天募集近90亿份，这一规模甚至超过了不少品牌基金公司数只基金相加的规模。比如品牌基金公司上投摩根，2007年3月份旗下两只明星开放式基金——中国优势基金和阿尔法基金规模分别是23.7亿份和21亿份。投资者对基金的选择和盲从，让很多市场人士也看不懂。

【基金专家点评】一个第一次上战场的士兵，让他去指挥上百人的军队，能不能让人放心？一个一点实践经验也没有的孩子，一下子交给他近百亿的资金，让他大胆去玩，还指望着他能快速"生钱"，这样的行为是不是太冒险？

公司本身的质地和历史业绩是选择基金最重要的两个方面，一些新成立的基金公司，尽管股东的名声不错，但毕竟是刚刚组建的，从各方汇聚组建的投资团队可能连凳子都还没坐热，到底投资做得如何还是个问号。选择基金公司，还是以有历史业绩为支撑的品牌公司为佳，"小孩玩大钱"究竟能不能玩得好，多少有点"撞大运"。

为了起到辅助参考的作用，特总结 2007 年以来新发行基金的基本情况于一表，具体见表 4－1：

表 4－1　　　　　　　　2007 年以来新发行基金的基本情况

证券代码	基金名称	发行日期	实际发行时间	发行总份额亿份	发行方法
217009	招商核心价值	3 月 26 日	未统计	96.08 亿	按比例配售
51991	海富通精选 2 号	3 月 26 日	未统计	36.98 亿	先到先得
540003	汇丰晋信动态策略基金	3 月 26 日	未统计	52.66 亿	按比例配售
450003	富兰克林国海潜力组合	3 月 15 日	3 天	87.56 亿	先到先得
410003	华富成长趋势	3 月 12 日	3 天	67.77 亿	先到先得
398021	中海能源策略	3 月 8 日	1 天	97.45 亿	先到先得
519068	汇添富成长焦点	3 月 6 日	1 小时	99.98	先到先得
610001	信达澳银领先增长	3 月 5 日	1 天	83.34 亿	先到先得
530005	建信优化配置	2 月 26 日	1 天	96.58 亿	先到先得
519666	银河银信添利	2 月 6 日	1 个月	24.50 亿	先到先得
519017	大成积极成长	1 月 17 日	5 天	97.60 亿	先到先得
160805	长盛同智优势成长	1 月 8 日	10 天	108.39 亿	先到先得
166001	中欧新趋势	1 月 4 日	20 天	68.74 亿	先到先得

4.2 破解基金价格奥秘，由基金价格看风险①

政治经济学的第一篇就告诉我们，每种商品都有价格，我们往往通过价格来衡量它们的价值，尽管这不经常准确。

一双高跟鞋560元，可能在商场打折时这个价格被划掉，换上新的标牌，折后价448元。

一套二手公寓180万，因为需求旺盛而涨价，现在中介公司的黑板上重新标上190万的数值。

我们通过价格来感知周围的物——包括人，但对于金融产品，比如基金，我们的感知往往不那么准确，第一个原因是，对这么一个不能摸不能尝的东西，多数人无法估算：天知道它值多少钱；第二个原因，大凡商品都是越贵越好，基金却不是标价越高就越好，反过来，也不是标价越低就越差。

1. 净值的再认识过程

首先让我们看看这张按照净值由高到低排序的排行榜，见表4-2。

表4-2　　　　　　　净值TOP25基金排行榜

名称	最新净值	最新净值增长率	成立以来净值增长率	累计	累计分红	最新份额	管理公司
华安上证180ETF	5.231	-1.88	97.27	5.276	0.045	0.8302	华安基金
上投摩根阿尔法	2.9091	-0.95	200	2.9491	0.04	17.5765	上投摩根基金
兴业趋势投资	2.7962	0.08	207.4	2.8962	0.1	5.5671	兴业基金
易方达策略成长	2.752	1.4	258.76	3.142	0.39	15.6724	易方达基金
华夏大盘精选	2.721	0.22	209.31	2.901	0.18	8.8352	华夏基金
泰达荷银行业精选	2.6919	-1.65	187.15	2.7619	0.07	11.0423	泰达荷银基金

① 资料来源：金融界网站基金频道

续表

名称	最新净值	最新净值增长率	成立以来净值增长率	累计	累计分红	最新份额	管理公司
汇添富优势精选	2.6625	−1.51	186.95	2.8125	0.15	7.3919	汇添富基金
嘉实增长	2.566	0.55	224.63	2.907	0.341	10.7067	嘉实基金
银华核心价值优选	2.5353	−1.45	201.71	2.7553	0.22	2.5483	银华基金
景顺长城内需增长	2.527	−2.05	231.78	3.217	0.69	14.0955	景顺长城基金
易方达积极成长	2.4961	−1.22	194.94	2.7561	0.26	10.5491	易方达基金
上投摩根中国优势	2.4853	−1	220.21	2.9353	0.45	20.9562	上投摩根基金
华宝兴业宝康消费品	2.3547	−0.63	173.91	2.5247	0.17	9.356	华宝兴业基金
广发聚丰	2.3213	−1.56	162.95	2.5213	0.2	14.7028	广发基金
华安创新	2.282	−0.31	176.25	2.512	0.23	11.0806	华安基金
博时价值增长	2.273	0.27	167.9	2.471	0.198	9.0241	博时基金
海富通精选	2.2673	0.45	206.39	2.6173	0.35	11.5965	海富通基金
国泰金鹰增长	2.237	−2.06	161.52	2.44	0.203	3.8703	国泰基金
长城久泰中标300	2.2259	−1.22	128.68	2.2559	0.03	2.2874	长城基金
易方达深证100ETF	2.201	−0.27	108.98	2.201	0	16.3217	易方达基金
国泰金马稳健回报	2.2	−0.09	141.28	2.33	0.13	2.7119	国泰基金
工银瑞信核心价值	2.1767	−0.58	170.13	2.5767	0.4	14.4295	工银瑞信基金
银河稳健	2.1574	−0.22	150.25	2.3424	0.185	0.6394	银河基金
鹏华行业成长	2.1463	−0.09	142.72	2.2963	0.15	3.7956	鹏华基金

数据：截止于2007-2-5　　　来源：《钱经》　　　制表：金融界网站基金频道

（1）单位净值：用来计算你能买到多少基金份额。

这是一支指数基金，以上海证券市场上交易的180只股票作为投资标的。它的"标价"是5.231，也就是说，我们要投资1万元买华安上证180ETF，按照这个价格能买到1 911.6份基金份额。

（2）最初的净值：¥1.00。

约定俗成，在基金认购期（也就是刚成立）时都标价1元，在华夏大盘这支基金运作两年零五个月的时间中，它的净值上上下下，比如，在 2006 年圣诞节的那天，华夏大盘的净值是 2.2340，从那个时候到现在，基金没有分过红，经过两个月的时间，净值上涨了四毛八，不过新基民千万别认为是涨价了！

（3）净值不代表什么。

银华核心价值与工银瑞信这两支基金都在 2005 年 9 月份开始运作，银华价值成立以来的收益率是 201.71%，工银瑞信核心价值的收益率是 170%，但工银瑞信比银华价值分红多一些，很难评价净值到底和基金本身的好坏有什么关系。

2. 从单位净值波动看风险

如前所说，净值和基金的收益率、分红都有关系，所以很难从单个净值中判断出先机，但我们可以从净值波动中读出一些弦外之音。

单位净值每日发布，除了表明当日基金账户的账面收益以外，熟悉股票市场的投资者，还可以利用单位净值波动幅度，大体判断基金的仓位比重和持仓结构。比如，如果当日基金普遍重仓持有的股票出现普涨，但是基金净值涨幅相对其他同类型基金较小，可以大致判断目前该基金的仓位较低，相反，如果涨幅较大，则说明该基金目前仓位较重。

在市场大幅震荡阶段中，观察单位净值的波动，投资者可以大体把握基金现阶段的仓位比重、操作风格，并对基金的风险水平做出大体的判断。

3. 探索：货币市场基金的净值为多少

表 4－3 是 7 日年化收益 TOP25 的货币市场基金，细心的读者可能已经看出端倪来，是的，货币市场基金的净值都是 1.00 元。

因为货币市场基金无论是什么时候买卖，价格都是 1 元，几乎每天货币市场基金都在产生收益，现在的货币市场基金一般的年化收益率在 2.2% 左右，高于活期存款利率。我们经常称货币市场基金是不亏的基金。

表4－3　　　　　　平均年化收益率货币市场基金 TOP25 排行榜

名称	最新净值	上期净值	平均年化收益率	累计净值	累计分红	最新份额	管理公司
南方现金增利净值	1	1	2.33	0	0	105.517	南方基金
华夏现金增利净值	1	1	2.32	0	0	123.3362	华夏基金
银华货币 B 净值	1	1	2.3	0	0	2.1132	银华基金
华安现金富利净值	1	1	2.3	0	0	61.0402	华安基金
博时现金收益净值	1	1	2.24	0	0	38.422	博时基金
大成货币 R 净值	1	1	2.23	0	0	26.8566	大成基金
长信利息收益净值	1	1	2.22	0	0	41.0323	长信基金
泰信天天收益净值	1	1	2.2	0	0	22.8345	泰信基金
招商现金增值净值	1	1	2.2	0	0	31.4792	招商基金
诺安货币净值	1	1	2.18	0	0	23.4624	诺安基金
银河银富货币净值	1	1	2.18	0	0	4.1626	银河基金
海富通货币 A 净值	1	1	2.18	0	0	6.4444	海富通基金
华宝兴业现金宝货币 B	1	1	2.13	0	0	6.0694	华宝兴业基金
嘉实货币净值	1	1	2.09	0	0	54.7017	嘉实基金
银华货币 A 净值	1	1	2.06	0	0	2.1132	银华基金
易方达货币 A 净值	1	1	2.05	0	0	11.8072	易方达基金
融通易支付货币净值	1	1	2.01	0	0	2.371	融通基金
长盛货币净值	1	1	2	0	0	4.2843	长盛基金
中信现金优势货币净值	1	1	1.99	0	0	6.27	中信基金

数据：截止于 2007－2－5　　　　来源：《钱经》　　　　制表：金融界网站基金频道

4.3 风险控制为哪般，一元基金有新知

以往用一元面值买基金，只能在新基金首发时实现，现在很多老基金通过大比例分红、拆分等形式，也能实现"净值归一"，投资者可以用买新基金的价格买到老基金。

那么，同样是一元价格，新老基金买哪种更好？同样是"净值归一"，采用拆分或者分红方式的老基金，买谁更合适呢？

除了基金公司研究实力、投资能力、风险控制水平等必须考虑的基本因素以外，市场环境也是值得考虑的中短期因素。

首先我们需要了解三种"一元"基金的运作模式：

（1）新基金。

募集成立后进入封闭建仓期，一般是三个月，其间根据市场运行趋势开始逐步建仓。

（2）大笔分红"净值归一"基金。

基金必须兑现大部分浮动盈利，也就是说卖出大量股票后分配红利。"净值归一"后，基金持有一定的老仓位。

（3）拆分后"净值归一"基金。

基金不须卖出股票兑现浮动盈利，只是按照一定比例扩大老投资者的基金单位总数。比如一只基金目前单位净值1.5元，拆分后老投资者的1个基金单位变成1.5个，虽然基金单位净值变成1元，但是投资者持有的总市值不变。

通过以上分析比较三种"一元"基金，我们大体可以认为在不同市场环境下，这三种基金具有不同的优势：

（1）在市场经历了大幅度调整，新的上涨周期开始形成时，新发基金的优势相对较大，包括建仓成本较低、资产配置方向更加灵活，更容易贴近未来市场的热点。比如在上证指数1 000点附近发行的部分基金，大都提出了按照"十一五"规划，重点投资符合未来国家产业政策的上市公司，挖掘出了航天军工、新

能源等2006年上半年的热点板块。这时候，老基金仓位结构的调整，则会比较被动。

（2）市场快速上涨阶段，拆分基金由于不需要兑现盈利，可以保持较高仓位，能够充分享受其他新资金入场后对所持有股票的拉抬效应。相比新基金，"拆分归一"的老基金，也不必高位建仓，持仓成本优势大。

（3）市场高位大幅震荡阶段，大笔分红基金容易受到老投资者欢迎，因为这种方式满足了大部分投资者落袋为安的心理，同时通过这种方式吸引新资金申购，可以进行仓位结构的调整，在一定程度上，避免了可能出现的上涨趋势扭转后快速下跌的风险。

4.4 认识基金六风险，善于识别早规避

好业绩是好基金评判的标准，但并不代表投资者购买到了好的基金，就可忽略面临的投资风险。基金作为一种长期投资产品，同样会遇到各种不确定的因素，而使基金投资存在一定的风险。

1. 基金购买的六大风险

（1）基金未知价的风险。

基金买卖只能以前一天的基金净值做为参考。究竟以什么样的价格成交，还有赖于证券市场当天的表现。投资者购买当日，正逢证券市场上涨，投资者的购买成本将会被提高，相反，将利于降低购买成本。而投资者卖出当日，证券市场出现了下跌行情，则有可能会影响到投资收益。这就是基金独特的未知价风险。

（2）基金份额不稳定的风险。

基金按照募集资金的规模，制定相应的投资计划，并制定一定的中长期投资目标。其前提是基金份额能够保持相应的稳定。当基金管理人管理和运作的基金发生巨额赎回，足以影响到基金的流动性时，不得不迫使基金管理人做出降低股票仓位的决定，从而打破原有的投资组合，影响既定的投资计划，从而因被动地调整股票，而使投资者的收益受到影响，这也是基金投资者所需要正视的风险。

（3）基金新募集资金建仓时点位的风险。

并不是所有的基金产品，都会在证券市场的低谷建仓。在证券市场的相对高位，无论是新基金，还是老基金，都面临一定的建仓风险。在证券市场阶段性峰值时建仓，其建仓风险是显而易见的。

（4）价格风险。

投资者购买基金后，正值证券市场的阶段性调整行情，投资者将会面临购买基金后被套牢的风险。

（5）管理和运作风险。

基金管理和运作好坏的基础条件是需要基金管理人有严密的内控制度和风险控制流程，特别是在选择证券品种上的强大投研团队和基金经理。基金经理的频繁变动，有可能会影响到基金投资风格的变化，影响到基金的投资策略，从而导致基金业绩下滑的情况发生。

（6）市场风险。

尽管基金本身有一定的风险控制能力，但在面临证券市场的整体风险时，也是难以避免的。这就是基金为什么在运作好的情况下，也不能向投资者承诺固定收益的主要原因。

2. 投资基金怎样规避风险

虽然投资基金有风险，但并不是说就不要去投资。既然如此，如何最大程度规避风险、达到预期收益似乎是投资者更应该考虑的问题。基金专家提出以下几点建议可供参考：

（1）对个人风险收益偏好有清楚了解。

了解自己是投资的第一步。包括对自己目前的经济状况，工作的稳定性、收入状况、未来几年内可能出现的大笔现金收入、支出情况，个人的年龄、健康情况等等。只有首先对个人状况有个清醒的判断和认识，才能决定是否有能力承受在未来一段时间内可能出现的投资风险。如果各方面的状况都比较好，市场短期的较大波动也不会对个人生活产生很大影响，这样的话就可以选择一些风险收益偏高的股票型基金投资；如果是相反，就要考虑以债券、货币和一些保守配置型的基金为主进行投资，也可辅助很少比例的高风险基金以提高收益。

（2）定期定额投资是个好方法。

没有人能保证可以永远在低点买进，在高点卖出。因此定期定额的投资方式是最适合一般投资人的投资方法。如果对于市场的长期趋势是看好的话，强制性定期定额投资可以帮助你在高点的时候少买基金份额，低点的时候多买到基金份额，长期下来，就可以使投资成本趋于市场平均水平，并获得市场长期上涨的平均收益。

在坚持定期定额的同时，最好是能够长期投资。基金的手续费都不低，而且波动比股票小，使得短线的利润并不会太高，建议定期定额最少五年，十年更好，如果能够达到二十年又更好，存得越多最后领得越多，最好是用闲钱投入并暂时忽略它的存在，等十年、二十年后再看，数字一定相当惊人。

（3）通过组合投资分散风险。

购买基金无非是希望赚取利润并降低风险，所以同类型的基金或者投资方向比较一致的基金最好不要重复购买，以免达不到分散风险的目的。投资者可以根据自己的实际情况选择两到三家基金公司旗下 3 只左右不同风险收益的产品进行组合投资，这也是常说的"不要将鸡蛋放在同一个篮子里"。

4.5　风险认识有路循，四个指标来帮忙

1. 风险衡量指标之持有股票比重

每一只股票型基金的招募说明书上都有这样的字眼：投资股票的比例不超过95%，不低于80%之类，老股民通常把持有股票的比重叫做仓位，因此有空仓、满仓之说。

简单理解，仓位越高，冒的风险会越大。

在 2007 年 2 月 27 日的股市大跌中，全市场的普跌几乎让全部基金无一幸免。仓位越高的基金跌得越惨——对比 2006 年的股票市场，谁的仓位高谁就赚得多。图 4-1 很直观地展示了 2007 年 2 月 27 日当天基金净值下跌幅度与基金的持股比例的关系。

我们也看到了市场大动荡下，仓位重的基金难以回避市场风险。

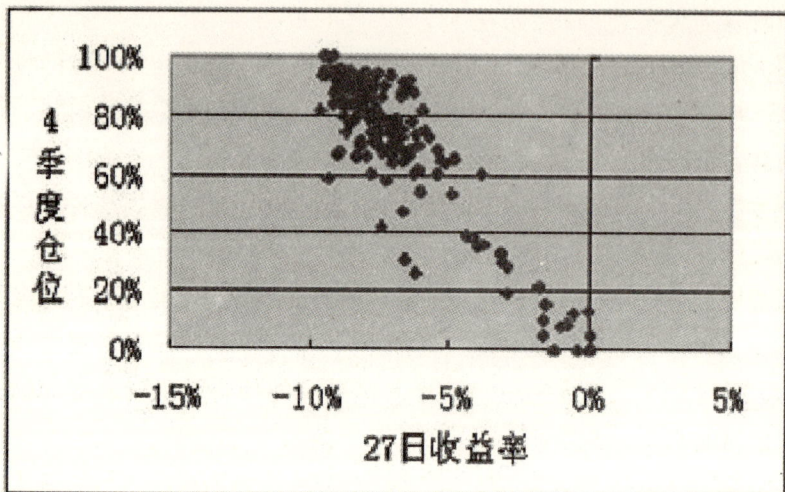

图 4-1　开放式基金 2006 年 4 季度仓位与 2007 年 2 月 27 日收益率对比

当然，投资者并不一定要赎回仓位较高的基金，而是可以选择持仓相对灵活的配置型基金。有一些老股票型基金因为契约所限，股票比例必须在 80% 以上，基金经理调整仓位势必非常不灵活，投资者大可以回避这些持股比例高的股票型基金，而选择"可多可少"、"可上可下"的偏股型基金。

从上图，我们可以看出，基金 2006 年 4 季度的持仓比例与 2007 年 2 月 27 日单日跌幅之间显示出很强的相关关系。这表明在市场大跌之时，多数基金并没有调整股票仓位，满仓运行的基金为数不少；但也有少数基金在之前就降低了股票仓位。

2. 风险衡量指标之换手率

换手率是用来衡量基金投资组合变化的频率以及基金经理持有某只股票平均时间的长短，其计算一般是用基金一年中证券投资总买入量和总卖出量中较小者，除以基金每月平均净资产。

通过换手率，能了解基金经理的投资风格到底是买入并长期持有，还是积极地买进卖出。通常，换手率较低的基金表现出稳健特性，风险较低，而换手率较高的基金则比较激进且风险较高。频繁的短线交易除去与其本身所标榜的长期投资理念相去甚远，而且加大了基金持有人的成本，基金频繁交易所产生的巨额费用最终由持有人来承担，必然损害到持有人的利益。

3. 风险衡量指标之持股周转率

持股周转率是反映基金操作风格是否稳健的重要指标——持股周转率是基金在一年内对存量资产交易的倍数。

以南方稳健基金为例，我们能很清楚地从持股周转率上看出基金经理操作风格变化的端倪。

在前两任基金经理时期，南方稳健的持股风格倾向于持有，各季度之间重仓股变化很小，明显低于股票型基金的平均换股频率。在新任基金经理上任后，重仓股开始大幅轮换（见表4－4）。2005年底基金的持仓风格就来了180度的变化，由价值转向成长，由防御型持股转向进攻型。

通常情况下，两种基金的持股周转率会偏高：一是追逐热点型的基金；二是乐于做波段操作的基金。一般来说，基金专家并不推荐持股周转率过高的基金。

从2006年上半年的情况来看，收益较高的基金持股周转率大多低于平均水平。这与基金评级的观点一致：研究创造价值。基于基本面研究、深入挖掘上市公司价值的基金，通常不会频繁换股。

虽然不排除短线操作水平很高的基金，通过快速转换投资重点能够获得更高的超额收益，但通常来说，追逐热点并不是稳健的基金应有的投资风格，过于频繁的交易也可能面临较高的交易成本和交易风险。从成熟市场的情况来看，基金的持股周转率大都较低。

通过行为特征来深入分析，需要对具体的基金进行考查。这里只是大概提到几个主要的方面。此外还有基金的选股理念、选股思路、各个市场阶段的调整思路等等。分析基金理念是否适合市场状况，可以更加准确地精选出未来一段时间投资价值较高的基金。

当然，对于普通投资者而言，未必有条件做深入的分析，这就需要专业的基金研究分析人士来提供帮助。

表4-4   南方稳健成长各季度持股变动

日期	持股变动数量	+/-同类型	平均变动
2003 - 6 - 30	3	- 1. 22	4. 22
2003 - 9 - 30	2	- 1. 14	3. 14
2003 - 12 - 31	5	1. 06	3. 94
2004 - 3 - 31	3	- 1	4
2004 - 6 - 30	1	- 2. 25	3. 25
2004 - 9 - 30	1	- 3	4
2004 - 12 - 31	2	- 1. 16	3. 16
2005 - 3 - 31	1	- 2. 17	3. 17
2005 - 6 - 30	3	- 0. 31	3. 31
2005 - 9 - 30	4	0. 62	3. 38
2005 - 12 - 31	8	4. 3	3. 7
2006 - 3 - 31	3	- 1. 36	4. 36
2006 - 6 - 30	7	2. 13	4. 87
2006 - 9 - 30	2	- 2. 12	4. 12
2006 - 12 - 31	7	1. 95	5. 05

数据来源：德胜基金研究中心

从基金经理的换股思路看，牛市思维是南方稳健现任基金经理与前任的主要区别。基金经理试图走在市场前面，提前发掘市场热点。所以在各个季度之间，南方稳健的持仓重点迥异。

表 4 – 5　　　　　　　　　南方稳健成长历史持股周转率

日期	持股变动数量	+/–同类型	同类平均变动
2003 – 6 – 30	474.81%	78.15%	396.66%
2003 – 12 – 31	312.28%	41.04%	271.24%
2004 – 6 – 30	136.08%	– 140.21%	276.29%
2004 – 12 – 31	134.17%	– 103.20%	237.37%
2005 – 6 – 30	106.24%	– 111.32%	217.56%
2005 – 12 – 31	182.10%	– 46.35%	228.45%
2006 – 6 – 30	459.08%	44.50%	414.58%

数据来源：德胜基金研究中心

从持股周转率来看，2005 年 12 月以后持股周转率迅速上升，年持股周转率由之前的 100%～200% 上升至大于 400%，已经明显超过平均水平。从持股变化上，不难看出基金管理人主动调整、紧跟热点的操作思路。

4. 风险衡量指标之持股集中度

如果开放式持仓过于集中，一旦出现恶性赎回，无疑将加剧市场的动荡。

"集中优势兵力"可能使基金净值上升很快，然而其如何全身而退同样令人担忧。且随着基金持股集中度的不断提高，其潜在的风险也日益加大。一方面，过于集中的投资将无法发挥投资组合规避"非系统风险"的功效，特别是当基金重仓股经过较大幅度的上涨后，这种风险将越来越大。且在不同时期，基金经理们对后市的看法不可避免地存在分歧，操作上稍有不慎，将有可能发生"火烧联营"的惨剧。巨额赎回也是开放式基金必须面临的问题。如果开放式持仓过于集中，一旦出现恶性赎回，无疑将加剧市场的动荡。

根据南方稳健出现的巨大变化，南方基金公司基金专家表示：在 2006 年第四季度可以看到，南方稳健公司限定其每天只能交易 1 次，并强制配置了其他行业的股票，当涨幅超过 6% 时不能买进，当目标股票跌过 6% 时不能卖出。

在不少基金持股集中度较高的同时，也有的基金保持了较低的集中度，同样也取得了骄人的成绩。无论是集中持股还是分散持股，都要因时因基金而异。过于分散会导致基金成为市场中的"特大散户"，而过于集中又会加大市场的风险。在市场走势尚不明朗的情况下，那些股票集中度和持仓较为适中的基金将最有潜力，因为其基金经理人将有更大的调整投资策略、适应市场变化的空间。

4.6 长期保利有招儿，风险降低乐呵呵

心态一：把基金当存款。

代表人物：喜欢存钱的侯大妈

局内人点评：如果这么一点的风险都受不了的话，还是买点货币市场基金吧！

心态二：把基金当股票。

代表人物："温州炒房团"。

局内人点评：基金这个投资工具本来就不适合频繁操作，如果喜欢搏短期，还是选股票合适，交易费低。

心态三：卖掉房子买基金。

代表人物：许多房东。

局内人点评：如果基金跌了，房子就回不来了！这种疯狂的举动可能让你万劫不复。

1. 看基金经理的做法获提示

基金经理是投资者资金的直接操作者，他们的投资眼光和投资手段要比基民更加专业和可靠，故而探寻基金经理的操作方式和操作理念，有助于投资者获得更多有利的投资启示。下面根据基金经理的口述，整理如下：

（1）基金经理不关心净值。

一般地大家都认为基金经理对基金净值十分关注，每天的基金净值变化都会有所记忆，但在基金经理具体的操作过程中，此种情况未必尽然。一位局内人悄悄地交流说道："我投资的时候真的不看净值，反正只要挑到一只有发展前途的就行了

嘛，净值能代表什么？

关于"贵"还是"便宜"的问题已经讨论过太多遍了。读者大可以记住这个结论：净值只决定你买到多少份额。其对投资没有太多的参考价值。

（2）基金经理不关心分红。

早在 2002 年中期，一些基金为了吸引新的投资人，想出了很多办法来迎合投资人的偏好。第一个被选中的办法是增加分红，但恰好是这些分红方面表现积极的基金管理公司，并没有发现他们在销售市场更加受到欢迎。2003 年以后，采用连续分红策略的基金管理公司遭遇到了更大规模的赎回。引人注目的是，基金分红比例和赎回比例之间还存在一定的负相关关系，即分红越多，赎回规模越大。

很快基金就认识到，分红只是一个结果，理性不断增长的投资人在享有了一次分红之后，是否能相信还会有下一次分红很成问题。看来，吸引和稳定投资人还需要进一步说明自己在遴选投资品种方面的过人之处。

"分红与基金本身没有任何关系"，曾有基金经理这样说："在我们看来，分红只是营销手段，如果你认同这只基金，分红或不分红没有关系。"

（3）基金经理不关心基金排行榜。

排行榜只代表过去！

国外成熟的基金一般运作超过 10 年，所以教科书上的衡量基金业绩的许多标准，比如 SHARP 指数因为由漫长的历史业绩凝结，显得更加可靠。一位国内的基金经理说他手里有不少的指标来证明自己的基金运作卓越，仅以 2006 年的业绩来说，他的风险调整后收益就超出一般的海外基金很多倍。"但是这也代表不了什么"，他并没有发布这些看上去很诱人的数据。

（4）基金经理关心投资在何处。

如果把眼光放在全球投资上，投资者会发现全球投资的搜索者会关心"去哪里投资"重于"谁来投资"，2006 年全球投资的厚利地区在俄罗斯，能源价格的高企让投资者收获颇丰。美联资产管理公司的财富管理总监何耀辉介绍说：挑选基金前，我会先观测去哪里投资，越南、俄罗斯还是日本？我们的历史研究中显示，如果同样是投资印度市场，汇丰和 JF 的收益没有太大的差别。

（5）基金经理关心基金公司的长期稳定。

"比如有的基金公司，股权非常混乱，过几天换一个股东，投资人肯定远离这种公司。"局内人不会碰变化频生的公司、不会碰内部混乱的公司。

（6）基金经理关心这是谁的基金。

纽伯格－伯曼的总裁彼得·桑德曼（Peter Sundman）回忆，当有人问公司创始人罗伊·纽伯格（Roy Neuberger）为什么不从沃顿商学院这样的地方雇用年轻人来管理资金，纽伯格回答说："我不希望别人通过打我耳光来学习。"这家成功的基金公司要求任何雇来担任该公司基金经理的人都至少在别处有过 10 年以上的经验。

投资者同样可以像桑德曼一样去选择"那个谁"来管理自己的资金，而在基金本身的历史数据缺乏的现在，基金经理的履历同样能成为判断标准。

"我们根据过去的业绩来评判一个人。"桑德曼指出，"通过历史业绩，我们可以知道一个人有多好。"

这里收集了一些局内人对挑选基金经理的只言片语，但确是真知灼见。

法则一：你的基金经理最好经历过熊市。

法则二：你的基金经理是什么出身，大多数是两种：研究员或是操盘手。操盘手型的基金经理能很好地把握时机，前提是，你要受得了他的波动；研究员型的基金经理更为稳定，但你要容忍他极少极少的换手率。

法则三：在现在的市场下，选择牛市基金经理——指那些在牛市中如鱼得水的人。

2. 长期保利的具体操作方法

（1）继续持有收益持续性好的基金。

总体而言，长线投资者可以继续持有收益持续性好的基金。收益持续性反映出的不是短期的获利能力，而是更多地反映在较长时期内，不同市场状况下，基金管理人稳健地获取回报的能力。应对整体震荡加大的市场，可以把持仓比例向长期收益持续性表现较佳的基金倾斜，这在一定程度上可以回避风险。

（2）增加配置型基金比例，降低基金组合平均仓位比例。

总体来说，配置型基金在市场震荡时期的平均表现要好于股票型基金。这是基于配置型基金产品特点的假设，即基金管理人能够对市场趋势进行基本正确的判断，并通过调整股票持仓比例来相机操作。在趋势比较明朗的情况下，这种目的比较容易实现；在震荡市场下，要实现短时间的相机操作就比较困难。不过总体来说，配置型基金在市场动荡加剧的时期表现较偏股型基金更稳健。在组合里加入优秀的配置型基金可以帮助投资者实现部分的择时功能。

（3）回避操作风格过于激进的基金。

在整个市场的狂飙中，不少基金成为市场狂热的参与者，甚至推动者。我们可以看到有部分基金的操作风格极为积极，甚至激进，敢于快速追逐市场热点，热情参与牛市下编织的业绩故事。在市场上升阶段，这样的操作也许问题不大；但从长期来看则是很难持久的。即使是在牛市，上市公司质量和真实的利润增长才是支撑股价上涨的可持续动力。偏离基本面的投资，对基金来说意味着很大的风险。

操作风格是否过于激进，其最简单的判断方法是衡量基金经理的投资理念是否激进；投资者可以从公开渠道获取相关信息，例如相关媒体的基金经理访谈。比如有媒体报道的某些基金经理对其重仓股极为乐观，这种过于乐观的情绪反而值得投资者警惕了。

4.7 综合实力选基金，投资风格选基金

随着国内基金业的不断优化发展，可以选择的基金公司、各类基金越来越多，基金间的竞争也日益加剧，投资者通过自己对基金的选择，表达着对各个基金的肯定与否定，这种"优胜劣汰"的市场机制，是促进基金业健康发展的最好方式，一般来说，投资者在投资基金时，会考虑基金公司的品牌形象、市场影响力、历史投资绩效、投研团队的能力等公司综合实力指标，并且根据自己的投资风格多方选择。

1. 综合实力选基金

利用国金证券开放式基金评价体系对截止 2006 年 11 月底设立满 9 个月（3

个月建仓期+6个月运作期）以上的65只股票型和45只混合型开放式基金过去两年的投资业绩进行综合评价显示：股票型开放式基金中景顺内需增长、华夏大盘精选、富国天益价值、嘉实服务增值、上投摩根中国优势等基金综合收益能力突出（见表4-6），混合型开放式基金中兴业趋势、华宝兴业宝康配置、富国天瑞、广发聚富、广发稳健等基金综合收益能力突出，投资者可根据自身风险承受能力从中重点选择适合的基金进行中长期投资。

　　基金作为股票市场的投资者，其业绩表现与股市行情息息相关。因此，对基金投资资产、操作风格的衡量分析是选择基金时的重要参考因素。结合基金投资特征与市场阶段热点，选择合乎时宜的基金产品，长期投资和波段操作相结合，可以有效地提高投资收益。

表4-6　　　　　　　　综合业绩突出的十只混合开放式基金

综合业绩突出的十只混合型开放式基金						
基金名称	基金公司	综合收益能力	绝对收益能力	风险调整后收益能力	保本能力	风险水平
兴业趋势	兴业	★★★★★	★★★★★	★★★★★	★★★★	低风险
宝康配置	华宝兴来	★★★★★	★★★★★	★★★★★	★★★★★	低风险
富国天瑞	富国	★★★★★	★★★★★	★★★★★	★★★	中等风险
广发聚富	广发	★★★★★	★★★★★	★★★★★	★★★	中等风险
诺安平衡	诺安	★★★★	★★★★	★★★★	★★	中等风险
景顺平衡	景顺长城	★★★★	★★★★	★★★★	★★★	中等风险
广发稳健	广发	★★★★	★★★★	★★★★	★★	中等风险
华安配置	华安	★★★★	★★★★	★★★★	★★★	中等风险
添富优势	汇添富	★★★★	★★★★	★★★★	★	中等风险
兴业可转债	兴业	★★★★	★★	★★★★	★★★★★	中等风险

来源：国金证券研究所

2. 投资风格选基金

我们从以下几种思路对基金的投资操作风格进行总结区分，以方便投资者根据市场结构及趋势选择参考：

对重点的偏股票型基金股票仓位的控制风格进行区分，见表4－7。

其中，一方面按照各基金与偏股票型开放式基金历史平均股票仓位水平（过去一年）相比进行了高、中、低股票仓位（相对）的风格划分；另一方面与偏股票型开放式基金历史平均股票仓位调整水平（过去一年）相比对各基金择时操作风格进行了划分。投资者可以根据自己的情况和风险承受能力来选择适合的基金。

表4－7　　　　　　　　　　**偏股票型基金仓位控制风格**

	相对高股票仓位	相对中等股票仓位	相对低股票仓位
积极择时	富国天瑞、富国天益、鹏华50、景顺增长	华夏精选、华夏红利、景顺平衡	——
适当择时	广发小盘、上投优势、鹏华成长、招商成长、兴业趋势、诺安股票、方达策略	合丰成长、宝康配置、上投阿尔法	华安配置、兴业可转债、诺安平衡
基本不择时	合丰稳定、嘉实服务、添富优势、银华优选、广发聚丰	广发聚富、嘉实成长、合丰周期	广发稳健、方达增长

来源：国金证券研究所

3. 局内人看基金

（1）市场判断一：选择规模较小的基金。

在股指整体高位运行、股指期货推出等背景下，股票市场预期振荡幅度加大，可以选择规模相对较小偏股票型基金灵活操作。

俗话说船小好调头，在预期市场振荡幅度较大的环境下，资产管理规模相对较小的小型开放式基金的"灵活"特质值得关注。对不同规模偏股票型开放式基金近三年来（2004.01.01～2006.09.30）的业绩表现进行比较看到，中（10亿～30亿份额）小（10亿份额以内）型基金的业绩表现明显好于大型基金（30

亿份额以上），其中又以小型基金略微胜出。而且，对中型和小型基金业绩的波动性进行比较显示，小型基金业绩波动性也略小于中型基金，充分显示了操作调整灵活、对市场热点把握迅速的特征。

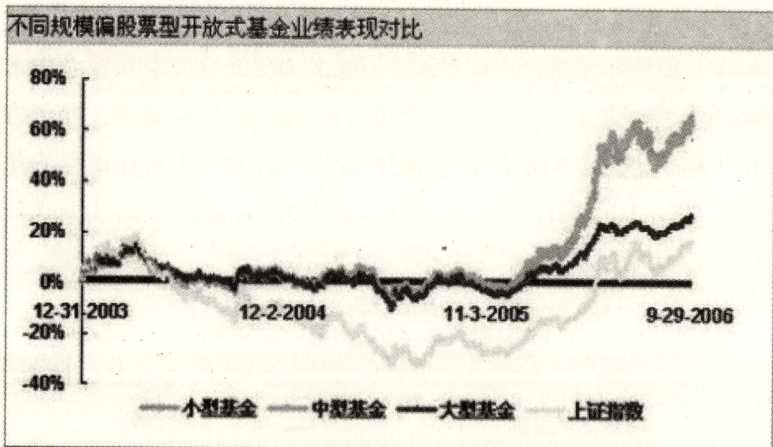

图4-2　不同规模偏股票型开放式基金业绩表现对比

（2）市场判断二：关注投资热门板块的基金。

随着股指运行至高位，"心理上的恐高"将在一定程度上制约股指的走势，股票市场将更多以板块轮动、各主题间歇式起舞的形式展开。

除了以金融、地产为代表的大盘蓝筹股板块在融资融券、股指期货等推出带来的战略性需求以及两税合一、混业经营、人民币升值等积极影响下仍是市场重要的投资支柱外，从行业板块景气程度轮换、政策支持、制度变革等角度出发，可以关注如下板块主题：

①食品饮料、商业零售、旅游等消费服务类持续增长型行业：2006年上半年，社会消费品零售额增长13.3%，超过GDP涨幅约2.4个百分点，消费需求表现出高于经济增长的新特征。因此，相关行业的优秀企业将获得持续成长，短期估值的偏高风险将被长期业绩增长所化解。

②机械设备等资本密集型行业：较低的资本价格和综合资源价格正促使中国国际比较优势从廉价的劳动力向廉价的资本转移，出口结构也随之从劳动密集型产业为主逐渐转为以资本密集型产业为主，资本密集型产业的外部需求将逐渐进

入稳步增长期。

③政策支持类板块：3G通信、数字电视、生物医药等自主创新类行业；构建资源节约型社会和环境友好型社会政策下，煤化工等能源替代型行业和节能型企业板块；航天、军工等国防类板块；奥运板块。

整体上市、行业整合、资产注入等外生性增长以及股权激励制度等仍是全流通市场下重要的投资机会。

我们可以将行业分为成长型、周期型和稳定型行业3大类。在此基础上，依据基金2006年三季报以及过去一年所披露的季报统计各基金在上述3大类行业中的配置比重，确定基金行业投资的相对风格倾向，对应于此，投资者可以从中获得对未来基金投资的某种启示，具体见表4-8。

表4-8 偏股票型基金行业配置风格分类

偏股票型基金行业配置风格			行业风格分类	
	过去一年	2006年三季度末	函盖行业	
侧重成长型行业	合丰成长、富国天益	合丰成长、富国天益、诺安股票	成长型	电子业、信息技术业、医药与生物制品、传播与文化产业
侧重周期型行业	合丰周期、宝康配置、广发聚富、广发稳健、鹏华50、上投优势	合丰周期、宝康配置、广发聚富、广发稳健、鹏华50、华夏精选、上投优势、银华优选、广发聚丰	周期型	纺织服装业、选纸印刷业、金属非金属业、机械设备业、其他制造业、建筑业、房地产业、石油化工业、采掘业
侧重稳定型行业	合丰稳定、方达增长、嘉实成长、景顺平衡	合丰稳定、方达增长、嘉实成长、景顺平衡、景顺增长	稳定型	农林牧渔业、食品饮料业、公用事业、交通运输业、金融保险业、社会服务业、木材家具业、批发零售业

4.8 二十误区逐个剖，寻找安全投资域

在进行一项投资时，光算收益，不考虑风险，这是许多投资新手容

易犯的错误。在基金投资上也是如此。一些投资者将买基金等同于买国债，以为安全性极高，而在计算收益时，却将其等同于买股票，希望一年有30%、40%的回报，这些都是不现实的。

1. 基金购买误区之：净值涨了就赎回

大盘涨了，手中持有的基金净值也涨了，就应该赎回，这是一些基金持有人的认识误区。虽然"低买高卖"是股市中股票投资者应遵循的赢利原则，许多做股票短线的投资人也是习惯于在上涨趋势良好时便进行抛售，这样做一方面是为了及时套现，获得既得收益，另一方面，也是为了避免因为股价下跌而带来的风险。但这样的股票操作手法，也套用在投资基金身上，就大错特错了，因为基金投资是一个长期的投资渐进过程，在这个过程中，基金的净值是会随着市场的波动而波动，它的投资收益，不可能一步到位、立竿见影。

一只基金的未来业绩增长潜力，主要来自于基金管理人管理和运作基金的能力，特别是基金配置品种的持续增长潜力。而要做到这些，还需要基金管理人建立科学的投资组合体系和跟踪评价体系。投资者仅以净值的高低作为判断基金优劣的标准，而不研究和分析基金定期报告，不了解基金持仓品种的变化，也难以挑选到好的基金。

2. 基金误区之：别人赎回，我受损失

市场的巨额赎回潮，造成了一些持有人的恐慌心理："别人的都赎回来了，我的那份是不是也应该落袋为安啊？"这种心理左右着投资者的投资行为。

另外一些投资者还担心，年底其他投资人的赎回，会导致基金净值的下降，从而使自己的资产遭受损失。

其实这是对基金认识的一个误区，股票升值，许多投资人选择在高位大量卖出，会导致股票市值的下跌。基金不是股票，其净值并不会因为遭遇巨额赎回而下降，惟一影响其净值的是投资组合的收益率。

3. 基金误区之：分红后收益减少

分红后，基金净值会有一个突然下落的情况，但这并不意味着基金投资人的收益会减少了。

分红使得基金的净值下降，但是基金的累计净值依然是不变的，投资人的实际收益也是不变的。

实践证明，大部分投资者都是在赎回后，会以更高的价格再买回来，并且还要搭上一定的费用：根据规定，基金申购和赎回都是要交纳一定费用的，一个来回，1.5% ~2% 的收益率化为乌有。

所以投资于基金，除了投资者应对基金有一个正确的认识之外，频繁地申购和赎回基金份额，对投资者来说不是一件明智之举，因为投资者既然选择了基金这种理财方式，就应该充分信任为你理财的专家。

4. 基金误区之：长期资金，短线买卖

许多投资者购买基金的钱是可用于长期投资的，如果基金净值涨得多了就赎回来，那么这些钱又投资什么品种呢？什么时候再进入市场呢？事实证明进行波段操作的投资策略是错误的。

以某基金为例，当 2006 年年初，基金净值突破 1.2 元后，大量投资者赎回基金，短线实现利润。但赎回并未阻挡基金净值快速上涨的步伐，也迫使投资者认识到，不投资的风险更大。当基金净值超过 1.5 元时，投资者才大量申购，中间已损失了 0.3 元的涨幅。该基金净值在 2006 年 6、7 月间达到阶段性高点，接近 1.9 元，后来的回调又让短线操作的基金投资者心惊胆战，当基金净值再次反弹到 2 元附近过程中，大量资金撤离了该基金。但基金后来的表现必将让这些投资者后悔不已，在不到两个月的时间内，基金净值又涨了 50%。2006 年初到 2007 年 1 月 19 日，该基金净值已涨了两倍多，但如果进行以上的波段操作，收益率可能只有 60% 左右。

5. 基金误区之：波段操作

波段操作是一些短线客长用的股票操作手法，但此方法并不适合于基金。首先投资基金，做波段不是成熟的投资理念。基金投资专家注重的是价值分析与基本面的研究，由于各路基金都有各自不同的投资规划和投资组合，而且由于以价值投资为主导思想，致使基金投资不可能马上见效，即使期间在面值之下徘徊也是正常的，因此，只要宏观经济是向好的，基金收益率就会呈现一个增长的趋势，这是不容置疑的。

另外，基金的持有人其实是无法选择做波段操作的，因为我们没有办法判断所谓的"高位"和"低位"，也就没有办法在"低点"买进和在"高点"卖出。

6. 基金误区之：全仓投入，仓促赎回

情景一：听说基金很赚钱，股票指数涨了多好，赶快去买基金，将定期存款全拿出来买基金吧！情景二：哎呀，基金跌了，原来买基金也会亏本的，还是赎回吧。

基金投资于股票，股票价格波动较大，既可能带来高额收益，也可能带来较高风险。如果道听途说，盲目投资，尤其是为了追求高收益，将原来不能承受风险的资金投资于基金，必然会带来较大风险。

以2004年上半年为例，当时股市出现了久违的大幅上涨行情，从2003年11月到2004年4月间，股指上涨了约30%，许多基金净值涨幅较大，跌破面值的基金也纷纷实现了正收益。基金销售出现了十分红火的局面，在银行门口排队买基金。听闻基金赚钱多，原不了解投资、不了解基金的人们也纷纷将存款转买基金，多只百亿基金诞生。结果后来市场深幅下跌，投资者损失惨重，大部分投资者直到2006年年初才解套。

所以投资者在投资前，必须知道投资有风险，要谨慎决策。

7. 基金误区之：专买新基金

相当多的投资者只有当推出新基金时才购买，有些人甚至为了买新基金，将涨得多的基金卖了。新基金发售时，银行门口火爆的排队场面似乎也证明了这种行为的正确性。但这是典型的盲目投资行为。

因为开放式基金每个交易日都开放申购，没有稀缺性，在基金新发之后仍可以买到。新基金没有过往业绩，投资策略可能没有经过实践检验，而且大多由新基金经理管理，投资者无从判断其管理能力的优劣。此外，新基金建仓时间较长，在建仓期间如果市场上涨，基金净值涨幅将低于同类基金。另一方面，投资者可以研究老基金的过往业绩，分析其业绩表现的优劣、是否具有持续性，作为投资依据。

前面已经提及很多，因此，"新基金"不应构成投资者选择基金的理由，老基金应是投资者选择的重点。

8. 基金误区之：过分注重发行规模

2007 年上半年，单只基金发行规模屡创新高。从基金产品上来讲，每一只基金，按照市场的深度与广度，基金品种的特点与投资工具，公司的运营管理水平，单只基金应有它合理的规模。多大的规模适合自己公司的投资、适合股票市场的容量、为投资人带来领先的收益，这就需要根据基金公司的发展目标和自身的投资管理能力来决定。如果基金公司盲目追求发行规模，最终是会损害投资者的利益。有一部分基金公司就明确提出，发行基金产品，更重要是做出业绩，树立品牌，而不应盲目追求发行规模。

9. 基金误区之：像买股票那样操作

目前我国股市前景看好，但大批个人投资者"只赚指数不赚钱"。主要是因为个股走势受到诸多因素的影响，需要专门的研究才能发现。基金公司作为专业投资理财队伍的优势极其明显，能够做出最优投资决策，让投资者轻松分享经济增长而带来的投资回报。但部分投资者投资基金时低买高卖，像买股票一样进行短线操作，而忽视基金的抗风险性和长期收益能力。以诺安平衡基金为例，其过去 5 年的模拟投资组合在牛市能够与大盘上涨同步，熊市中只承担大盘40%的风险，如果长期持有，累计收益将远远高于大盘的累计涨幅。

10. 基金误区之：盲目追求产品创新

部分投资者在挑选基金产品时，盲目追求"第一只"的概念，认为最新的就是最好的。事实上，基金产品的创新有一定风险，这个风险由谁来承担？实际上还是投资者。投资者在选择基金产品时，应主要考虑基金产品的风险收益特征、成熟程度等因素，而平衡型基金作为国际上非常成熟的产品，是很好的投资选择。中国证券市场没有做空机制，而且上下波动性很强。如果没有避险工具，市场单边下跌，基金的风险就会相当大。而平衡型基金能有效通过资产的配置达到分散风险、增加收益的目标：如果今年是牛市，可以调高股票的比例，如果认为这波行情走到尽头，那么就调高债券的投资比例。

11. 基金误区之：把鸡蛋放在一个篮子里

"不要把所有鸡蛋放在同一个篮子里"这一成熟的理财观念已越来越被广大民众接受，于是传统的存款一族正逐渐把目光转向股票、外汇、黄金等投资品种，基金凭借其专家理财优势被市场青睐。但部分投资者在购买基金时只投资某一基金公司产品、某一类基金产品，甚至某只基金，从而承担了较大的市场风险。一位投资者长期坚持投资的"三三制"，即每月工资 30% 存款，30% 保险，30% 投资，而投资的主要途径就是购买各种类型的基金，尤其是新基金。这个客户满意地告诉基金公司人员，虽然每个基金收益不是很高，但每个月下来总体收益相当于给自己多发一份奖金，而且整体风险低。

12. 基金误区之：对公司的评价简单

目前中国基金市场还没有一个成熟的行业标准，一些基金评级机构目前的评级也基本上停留在基金排名上，并没有涉及对基金经理的评价。大部分投资者对于基金公司及基金经理的评定，只简单停留在过往业绩评价。国外评定一位明星基金经理一般要看 3 ~ 5 年，10 年时间才能产生一位明星基金经理，而中国基金业只有 6 年多的历史，基金经理的平均任期只有 1 年半。因此，投资者在选择基金产品时应综合考虑公司股东背景、治理结构、投资团队整体实力、产品的风险收益特征等多项因素。

13. 基金误区之：盲目参与，感情用事

2006 年的基金让投资者着实赚了一把，这得益于证券市场的持续走牛，但市场火爆的同时也掩盖了一部分基金管理人真实的管理和运作能力。不同的基金风格和投资策略不同，产生一定的业绩差异应属正常。

因此，抱着随便买，发行哪只买哪只的态度是不可取的。

14. 基金误区之：忽略成本，只计收益

实践证明，对同样持有一只基金的投资者来讲，进行频繁的申购和赎回，与持有一定周期相比，后者的收益明显大于前者。因为频繁的申购赎回产生的交易费率足以使投资者的收益折损不少。

15. 基金误区之：集中投资，淡化组合

如果置基金产品本身的投资特点而不顾，或者集中投资高风险的股票型基金，或者集中进行货币市场基金的配置，这种做法最终都会因为不能回避的系统性风险而使投资收益受到影响。因此，在证券市场好转时，可适度增加股票方向的基金产品投资比例，否则则减少股票型基金资产，增加其他类型基金资产。

16. 基金误区之：分红意识不强

基金作为一种投资品种，尤其是专家理财产品，其产品设计特点决定了基金投资组合的稳定性、基金投资收益的均衡化，从而导致了基金净值变动的有限性。因此，以分红取代对基金的短期套利，应成为今后基金投资的真正"时尚"。

17. 基金误区之：只认现金分红，排斥红利再投资

基金管理人在基金分配时都采取"二选一"的收益分配模式。但出于惯性的投资思维和落袋为安的想法，众多的投资者远离红利再投资。其实，红利再投资是一种互赢的分配模式，一则可以使投资者获得既定的投资收益，二是可以减少基金管理人因大量派现而导致的现金流减少，而对基金持仓的品种进行被动式调整，会使投资者的收益受到冲击和影响。

18. 基金误区之：崇拜明星基金及基金经理

明星基金及基金经理，在基金产品的运作上有其独特的优势。但基金投资是一个中长期的投资过程，检验和考核一只基金的管理运作能力还应当从一个更长的时期来考虑，而不能仅局限于一年或更短期的排名。

19. 基金误区之：高净值恐惧症

情景："基金净值这么高了，没有什么上涨空间了，不能买！"

将基金份额净值的高低作为投资的依据是基金投资的另一误区。

在相同情况下，基金份额净值高是基金业绩表现优异以及基金经理管理能力较强的表现。基金的上涨空间取决于股票市场的总体表现和基金公司的管理能力，与基金份额净值绝对值的高低没有关系，也不存在净值的上限和上涨空间的问题。

中国基金业还比较年轻，2006 年是中国开放式基金业经历的第一个大牛市，目前净值最高的基金份额净值也仅仅几元而已。而美国富达基金管理公司旗下的麦哲伦基金成立于 1963 年，已运作了约 44 年，2005 年 4 月底的净值曾达到 114.96 美元，约合 900 元人民币。相信随着时间的推移，国内表现优异的基金会不断创出基金净值的新高。投资者枉自估计基金净值上限的做法，事实证明是失败的。

例如，2004 年到 2005 年大多数基金的净值都在 1.2 元以下，长期的熊市使投资者觉得1.2元是遥不可及的上限。但2006年年初，1.2元被轻易击破，部分优秀基金的净值一直涨到接近2元才回调。2元又成为许多投资者心目中的净值上限，基金净值接近或突破2元时遭遇到大量赎回。但是截至2007年1月22日，已出现了净值达到3.087元、累计净值达到3.4169元的基金。事实证明，基金净值不存在什么上限，高净值基金也不存在上涨空间有限的问题。相反，在相同情况下净值高的基金大多是管理能力较强的好基金。因为基金净值高，就不买，投资者会损失十分宝贵的投资机会。

20. 基金误区之：股指要调整了，赎回一些吧，等见底了再买回来

这种基金投资策略看似合理，但是投资者有预测股指走势的能力吗？股指下跌多少，才能判断出股指要调整了，而不是短期的波动？

投资者没有专门的时间、专业的知识研究宏观经济、政策走向、市场资金供求、企业盈利等影响股指走向的因素，也不可能较准确地预测股指的涨跌。往往在股市已出现比较明显下跌的情况下，投资者才能判断出股指可能要进行调整，这时再去赎回，很可能卖了个低点。2006年7月份到8月初，上证指数从1 700多点下调到1 500多点，似乎市场将进入深度调整阶段，8月初基金公司出现了较大金额的赎回，但是之后市场就强势上涨，基金净值一直没有过出现深幅的调整。这些投资者赎回的时机几乎是阶段性的最低点。

故而，根据对股指的判断，波段操作基金，是不可能取得成功的。

4.9 基金定期定额投，照顾全面风险小

最近，多家基金公司公告开展基金定期定额投资业务。不少投资者都很关心，基金定投同其他投资方式有什么区别？基金定投到底适合哪些人群、什么样的市场环境和应该选择哪些基金？定期定投的一般流程又是怎么样的？这里一一向大家进行论述。

1. 类似于银行的零存整取

基金定投业务是指在一定的投资期间内，投资人以固定时间、固定金额申购

某只基金产品的业务。基金管理公司接受投资人的基金定投申购业务申请后，根据投资人的要求在某一固定期限（以月为最小单位）从投资人指定的资金账户内扣划固定的申购款项，从而完成基金购买行为。比较类似于银行的零存整取方式。

与此相对应的是一次性投资，就是在某一时点一次性地购买基金的行为。应该说，这两种投资方式各有所长。一般来说，单笔投资需要一次投入较多的资金，买入时机的选择会对收益率产生较大的影响。因此，单笔投资需要对市场状况进行分析，并能承受较高的风险。而定期定额投资，因为资金是分期小量进场，价格低时，买入份额较多，价格高时，买入份额较少，可以有效降低风险，对于无暇研究市场及精确把握进场时点的投资人来说，是一种比较合适的中长期投资方式。

2. 定投适合哪些人

定期定额投资的可取之处在于"纪律性"。投资人往往追逐基金以往的表现，在基金表现出色之后买入，在基金回报率下降的时候卖出，这其实是一种按市场时机选择的波段操作。但是定期定额投资可以避免进行这种波段操作，使投资者成为有纪律的投资人，从而避免盲目追捧热门基金可能造成的投资失误。

一般来说，基金定投比较适合风险承受能力低的工薪阶层、具有特定理财目标需要的父母（如子女教育基金、退休金计划）和刚离开学校进入社会的年轻人。

基金定投适合在波动比较大的市场中进行，在市场不断走高的情况下不宜采取定投的方式。并且，一般用来做定投的是波动比较大的股票方向基金。债券基金和货币市场基金由于波动较小，应该一次性投资。

3. 基金定投一般流程

首先，确定理财需求计划，以及计划的时间期限，这一点很重要。

其次，评估自己的风险承受能力及投资偏好，并确定投资组合。

最后，根据个人的收入支出情况，确定每期投资的金额。

可以举一个例子，假如一对夫妇计划为其儿子建立一个教育基金，假设儿子刚上小学，投资年限为16年，已经决定投资华夏基金旗下的华夏成长证券投资基金，期望年收益率为 10%，每期扣款 500 元，申购费率为 1.8%，收费方式为前端收费，将这些信息输入华夏基金公司提供的定期定额投资计算器，可以得出到期收益为 134 984.26 元，期间申购总费用 1 728.00 元，到期本利和 230 984.26 元，这样一笔钱，应该可抵孩子读大学和研究生的费用。从这个例子也可以看出定期定额投资将小钱变大钱和复利效应的威力。

最后，还有一些注意事项要提醒您，与一般申购一样，基金定投申购需遵循"未知价"和"金额申购"的原则。"未知价"是指投资人办理基金定投申购业务后，以实际扣款当日的基金份额净值为基准进行计算。

基金定投并不影响正常的申购赎回，投资者在办理定投业务的同时，如果还有闲钱需要投资，完全可以继续申购。扣款日一般应设在每月的 1 号到 28 号之间，因为二月份没有 29 号这一天。

4. 两种退出方式

投资人退出基金定投业务有两种方式：一种是投资人通过银行向基金管理公司主动提出退出基金定投业务申请；并经基金管理公司确认后，投资人基金定投业务计划停止。二是投资人办理基金定投业务申请后，投资人指定的扣款账户内资金不足，且投资人未能按照约定及时补足申购资金，造成基金定投业务计划无法继续实施时，系统将记录投资人违约次数，如违约次数达到三次，系统将自动终止投资人的基金定投业务。

基金定投是一种适合中长期的投资方式，要想取得效果，必须遵守投资纪律，持之以恒，这样才能达到预定的理财目标。

5. 选择定期定额投资方式有窍门

定期定额投资基金的方式已经为越来越多的投资者所采用，不过，定期定额投资基金也有需要引起重视的几个方面，比如要选择合适的基金产品、掌握获利时机等。

专家介绍，定期定额投资要注意以下几点：

（1）设定理财目标。

每个月可以定时扣款 3 000 元或 5 000 元，净值高时买进的份额数少，净值低时买进的份额数多，这样可分散进场时间。这种"平均成本法"适合筹措退休基金或子女教育基金等。

选择有上升趋势的市场。超跌但基本面不错的市场最适合开始定期定额投资，只要看好未来长期发展，就可以考虑开始投资。

（2）投资期限决定投资对象。

定期定额长期投资的时间复利效果分散了股市多空、基金净值起伏的短期风险，只要能遵守长期扣款原则，选择波动幅度较大的基金其实更能提高收益，而且风险较高的基金的长期报酬率应该胜过风险较低的基金。如果理财目标是5年以上至10年、20年，不妨选择波动较大的基金，而如果是5年内的目标，还是选择绩效较平稳的基金为宜。

（3）掌握解约时机。

定期定额投资的期限也要因市场情形来决定，如果即将面临资金需求时，例如退休年龄将至，就更要开始关注市场状况，决定解约时点。

（4）善用部分解约，适时转换基金。

开始定期定额投资后，若临时必须解约赎回或者市场处在高点位置，而自己对后市情况不是很确定，也不必完全解约，可赎回部分份额取得资金。

基金理财盲点大扫除：

※ 如何买基金满足短期目标

有许多投资者经常仅把实现短期目标的基金投资当商品来看待，并不愿意像做长期投资一样进行太多的研究和比较，实际上这是错误的，基金投资也是可以为投资者带来丰厚回报的。

以下介绍一些帮助投资者在短期基金投资时多赚钱的方法。

①适合3~6个月投资目标的基金。

对于投资者在未来6个月不需要动用的钱，货币市场基金是个很好的选择。不像债券基金的资产净值那样波动，货币市场基金的净值总是保持在1元。这就意味着你可以收获增长的货币市场基金份额，而不要担心本金的损失。

当然本金的稳定导致的后果就是货币市场基金的收益率较低，一般年收益率不超过 2.6%。然而货币市场基金能将上升的利率转化为更高的收益（人民银行在 2004 年 10 月实施了 8 年来的第一次升息，在目前的经济环境下，人民银行仍有较大加息的可能）。因为货币市场基金通常购买久期小于 180 天的金融产品，在加息后能迅速地调整持仓，购买利率更高的产品。

购买货币市场基金时主要的考虑因素是费用低廉，因为费用的大小是影响收益率的重要因素（货币市场基金的费用是直接从收益里扣除的）。目前国内货币市场基金的费率几乎都一样，以银华货币基金为例，银华货币市场基金采取了分类发行的方式，对认（申）购金额 500 万份以下的投资者采用的是 0.25% 的销售费率，而对认（申）购金额 500 万份以上的投资者采用的是 0.01% 的销售费率。随着基金发行方式的不断创新，对基金费用的关注就愈发重要了。值得投资者注意的是，如果发现一只基金费率很低，投资者要确信它是否只是暂时推迟收费以吸引新投资人，因为基金公司很容易将这些费用在将来收回来。

②适合 1～2 年投资目标的基金。

前面我们讨论了如何投资基金以满足 3～6 个月目标，现在我们来讨论如何投资基金来满足 1～2 年的目标，比方说未来两年内要付新车的首期，又或者是全家要去欧洲旅游。

由于投资者的投资期限长了，就可以考虑承受比货币市场基金略高的风险，当然投资者也可能获得比货币市场基金略高的收益率。投资者可以考虑购买债券基金以满足投资需要。债券基金，类似于货币市场基金，也属于低回报资产类别，所以还是要尽量选择费用低廉的基金。

※ 如何选择指数型基金

指数基金是一项省心的投资，投资者不用担心基金经理忽然改变投资策略或者基金经理的更换，因为指数基金是跟踪某个特定的指数，属于被动投资，基金经理变动对其影响没有主动投资的基金大。因此，不愿意花大量时间和精力研究基金投资的投资者，指数基金可能会是一项不错的选择。指数基金的投资者应关注以下几个方面：

①跟踪的指数。

对于主要投资于指数的基金，其跟踪的指数很大程度上决定了基金的收益和风险特征。通过考察指数在不同市场情况的表现，投资者可以大概了解指数基金的表现。例如华安 180 和天同 180 主要跟踪上证 180 指数，易方达 50 主要跟踪上证 50 指数。

②指数化投资的比例。

国内许多指数基金为增强型指数基金，在主要进行指数化投资之外，还会进行一定的主动投资。这部分投资受跟踪指数以外的因素影响，如基金经理的投资策略、择时能力等。充分了解主动投资部分的比例大小，投资者可以更清楚地了解基金的特征。

※ 基金的费用

由于指数基金大部分进行被动投资，其费用水平一般比同类基金低。国内的指数基金之间，费用水平稍有差异。基金费用是最终从收益中扣除的，投资者应充分考虑费用因素，在其他因素相同的情况下，选择费用较低者。

※ 基金的认购费和申购费

认购费，指投资者在基金发行募集期内购买基金单位时所交纳的手续费，目前国内通行的认购费计算方法为：

$$认购费用 = 认购金额 × 认购费率$$

$$净认购金额 = 认购金额 - 认购费用$$

认购费费率通常在 1% 左右，并随认购金额的大小有相应的减让。

申购费是指投资者在基金存续期间向基金管理人购买基金单位时所支付的手续费，目前国内通行的申购费计算方法为：

$$申购费用 = 申购金额 × 申购费率$$

$$净认购金额 = 申购金额 - 申购费用$$

我国《开放式投资基金证券基金试点办法》规定，开放式基金可以收取申购费，但申购费率不得超过申购金额的 5% 。目前申购费费率通常在 1% 左右，并随申购金额的大小有相应的减让。

开放式基金收取认购费和申购费的目的主要用于销售机构的佣金和宣传营销费用等方面的支出。

※ 基金交易的赎回费用

赎回费是指在开放式基金的存续期间，已持有基金单位的投资者向基金管理人卖出基金单位时所支付的手续费。赎回费设计的目的主要是对其他基金持有人安排一种补偿机制，通常赎回费计入基金资产。我国《开放式投资基金证券基金试点办法》规定，开放式基金可以收取赎回费，但赎回费率不得超过赎回金额的3%。目前赎回费费率通常在1%以下，并随持有期限的长短有相应的减让。

※ 基金交易的转换费用

转换费用指投资者按基金管理人的规定在同一基金管理公司管理的不同开放式基金之间转换投资所需支付的费用。基金转换费的计算可采用费率方式或固定金额方式；采用费率方式收取时，应以基金单位资产净值为基础计算，费率不得高于申购费率。通常情况下，此项费率很低，一般只有百分之零点几。转换费用的有无或多少具有较大的随意性，同时与基金产品性质和基金管理公司的策略有密切关系。例如，伞式基金内的子基金间的转换不收取转换费用，有的基金管理公司规定一定转换次数以内的转换不收取费用，或由债券基金转换为股票基金时不收取转换费用等等。

※ 基金管理费

基金管理费是指支付给实际运用基金资产、为基金提供专业化服务的基金管理人的费用，也就是管理人为管理和操作基金而收取的报酬。基金管理费年费率按基金资产净值的一定百分比计提，不同风险收益特征的基金其管理费相差较大，如目前货币市场基金为0.33%，债券基金通常为0.65%左右，股票基金则通常在1%~1.6%之间。管理费逐日计提，月底由托管人从基金资产中一次性支付给基金管理人。

※ 基金的红利再投资费

指投资者将开放式基金的分配收益再投资于基金所需支付的费用。红利再投资费的计算可采用费率方式或固定金额方式；采用费率方式收取时，应以基金单位资产净值为基础计算，费率不高于申购费率，一般情况下，红利转投免收手续费。

※ 基金清算费

基金清算费用是指基金终止时清算所需费用，按清算时实际支出从基金资产中提取。

※ 开放式基金的销售渠道

开放式基金的销售是一个持续的过程，目前销售方式主要有直销和代销两种手段。直销指基金管理公司通过自己的直销中心（理财中心）直接向投资者出售基金的基金单位；而代销指基金管理公司通过其他拥有代销资格的机构，如银行、证券公司等，向投资者出售基金的基金单位。代销采取的是"就近"原则，极大地方便了异地投资者的购买，投资者可以通过这些代销机构和网点进行交易和查询；直销与代销相比，在交易手段和赎回资金在途时间上更为便捷。目前，国内基金管理公司都建立了呼叫中心和网站来为直销客户提供自助交易手段。同时，由于减少了中间环节，直销客户的赎回资金一般在 T + 3 个工作日内即可到账，而代销客户一般需 T + 7 个工作日。

※ 基金账户销户

投资者申请注销基金账户，必须提供注册登记中心要求提供的相关资料。

个人投资者需提供以下材料：

①填妥并盖有预留印鉴的业务申请表。

②本人的有效身份证原件和复印件。

③代办人有效身份证件原件及复印件和本人的授权委托书（如非本人亲自办理）。

④基金账户卡或交易账号卡原件。

机构投资者需提供以下材料：

①填妥并盖有预留印鉴的业务申请表。

②有效的营业执照原件（或营业执照复印件加盖发证机关印章）。

③法定代表人和经办人身份证复印件。

④法人授权委托书。

⑤基金账户卡或交易账号卡原件。

投资者只能在原开户销售机构提交基金账户销户申请。销售机构 T 日受理投资者基金账户销户的申请，注册登记人 T + 1 日完成该申请的确认，投资者可于 T + 2 日在销售机构查询基金账户销户操作是否成功。

※ 基金账户信息变更

当基金账户不处于"销户"或"基金账户冻结"状态时，投资者可以提出基金账户资料变更申请。投资者申请变更基金账户资料时，必须提供注册登记中心要求提供的资料：

（1）填妥并盖有预留印鉴的业务申请表。

（2）本人身份证原件和复印件。

（3）代办人有效身份证件原件及复印件和本人的授权委托书（如非本人亲自办理）。

（4）基金账户卡或交易账号卡原件；机构投资者因重组、合并、分立、更名、工商年检变更登记等原因，申请办理修改基金账户资料，须提供以下书面资料：

①填妥并盖有预留印鉴的业务申请表。

②有效的营业执照或注册登记证书原件及复印件。

③工商行政管理部门出具的工商变更登记证明文件（需注明"原公司债权、债务皆由新公司承接"字样）。

④法定代表人身份证复印件。

⑤经办人身份证原件及复印件。

⑥法人授权委托书。

⑦基金账户卡或交易账号卡原件。

T + 2 日投资者可在受理信息变更的销售机构查询信息变更的结果。

※ 基金分红的条件

①基金当年收益弥补以前年度亏损后方可进行分配。

②基金收益分配后基金单位净值不能低于面值。

③基金投资当期出现净亏损则不能进行分配。

④但若成立不满 3 个月可不进行收益分配，年度分配在基金会计年度结束后的 4 个月内完成。

※ 开放式基金投资股票、债券的比例限制

单个基金投资于股票、债券的比例，不得低于该基金资产总值的 80%；单个基金持有一家上市公司的股票，不得超过该基金资产净值的 10%；同一基金管理人管理的全部基金持有一家上市公司发行的证券，不得超过该证券的 10%；单个基金投资于国家债券的比例，不得低于该基金资产净值的 20%；中国证监会规定的其他比例限制。

※ 开放式基金的收益来源

（1）利息收入。基金投资于债券、可转让定期存单、商业本票或其他短期票券，其主要收益就是利息。开放式基金为应付赎回保持的现金也产生一定的利息收入。

（2）股利收入。基金投资于股票，这些发行股票的公司在每年年中和年底都可能向其股东派发股利。

（3）资本利得收入。基金在供应充裕、价格较低时购入证券，而在需求旺盛、价格上涨时卖出证券，所获差价为资本利得收入。

※ 基金单位净值的计算和公告

T 日基金资产净值 = 基金总资产 − 基金总负债

T 日基金单位资产净值 = T 日基金资产净值／T 日发行在外的基金单位总数

其中，总资产是基金拥有的所有资产（包括股票、债券、银行存款和其他有价证券等）按照公允价格计算的资产总额；总负债是指基金运作和融资时所形成的负债，如应付管理费、应付托管费、应付利息、应付收益等。开放式基金的单位总数每天都不同，必须在当日交易截止后进行统计，并与当日基金资产净值相除得出当日的单位资产净值，以此作为投资者申购赎回的依据。基金的申购和赎回每天都会发生，所以作为交易依据的基金单位资产净值必须在每天的收市后进行计算，并于次日公布。

对基金资产总值的计算，一般遵循以下原则：

（1）已上市的股票和债券按照计算日的收市价计算，该日无交易的，按照最近一个交易日收市价计算。

（2）未上市的股票以其成本价计算。

（3）未上市债券及未到期定期存款，以本金加计至估值日为止的应计利息额

计算。

（4）如遇特殊情况而无法或不宜以上述规定确定资产价值时，基金管理人依照国家有关规定办理。

《开放式证券投资基金试点办法》规定：开放式基金的基金管理人应当于每个开放日的第二天公告开放日基金单位资产净值。投资者可以通过基金管理人及《中国证券报》、《上海证券报》、《证券时报》进行查询。

Investment *easy*

第 五 章

基市的干柴
股市的火

章前导读语：基金投资快乐

畅游基天地，望股观大盘；

正负皆无谓，历练金钱观；

涨跌自成趣，风雨已淡然；

财富稳步增，眼光要长远。

选择基金与其说是选择了一种打理财富的方法，莫如说是选择了一种积极向上的生活方式。与"暴富"二字不相关联，有些人对于部分基民频做波段的行为妄加评判，有时竟冠以"基民想一夜暴富"等等。有这样言辞的人是不是混淆了股民与基民的概念，将两种不同的行为方式同日而语了？基金每天的升值只不过是以分与厘为单位，其是一种积少成多、积掖成裘的财富叠加过程与时间的投入。

说来基民的心态也很重要，要保持一个良好的心理状态——平淡地看待每一次跌涨；平和地体会每一个正负的变化；平静地进行每一番加减调动。最后做到一如既往地平安、平凡地把握、度过生活的每一天。把这份投入（或投资）作为一项爱好也好，事业也罢，细细咀嚼其中的酸甜苦辣；万不可因此事而整天惶恐不安，忧心忡忡，愁眉不展的，像抢了别人的、砸了银行似的带来沉重的心理负担就得不偿失了。

前进的路上总是有泥泞的，基金投资中的套牢实际就相当于一种陷入。套牢的心理调试很重要，套牢后千万不要抱怨或无端地谩骂，仔细回味一下，之所以被套，完全是因自己的贪心所致，试想，上百种基金上百种面值注定了有上百种的选择摆在你的面前，你为什么没有选到一元基金呢？按常理来讲，投入的同时就赚了，可是人们心理上还是要选跑得快、面值高的，无非是想赚得更多，富得更快嘛。实际这个"套"就是风险，政府提示过风险，而有人又认为是政府操市；专家提醒过，这种善意往往被曲解为"站着说话不腰疼"。不经意与不服气的较量中自觉不自觉地把自已的脖子伸进了套中。最终完全是自已把自已推到了这种尴尬的境地，是一种贪婪的欲念让自已承受了这份心理的不安。

养基生活的每一天都是一种双赢，物质上，财富在彩屏快乐地跃动中增加的同时也为精神生活带来了无穷趣味。因为只通过基金一种方式，却让每个人在有意无意之间学到许多知识；学会关心股市、大盘了；学会关注政府、政策与经济的发展，甚至是整个世界的风云变幻。因为这许许多多的关心、关注而油然升发出对国家安定与人民生活的一种祈盼、热爱的情怀！

故而，谁又能承认养基的生活是不快乐的呢！

5.1 "菜鸟级"基民李新光——股市上吃苦头，当基民尝甜头①

组合池：陆续买了 3 只基金，其中 2 只是股票型基金，还有 1 只平衡型基金。

战绩榜：三只基金 2006 年下半年的涨幅都在 30% 以上。

投资格言：买基金，持有基金，忘记基金的存在。

2006 年对李新光来说是不同寻常的一年。在连续多年的亏损之后，李新光转投基金，而且获利颇丰。在北京某机关当公务员的李新光，如今穿梭于各类基金讲座和投资策略会上。李新光的感想非常朴实——买基金，持有基金，忘记基金的存在。

1. 股票连亏转投基金

李新光 7 年前开始炒股，当时大势不错，也算是略有斩获。不过自从熊市开始之后，他几乎每次都是追涨杀跌，数个来回下来是越炒越套，资金差不多赔了一半。今年年初开始，由于市场转好，李新光炒股的念头又一次萌动。每天看到营业部屏幕上红色的一片，他开始留意各类证券消息。

"我当时听说中信证券不错。于是股价在 6.8 元左右的时候，我开始买入。可是买入之后，中信证券却一直盘整，不见上涨。我就心想，不会又是买一只套一只吧。心急火燎之下，7 元多就把股票抛出了。没想到 2006 年 3 月下旬，中信证券突然迅速向上突破，几乎是一路上扬到 18 元左右才开始出现盘整。这个机会就这样被我错过了。"

另一个让李新光耿耿于怀的股票是万科。"买万科的时候，股价才 6 元多。2006 年 8 月 28 日这天，万科当天上涨 6%。之后就开始大幅度震荡。我原本准备长期持有万科，但看到震荡的情况，就觉得应该要落袋为安，于是决定以 7 元

---

① 资料来源：摘自第一理财网（www.Amoney.com.cn）

左右的价格尽快抛出。没想到过了没多久，悲剧重演，万科又开始一路往上走，现在都涨到 13 元以上了。"

李新光掐指一算，"错过了中信证券和万科两个大牛股，其他的股票还略有亏损。这样算起来，直到 2006 年 6 月份，还有 10% 左右的亏损。"

而此时，李新光却看到朋友的基金涨势喜人，他同事手中的一只基金，仅仅半年就上涨了 50%，李新光按捺不住了，"我后来咨询了几个朋友，他们向我推荐了几个基金。我当时因为银行的关系，就买了景顺长城内需增长基金，当时买的时候，这只基金的净值是 1.9 元左右，三个多月就涨到了 2.4 元上下，涨幅差不多 26%。而且当时市场表现也就一般。"李新光告诉记者。

2. 基金不宜做波段

之后，李新光开始热衷于参加各类和基金有关的讲座、投资策略报告会。也是在这些会议上，李新光开始了解什么叫做基金投资组合，应该如何配置家庭资产。在逐渐了解基金投资知识以后，李新光陆续买了 3 只基金，其中 2 只是股票型基金，还有 1 只平衡型基金。这三只基金 2006 年后半年的涨幅都在 30% 以上。尽管错过了上半年的行情，但李新光仍然感到非常满意。

不过李新光坦承自己差点犯了错误。"当基金的收益率超过 10% 以后，我发现大盘又进入了震荡。当时我觉得，基金今年的表现恐怕已经到头了，所以准备把 4 只基金都赎回。其实也是凑巧，我当时因为不熟悉手续，在下午 4 点左右到银行想赎回基金。工作人员告诉我基金的申购和赎回必须在股票交易时间完成，下午 3 点以后就不能办理了。之后又由于工作的关系，我一直出差，也就没时间管理这些基金。没想到因祸得福，在此后的一段时间里，这些基金又有不小的涨幅。"

李新光非常庆幸当初错过了赎回的时间，否则一定赶不上年末的这波大行情。"我现在觉得，持有基金确实不能像炒股票这样做波段，长期持有是最好的选择。"李新光说，他发现投资基金的最高境界就是"忘记"基金的存在，不要每天去查询涨跌。

尤其让李新光觉得心安的是，基金的波动幅度远远小于股票。"以前买一个股票，如果发生问题，跌个 20%、50% 都是有可能的，但是基金的波动就没有那么大。今年 8 月份开始，市场有一些调整，我观察了一下，基金净值的下跌幅度都是非常轻微的，1% 到 3% 就了不起了。对我这种小股民来说，感觉更加好一点。"

【基金专家点评】从投资股票转向投资基金不免需要"剔除"一些陋习，其中最重要的就是要树立"长期投资"理念，不要轻易赎回。目前来看，大多数基金都能有效地控制风险，即使在前几年的熊市里面，基金亏损的幅度也从未超过 10%。李新光确实是个很好的例子，如果自己炒股的收益率无法超过基金，为何不选择专家理财呢？

5.2 "大虾级"基民项纯雍——积极投资战果丰厚，定期定额轻松赚钱[①]

> 组合池：重仓持有上投摩根、易方达、泰达荷银等，多数以定期定额方式。
>
> 战绩榜：平均年收益超过 10%，2006 年封闭式基金收益超过 70%。
>
> 投资格言：基金是我未来资产中最重要的组成部分，我的养老和医疗都要靠它。

项纯雍是典型的 80 后，思维开阔，积极进取。这位细腻的上海大男孩从大学毕业开始，就成为"基民"中的一员。在房产公司任职的收入，除了日常开销以外，项纯雍几乎全部投入基金，三年多下来，收获颇丰。项纯雍说，从年轻开始的财富积累，将令他受用终身——这是他正在身体力行的投资哲学。

1. 冲"名牌"选择第一只基金

从年龄来说，项纯雍是中国证券市场最年轻的一批投资者，但从经验而言，他又绝对算得上老资格的"基民"。

项纯雍说，他人生中的第一只基金，是从博时开始的。2003 年时，博时基

---

① 资料来源：摘自第一理财网（www. Amoney. com. cn）

金如日中天，当年的博时价值增长年收益率超过 30%，将其他基金远远甩在后面。"随着博时的名声越来越大，我也就越发注意起博时。正巧在这时，博时发行了 2 号基金——博时裕富基金，我毫不犹豫地就买了。"

项纯雍说，当时的想法很简单，以为 2 号的业绩一定会像 1 号一样出色。直到后来才发现自己走进了误区。"经历了 2003 年底的低潮调整后，2004 年股指一度迅速串上 1 700 点。我的博时 2 号因此也有了不菲的收益。经过小半年的学习，我初步懂得区分各种基金的类型，并开始有了长期投资的理念。所以即便 2 号基金到达一定高度，我仍未波段操作。相反，我开始在 2004 年初，大举介入博时价值增长。"

不过由于漫漫熊市的来临，博时价值增长并未带来多少收益。"随着股指的下调，这只基金很快淡出了人们的视线。好在我是一个懂得坚持的人，即便暂时的没落，我也始终相信博时会重新站起来。于是我开始了这只基金的定期定额计划。"项纯雍说，尽管博时价值增长在 2004 和 2005 两年中几乎处于谷底，但目前为止，这只基金定期定额以后的平均年收益仍然超过了 10%。"投资基金，越是低点越是买入的机会"——这是项纯雍最深刻的体会。

2. 定期定额一年轻松赚足 10%

项纯雍十分热衷于分散投资，买过的基金高达 50 多个。"我现在重仓持有的主要是上投摩根、易方达、泰达荷银，而且大多数都是通过定期定额的形式买的。对我来说，买基金不是为了获得多么高的收益，主要是为将来养老做准备的。所以我基本上把每个月的结余都投入到基金里。"如果平均每年能获得 10% 的收益，那么 40 年后，就能增长 45 倍——时间可以带来高额的回报，项纯雍相当明白其中的道理。

项纯雍向记者提供了其中 4 只基金的投资记录。每只基金每个月定期定额投资 300 元，每月 8 日扣款。三只股票型基金分别定期定额投资了 29 个月、25 个月和 24 个月，另外一只平衡型基金投资了 36 个月。经历了熊市和牛市，这 4 只基金的平均年收益率均超过 10%。而且由于 2006 年的爆发式行情，3 只股票型基金的年化收益率分别达到 14.69%、20.1% 和 23.45%。"1 只基金每个月 300 元的投资金额，几乎没什么感觉，但积少成多，还是相当可观的。"

2006 年"五一"，项纯雍去香港旅游时顺便开了个账户，开始了海外基金定期定额投资。他选了一只富达（Fidelity）的环球基金，大半年下来，不仅把高额的交易费（手续费 5%）赚了出来，还小有收益，项纯雍自己觉得挺满意。

"我非常相信专家的经验，基金定期定额也不是我特有的发明，而是在海外非常成熟的投资理念，已经经历了长达几十年的验证。按照这种投资方式，每年平均 10% 的回报应该没有问题。其实这只是很简单的傻瓜投资术。只要坚持就可以了。"

3. 项纯雍投资基金的基本情况表

表 5 - 1

类型	开始时间	投资期数	平均年收益（12 个月）	总收益
股票型	2004 - 3 - 8	29	14.69%	35.50%
	2004 - 7 - 8	25	20.10%	41.88%
	2004 - 8 - 8	24	23.45%	46.90%
	加权平均年收益		19.12%	
平衡型	2003 - 8 - 8	36	11.80%	35.40%

4. 封闭式基金战果颇丰

对于 2006 年的基金投资，项纯雍最为得意的还是封闭式基金。8 月的时候，他买入一只封闭式基金，持有到 12 月抛出，已经获利 70% 以上。照他自己的话来说，简直是笑不动了。

8 月左右，项纯雍看到网上关于封闭式基金分红可能带来投资机会的文章，立即投资了一部分。之后也几乎不怎么留意具体的价格走势。"但是前段时间的狂热，似乎让我嗅到了一丝市场的风险。对于优质股票我坚持认为应该牛市持股，但对于封闭基金，至少我个人认为封闭基金的套利因素远大于实际长期持有收益。"

最近，他买的封闭式基金一度高挂涨停位置。"这只远期封闭式基金一直排名靠前，不过我查看一些资料后，觉得有些担心，这只大约还有 10 年到期的封闭基金，居然折价率只剩 10% 左右了。"项纯雍说。

"10%的折价率，就是说未来的 10 年，平均分到每年的无风险保障才 1%，显得有些微不足道。我不是看低封闭基金，更不是看低基金公司的投资能力，但任何东西折价，必有它存在的理由。如果只剩每年 1%的超额收益，我想还不如换开放式基金吧，至少开放式基金的流动性更好，而且以目前的状态，基金公司更重视开放式基金。"

就在项纯雍卖出这只封闭式基金后的第二天，折价率又逐渐拉大。这些天，该基金的折价率又回到了 30%左右。项纯雍几乎是在最高价时抛出。

5. 总结基金投资心得

作为投资年龄超过 3 年的老投资者，项纯雍谈起投资理念很有心得。"我认为基金是我未来资产中最重要的组成部分，我的养老、医疗都要靠它。所以，选择一些能够让我长期持有的基金显然非常重要。现在我已经认识到哪些基金公司、什么样的基金文化适合我，什么样的基金经理让我信任，又是什么样的基金会让我持有一生。"

项纯雍为自己提炼的首要经验，就是选择好的基金公司。"这两年，基金公司开始了两级分化，而且这种分化现象也越来越明显。大的基金公司一只基金规模足以抵得上小规模基金公司所有的基金组合，而那些小公司却时时刻刻为了基金不要清盘而努力营销。"

项纯雍说，相比之下他还是比较喜欢大公司。"因为基金规模大，自然就有协同效应，业绩波动自然就小。因为大，自然收的管理费就多，就更有钱请一些优秀的基金管理人，而好的基金经理意味着更好的业绩，如此良性循环，自然强者恒强。"

他说："同时，我也喜欢一些注重基金信誉的公司，投资长跑中难免有波折，但只有彼此的信任，才能陪伴一生。我曾经买过一只基金，但他们为了收取更多的管理费，一再把原来承诺的基金规模扩大，而且长期基金净值在 1 元以下。我从此以后不再持有这家公司的基金。"

对于具体的基金，项纯雍非常看中专业机构的评级。"晨星的星星是我首先看重的指标，如果经历了两年的排名，这只基金的星星仍旧是 2 颗星，那么确实要给我一个继续等待的勇气。如果持有的这只基金只是一家小公司的拳头产品，而且该只基金总规模只有5亿份以下，那么即便业绩不错，我想我也必须考虑它的业绩持久性。"

"如果之前的基金业绩都不错，但是突然优秀的基金经理跳槽去了另一家大公司，那么或多或少这家基金公司出现了一些问题，至少在核心竞争力上输给了别家，那么像我这类关注长跑中胜利的投资者，自然也需要好好考量。"

"我还发现一些基金公司，有的产品不错，但有的产品业绩似乎总是垫底，我认为这也该引起重视，我认为这类公司的基金不适宜长期持有。"

年末的时候，项纯雍整理了一份需要清理的基金名单，"有些基金我打算放弃，毫不犹豫地选择了赎回，而对于业绩出现落差的基金（同公司的），我选择了转换，对于那些业绩不错，但基金规模实在太小的，或是基金经理跳槽的，我列入了关注一栏。我想未来的走势，绝不会再是普涨的行情，接下来的牛市，更是考验优质公司投研能力的最佳机会。"为2007年布局，项纯雍已经做好了准备。

【基金专家点评】积极投资，对年轻人来说是非常重要的。80年出生的年轻人有如此高的投资意识，还是非常少见的。项纯雍基本上采用定期定额的方法买基金，这一点非常值得鼓励，利用每个月的节余，让投资化于无形，对大多数人来说都是可取的方式。只是他买的基金数量实在是多了一点，投资过于分散，显然不是那么有必要。

5.3 "骨灰级"基民季凯帆——玩转海内外基金，自创投资组合①

组合池：投资美国基金以1个中盘平衡基金、1个大盘成长基金和1个大盘价值基金为核心，另外拥有25%的国际基金，包括12%的新兴市场基金（如拉美、俄国、东亚等等）和1只卫生健康业基金。投资国内基金以广发小盘、广发聚丰、上投优势组成激进型组合，广发聚富、

---

① 资料来源：摘自第一理财网（www. Amoney. com. cn）

广发策略和上投阿尔法组成成长性组合，广发策略和上投双息组成稳健型组合。

战绩榜：投资美国基金，平均年收益超过10%，2006年投资国内基金收益超过60%。

投资格言：基金涨了，满足了短期利益；跌了，满足长期利益。

季凯帆是近来网络上的红人。这位天文学博士从美国回到昆明任教，在工作之余开了个博客和网友们分享投资基金的心得体会，人气了得。2005年回国以后，季凯帆立即杀入国内基金市场，收益不匪。闲来喜爱钻研基金的季凯帆，为自己总结了一份投资实践真经。

1. 从美国基金起步

季凯帆第一次接触个人理财其实是被朋友"忽悠"的。还在美国的时候，一次朋友约他到家里作客。去了以后才知道活动并非纯粹的Party，而是家庭理财产品推介会。尽管当时对理财没什么感觉，季凯帆还是带了点宣传资料回家。

谁想到之后一发不可收拾，照季凯帆的话来说是慢慢踏上了"贼船"。季凯帆的第一只基金是PUTNAM公司的一只免税的政府债券基金。"这只基金是低风险的，每个月都定期分红，还不用上税，年收益4%，和美国有些小银行的定期利率差不多。就这样保持了两年，突然，我觉得这好像不是件事情。我是几乎什么风险都没有承担，但也没有得到什么好处。为什么我不稍微承担点风险，去得到更多的利益呢？"

这一想法促使季凯帆翻看了PUTNAM公司的网站。PUTNAM是美国一家有80年历史的投资公司，旗下有上百个基金。"不瞒您说，第一次接触基金的时候，那些名词都够你受的，而且还是英文。可是为了赚钱，还是很有动力的啊。"他笑着说。

他接着说："慢慢搞清楚了，我就开始选择基金。美国很少有混合式基金，要么是股票，要么是债券，但分类特别细。有根据企业规模、行业分类的，也有根据地域分类的。开始的时候我也不知道什么资产组合，就选收益最高的基金。结果选了一只能源基金，实际上是主要投资于石油类的，包括美孚、壳牌等等公司的股票，还买了两只国际基金（一个大盘股，一个中盘股）。其实好多东西都是我后来才搞明白的，这三只基金都是风险最大的基金品种，所谓的热门基金，我当时并不知道。"

"对一般人来说，石油涨价只影响到汽油费，对我可是大大的不同。世界油价和我的基金净值有密切的关系。于是我去关心中东的政治局势，关心中国的经济形势，因为中国是世界原油第二大的进口国；我还得关心美国南部的飓风，因为得克萨斯是美国的石油基地；还要关心美国冬季会不会是暖冬，因为如果冬天暖，取暖用的油就会少等等。当那种世界顶级公司的股东也不好过啊！"

尽管行业基金和国际基金风险很高，不过季凯帆并没有亏钱。不过意识到风险以后，季凯帆就开始学习更多的基金知识。"我用的最多的就是美国晨星网站里面的投资教室上面的四部教材（股票、债券、基金和投资组合），172 个独立文章，800 多道习题，全部让我翻了几遍，后来还让我全部从网站上抠出来，打印装订，成了我的投资宝典。"

经过理论武装之后，季凯帆改变了之前的投资策略。"首先，我和 PUTNAM 公司拜拜了，虽然是 80 年历史的公司，可他的基金大部分都是 3 星、2 星（晨星评级）。最后我基本上是投靠了先锋公司（VANGUARD）和富达公司（FIDEI-TY），这两家公司是美国的两大基金巨头公司。"

"现在我的基金组合核心是由三只美国市场基金组成，一个是中盘平衡基金，一个是大盘成长基金，一个大盘价值基金。另外拥有 25% 的国际基金，包括 12% 的新兴市场基金（如拉美、俄国、东亚等等）；还有一支卫生健康业基金。"

2. 钟情高星级基金

回到国内以后，季凯帆最喜欢的基金公司是广发和上投摩根。"这是从数据上得出得结论。晨星是我最喜欢的基金评价机构，从网上可以得到晨星对基金的评级，还有基金不同时期的排名。晨星只对一年以上的基金评级。我对 6 个月以下的业绩不感兴趣，不认为能代表什么，另外对新基金我也不是那么信赖。"

晨星一年的评级主要是根据过去 12 个月的收益和波动情况（风险），评估基金之间的相对表现。他告诉记者："晨星的 5 星基金只有 10 只左右，包括广发稳健、华夏大盘精选、上投摩根中国优势、景顺长城内需增长、富国天益、上投阿尔法、鹏华 50、银华核心价值等等。"

"2006 年 8 月的评级是，广发小盘、广发聚丰、广发稳健都是 5 星。广发聚丰尚未到一年，不参加晨星评级，但聚丰 2006 年来的收益排名前 10，超过广发聚富，所以我认为它至少是准 5 星基金。也就是说，广发 4 只老基金，都是 5 星级基金。"

"上投摩根一年以上的基金就两只，中国优势和阿尔法，都是五星。上投双息和先锋都太新，不去考虑。这样上投基金的 5 星率也是 100%。所以广发和上投就是我的首选。"

"另外我也喜欢易方达策略和富国的天益，这两只基金也是两年评级的五星。富国天益在 2006 年收益中排前 10，但他的拆分总让我耿耿于怀。易方达策略最近表现一般，但 1 年排名还是很靠前。不过易方达策略投资目标中'积极把握市场波动所带来的获利机会'也让我不很舒服。但既然已经持有了，就再看看吧。"

"如果不算货币基金，从 2006 年春节左右进场的时候到现在留下的基金也就 4 只了，广发小盘、上投优势、易方达策略和富国天益，我彻底抛弃的包括大成债券、银河收益、泰达成长和华安宝利，这些基金的持有时间很短，都没有超过 3 个月。"

"我卖出这几只基金决不是做波段或者认为它们的表现不好，而是调整了投资思路，开始走激进的股票基金投资路线，首先把大成债券转换成上投阿尔法。其次，当时合丰成长变成了泰达成长，整个基金公司的股东发生了根本的变化，我认为这会给它下面的基金有根本性的动荡，所以就把这只基金转换成易方达积极成长。果真如此，泰达成长从 3 月份的 5 星跌到 3 星，排名从去年的冠军跌到现在的 50、60 位。"

"后来我看到银河收益的季报，发现基金的总资产只有 6 000 多万元。我记得好像如果一个基金不到 5 000 万元就要关门了，所以立刻把它抛掉。这个基金 2 月份还是 5 星基金，现在已经变成 1 星，虽然资产回到 2 亿多元。卖掉华安宝利则完全是嫌我持有的基金太多了，想集中在广发和上投上，所以就把它们转换过去了。"

2006 年 6～8 月的震荡中，季凯帆没有抛出任何一只基金，就看着潮起潮落。

"我在购买的时候，选择的基金都是 4 到 5 星的。如果一个基金跌到 3 星 3 个月，我会给它黄牌，如果持续 6 个月，我想就是红牌了。"

3. 为基金定期定额叫好

季凯帆有两个基金选择了定期定额的方式。"我定投在两个基金上，一个是易方达策略，一个是易方达积极成长。之所以在两个基金上，完全是为了把这两笔钱分开。一个是为了给女儿，一个是为了自己养老，都是目标 15－20 年。对于定投，我的观点很明确——非常喜欢。涨了，满足了短期利益；跌了，满足长期利益。"

季凯帆把每个月的部分结余用来定期定额投资。"如果偶然发点横财又决定放在基金里，我会进行一次性的投资。如果资金量小，我会随时投入，钱到就投，不管大盘的表现怎样。如果资金量稍微大点，我会做个一个月内的定投，每星期投二次，从而得到一个月的平均效应。"

"之所以这样做，是出于几个认识。第一，股市大部分时候是上涨的，这是历史数据，美国股市 70% 的时候是上涨的，所以越早投入越好。第二，中国的股市波动很快，一个月以上的波动，我就认为是长期现象，不是我能等到的。第三，给自己一个纪律，不要在贪婪和恐惧中煎熬。核心还是一个理念，就是不预测市场。"

季凯帆支持长期投资。"不过长期投资并不是指长期抱着一只基金不放。我认为长期投资是指不是以做波段为目的，通过卖高买低来投机赚钱，而是指通过整个市场的增长来实现一个长远的目的。我认为当你发现你所持有的基金出现问题时，你转换成另外一个（货币基金除外），这同样是长期持有策略。"

表 5－2　　　　　　　　　　　季凯帆自创的基金组合

激进型组合	成长性组合	稳健型组合
广发小盘	广发聚富	广发策略
广发聚丰	广发策略	上投双息
上投优势	上投阿尔法	
上投阿尔法		

【基金专家点评】季凯帆不愧为天文学博士，思维非常有逻辑性。他的投资实践也因此建立在对数字的分析上。季凯帆非常看重晨星的基金评级，对普通投资者来说，这招非常实用，星级是个很简单的衡量标准。季凯帆说他的投资理念基本上是从国外学回来的，对国内投资者来说仍然是非常有用的。

5.4　让基金专家指点七招帮你玩基金

彼得·林奇是全球基金业历史上的传奇人物。由他执掌的麦哲伦基金13年间资产增长27倍，创造了共同基金历史上的财富神话。彼得·林奇的股票投资理念已经成为投资界耳熟能详的经典。不过，一般人较少注意的是，作为一个成功的基金管理人，彼得·林奇对普通投资者如何投资基金、如何挑选基金也给出了很好的建议。

时下国内基金业发展热火朝天，大量新投资者加入基金投资行列，而投资者在如何投资基金上仍普遍存有误区。那么，我们不妨听听这位管理基金的大师是如何建议投资者们投资基金的。我们总结了彼得·林奇的基金投资七大法则，这些建议对于基金投资者修正自己的投资理念、端正投资心态，甚至是学习具体的投资策略都大有益处。

1. 基金投资法则之一：尽可能投资于股票基金

彼得·林奇是著名的选股型基金经理，他对股票的偏爱贯彻始终。林奇给基金投资者的第一个建议就是：尽可能投资于股票基金。

法则一的理由是，从证券市场的长期发展来看，持有股票资产的平均收益率要远远超过其他类别资产。因此，如果一个投资者把投资作为家庭长期财务规划一部分，追求长期的资本增值，就应该把可投资资金尽可能购买股票类资产。对基金投资者来说就是尽可能投资于股票基金。

林奇的第一法则可能正是眼下不少基金投资者最为担忧的问题：如果股市发生大幅震荡或调整怎么办？林奇的意见是，如果你不能比较好地预计到股市调整的到来，那么就坚定地持有。美国历史上曾经发生过多次严重的股灾，哪怕投资者一次也没有避开这些股灾，长期投资的结果也远远强于撤出股票投资。最关键的，是投资者不能因股市的调整而恐惧、撤出股票投资。"只有通过长期持有股票基金，才能够给投资者带来收益。但是，这需要有非常强的意志力。"

林奇第一法则其实是关于投资的信念问题；即从投资的角度来说，避开股票的风险，其实要大于持有股票的风险。这条经验已经被全球的股市发展历史多次证明，更何况是处在经济和资本市场都处于蓬勃发展时期的中国。哪怕中途经历了几年的熊市，坚持投资的结果，也远远强于避开股市投资。从这个角度来说，股市在上升周期中的调整，是无需过分担心的。在市场震荡的时期，投资者需要克服的是恐惧，并以理性的态度面对。

当然，这一法则也并不是说投资者可以盲目持有股票基金。实际上也需要两个前提：一是这部分资金应该是以长期资本增值为目的的投资，也就是说，不影响个人/家庭正常财务状况的资金；这样才不会因为短期的波动带来可能影响投资决策的财务压力。另一方面还关系到基金的选择问题：什么样的股票型基金才可以坚持投资？什么样的投资方式可以坚持？通过挑选优秀的股票型基金，组合不同的投资风格，投资者事实上可以更好地规避股市调整的风险。这里就涉及到后面提到的基金投资法则。

2. 基金投资法则之二：忘掉债券基金

彼得·林奇的基金投资法则之二：忘掉债券基金。这和投资法则一一脉相承。彼得·林奇以偏爱股票投资著称，但这一法则并非完全由个人偏好所致。

彼得·林奇有两个理由：理由一与法则一相同，即从资本增值的角度看，债券类资产收益远不如股票；理由二，如果投资者青睐固定收益，那么不如直接购买债券。因为从实践来看，债券基金的收益并不比单个债券更好，而购买债券基金，还要支付昂贵的申购费、管理费。而且持有基金的时间越长，债券基金相对债券的表现就越差。

彼得·林奇是根据美国市场的情况作出这一结论的。对于国内投资者来说，目前债券基金还不失为普通投资者投资于债券市场的一个方便的渠道。但直接投资于债券的效果的确与债券基金相差不大。

3. 基金投资法则之三：按基金类型来评价基金

彼得·林奇基金投资法则第三：要找到同类型基金进行评价。弄清投资的基金属于哪一类型，有助于作出正确的投资决策。

之所以要按基金类型来评价基金，是因为不同类型的基金，在不同的市场时期和市场环境下可能会表现不同。如果因为价值型基金近期表现持续落后市场而认为该基金不佳，可能就错过了一只很好的价值型基金。而投资者经常犯的错误是，"他们总是在最需要忍耐的时候失去耐心，从价值型基金跳槽到成长型基金，其实前者正要走向复苏而后者可能马上开始衰落"。

彼得·林奇为投资者指出了分析基金收益对比的一个基本原则，就是投资者比较基金收益的差异，要基于同一投资风格或投资类型，而不能简单地只看收益率。各种风格中，都有优秀的基金，而不同风格的优秀基金则是投资者构建投资组合的良好备选对象。如果某基金频繁地变更投资风格，对投资者来说并不是好事，因为林奇的经验认为，"基金管理人缺乏严格的投资记录约束可能会在短期内带来积极的效果，但这些都只是暂时的"。

从国内基金业的情况来看，虽然基金数量已经较多，但基金类型仍然不够丰富。而从投资风格角度来划分，多数基金属于风格不明确的"资本增值型基金"，投资风格也缺乏稳定性。因此，目前投资者可以主要基于基金的基准资产配置比例来划分基金类型，如股票型、偏股型、配置型等等。而随着基金业发展进一步深化，更丰富的基金类型和基金投资风格的区分将变得日益重要。根据不同的基金类型/风格来对比分析基金之间的表现，有助于投资者发现哪些是真正表现优异的基金。

4. 基金投资法则之四：忽视短期表现，选择持续性好的基金

如何选择表现优异的价值型基金、成长型基金，或者是资本增值型基金呢？林奇认为，大多数投资者是通过基金过往的表现来选择的；投资者最热衷的是研究基金过去的表现，尤其是最近一段时间的表现。然而，在林奇看来，"这些努力都是白费的"。

这些投资者通常会选取理柏（Lipper）排行榜上最近1年或最近半年表现最好的基金管理人，并将资金投资于这个基金，"这种做法特别愚蠢。因为这些基

金的管理人，通常将大部分资金冒险投资于一种行业或一种热门类型的公司，并且取得了成功。而在下一年度，若这个基金管理人不是那么幸运，则可能会排到理柏排行榜的最后"。

这实际上告诉我们一个普遍现象，即基金业中的短跑冠军未必能是长跑冠军。国外市场如此，而在国内市场同样的例子也并不鲜见。关键还是在于，冠军背后的原因是什么？基金更长一段时期内业绩表现是否稳定，是否表现出持续性更为重要。

因此，彼得·林奇给出了基金投资法则四：不要花太多时间去研究基金过去的表现，尤其是最近一段时间的表现。"但这并不等于是不应该选择具有长期良好表现的基金，而最好是坚持持有表现稳定且持续的基金"。

这实际上涉及到我们评估基金业绩表现的的一个重要方面：收益持续性，也是我们一直强调投资者要特别关注的。尤其是对于普通投资者，如果你不能很好地分析基金近期高收益背后的真正原因是什么，那就更多地关注已经表现出很好的收益持续性的基金，因为这比短期收益更好地反映基金经理人的投资管理能力。如果要选择长期投资，就要挖掘真正能够给投资者带来稳定回报的基金。因为从长期来看，收益的持续性远比一时取得收益冠军更为重要。除非你是短期交易的天生热衷者。投资者可以参考德胜基金评级中的收益持续性评级，这正是为帮助投资者评估收益持续性而设计的。

5. 基金投资法则之五：组合投资，分散基金投资风格

彼得·林奇基金投资法则五：建议投资者在投资基金时，也需要构建一个组合。而构建组合的基本原则就是，分散组合中基金的投资风格。

林奇认为，"随着市场和环境的变化，具有某种投资风格的基金管理人或一类基金不可能一直保持良好的表现，适用于股票的原则同样适用于共同基金"。投资者不知道下一个大的投资机会在哪，因此对不同风格的基金进行组合是必要的。

彼得·林奇把这样的组合称为组织"全明星队"。也就是从各种风格、类型的基金中，都挑选出满足其他法则的优秀基金，作为备选对象，然后再从中构建投资组合。

在国内基金业，组合投资的做法也已经越来越被普通投资者所接受。不过，许多投资者在进行组合投资时有两点误区：一是过于分散，把资金分散投资在许多基金中；这显然是错误的。并不是组合越分散效果越好，而是要分散有度、分散有方："有度"是指适度分散，组合中基金的数量一般不需要超过 3 个；"有方"是指组合备选对象不是广撒网，而是经过挑选后的优秀基金。二是组合中持有的多数基金风格雷同，这样各只基金的收益表现实际上可能高度相关，实际上也就起不到构建组合的效果了。

在这两方面，彼得·林奇的"全明星队"思路都值得投资者借鉴。

6. 基金投资法则之六：如何调整基金投资组合

已经持有一个基金组合时，如何根据市场的变化调整投资呢？彼得·林奇提出了一个简易的一般性法则：在往组合中增加投资时，选择近期表现持续不好的风格追加投资。注意不是在基金投资品种之间进行转换，而是通过追加资金来调整组合的配置比例。

彼得·林奇的经验证明，这样的组合调整方式，往往能够取得比较好的效果。基金表现之间的"风格轮动"效应是这种调整方式的依据。而"基金风格轮动"事实上又是基于股票市场的"风格/板块轮动"。根据这个简单的原则调整组合，实际上起到了一定的跟踪风格轮动的效果。因为长期平均来说，买进下跌的板块，风险比买进已经上涨的板块更小。

7. 基金投资法则之七：适时投资行业基金

在适当的时机，投资行业基金，是彼得·林奇给基金投资者的基金投资法则七。法则七实际上是法则六的运用，只不过风格区分更明确地体现在行业区分。

所谓行业基金，是指投资范围限定在某个行业的上市公司的基金。行业定义既可以是大的行业类别，也可以是细分行业。行业基金的走向实际上反映了该行业在股市上的表现。彼得·林奇认为，"理论上将，股票市场上的每个行业都会有轮到它表现的时候。"因此，彼得·林奇的简单投资法则是，在往组合中增加投资时，选择近期表现暂时落后于大盘的行业。这个原理和风格调整是一致的，投资者需要做的，是如何确定表现暂时落后于大盘的行业。如果更细致一些地研究，那些已经处于衰退谷底，开始显示复苏迹象的行业是最好的选择。

从国内基金业的情况来看，国内目前行业基金数量较少，专门针对某个行业类别或者细分行业的基金为数不多，行业覆盖面也远远不及全市场。因此，目前针对行业基金的投资空间还比较有限。不过，随着基金业的快速发展，这种状况很快将会得到改变。例如最近发行的中海能源基金，就是一只典型的行业基金。随着行业基金逐步增多，针对行业基金的基金投资策略也将找到用武之地。

5.5　越早投资收益越大，切莫错失良机

前段时间，股市的暴跌给股民上了一堂深刻的风险教育课，当股民的心情随着股市的起起落落或欣喜或绝望的时候，仔细想一下，有多少人真正了解自己的财商呢？其实一个人一生的财富并不是来源于一两次的投资获益，而是使财富持续增值的能力，有着良好的财商才是关键。那么怎样培养和提高自己的财商呢？

其实冷静下来想想，"5·30"暴跌也在意料之中。当对股市并不了解的投资者进去都能赚钱的时候，这样的股市也预示着到了危险的边缘。没有经过熊市洗礼的新股民成为了股市的主角，一方面无视政府和专家的提醒，另一方面却对"带头大哥777"等无限崇拜。股民的盲目跟风，显然是缺乏投资理念以及对所投资的金融产品不了解的一种表现。

据相关报道，中国的城市居民大部分只有粗浅的"财商"，只知道计算自己买的股票或基金的每天收益，而根本谈不上对自己生活的规划，以实现自己的财富自由。财商教育是能够帮助你把职业工作中挣到的钱变成永久财富，并实现财务安全的教育，它帮你获得的不是一两次股市暴涨的收益，而是持续增值财富的能力。

"前段时间，有位股民炒海尔权证用几百元赚到了56万元的收益，但这种盈利模式并不可复制，赚一次这样的钱并不能改变这位股民的生活，就像很多中了彩票的人最终还是以贫困告终。与其期待凭运气赚钱，不如学会让钱生钱的能力。"

1. 早投资早收益

一个人的财商如何，与能赚多少钱没有太大的关系，财商是测算你如何运用金钱和财富为自己带来幸福生活的指标。简单地说就是，如果随着年龄增大，你手中的金钱能够不断地给你买回更多的自由、幸福、健康和人生选择的话，那就意味着你的财商在增加；反之，如果你很有钱，但整天在想赚取更多的钱，或想着如何保住现有的财富，而处于紧张与痛苦的生活状态，那就说明你的财商不足。

"不是有钱人才需要财商，才可谈理财投资。实际上理财投资没有门槛，钱少有钱少的投法，钱多有钱多的投法。有些刚工作的人觉得自己钱少，就不去理财，这是不对的。"

我们举个例子，如果按10%的年收益率计算，一位投资者从35岁开始直到45岁，每月做基金定投200元，十年投资的总资金为2.4万元，到65岁这笔投资大约为27万元；另一位投资者从25岁到35岁，也是每月做基金定投200元，总投资额也是2.4万元，但到65岁，这笔投资却可达到70万元。所以投资应该尽早开始，尤其为自己的养老和子女教育做准备更应及早规划。

在本金、回报率、投资时间三个因素中，对投资损益影响最大的是投资时间。以本金1万元、收益率10%和时间15年为例，如果这三个因素中其中一个因素增加一倍而其他两个因素不变的话，最终收益的倍数分别是2倍、3.68倍和4.18倍。时间对每个人来说是公平的，也是每个人都能控制的因素。我们可以通过延长投资时间增加投资收益。而且对于投资基金而言，还可以通过延长投资时间降低投资亏损的概率。

"在开始理财之前，我们要认清自己的财务状况，首先要明确'我现在站在哪里'，包括明确理财阶段、回顾资产状况、审视收支情况和测评风险承受能力。

"准备工作做好以后，接下来投资者就要明确'我要去哪里'，即明确自己的理财目标，比如购置住房、应急资金、子女教育规划、资产增值规划、养老规划等，并按照不同的理财阶段排定优先顺序，然后制定理财计划。"基金专家如是说。

需要提醒的是，要根据自己的人生阶段对理财目标进行排序，同时制定理财计划。可以遵循以下三个原则，才不至于让理财规划仅仅停留在规划：一是定好达成日期；二是量化自己的目标，用实际数字表示，将目标货币化；三是假想目标已达成的情景，可以加强自己想要达成的动力。另外设定目标时，一定要考虑通货膨胀问题。

第三步就是解决"我如何到达那里"的问题。在资产分配方面要遵循的原则是：首先，以量入为出来考虑投资总额；其次，投资品种风险度不同才能真正实现投资组合多样化；第三，投资预期效果方面要注意整体投资绩效，而不是某一个产品的收益率；同时要注意避免高成本，还要做好应急金的规划。

投资者需要注意的是，投资是理财的重要环节，需要每季度适度调整一次。当然只投资自己了解的产品也很重要。

另外，基金专家认为，一个人一生的财富并不是来源于一两次的投资获益，而是使财富持续增值的能力。

2. 投资组合核心攻略

基金是一种稳健的投资品种，适合长期投资，但长期持有的首要条件是投资者选对了基金品种。若发现自己手中持有的基金组合并不如意，不能给投资者带来稳定的收益，甚至长期跑输大盘，那么，调整投资者的基金组合就势在必行。

对于现有的、收益并不理想的基金组合该如何调整，使其达到最佳的投资效果呢？下面，我们来与您一起探讨如何调整现有的基金组合。

2007 年以来，基金出现了非常严重的业绩分化现象，据中国银河证券基金研究中心统计，截至 5 月 25 日，具有可比性的 82 只股票型基金中，排名第一的华夏大盘精选今年以来的净值增长率是排在末尾的某基金的 4 倍多，这就足以证明选对基金的重要性。那么，该如何调整现有的基金组合呢？我们可以分四步走。

第一步，知己知彼，百战不殆。

知己知彼，百战不殆。调整组合的第一步当然是了解你目前的资产配置有何不足。不同的人有不同的风险偏好，这时候你就需要对号入座。也许你是一个激进的投资者，但却买了相对保守的基金，收益达不到你的预期；又或者你是一个保守的投资者，但却买了激进的基金，在震荡的行情中饱受着"过山车"般的煎熬。因此，只有了解清楚自己的风险偏好，才能更好地为自己的资产组合配置。一个有效的基金组合能够分散风险，避免系统性风险，使调整后的收益更为稳健。

第二步，调整核心组合。

核心组合是资产配置的灵魂部分，所占的资金比例也最大，因此一旦核心部分定位好了，就不能轻易变动，尽量要使自己的核心组合部分处于一个长期稳定的状态。我们可以选择3~4只业绩稳定的基金作为基金组合中的"核心组合"，有了新资金则可以逐渐增加"核心组合"部分的投资金额，而不是增加核心组合中基金的数目。

第三步，调整浮动组合。

在调整好核心组合之后，我们可以根据当前的投资热点买进一些行业基金、新兴市场基金及大量投资于某类股票或行业的基金。构建好自己的"非核心基金组合"后，建议每半年或一年调整一次，以实现投资多元化，并增加整个基金组合的收益。

第四步，定期检查。

整个投资组合调整完毕后，还必须要定期观察组合中各基金的业绩表现。假如在一定时期比如三年内，投资者所选择的基金表现一直落后于同类其他基金，则应考虑更换这只基金。最简单的办法就是跟踪各基金在各类基金评级中的排名。若该基金在很长一段时间内排名都较为靠后，就可以毫不犹豫地把它剔除出你的组合。

但是，我们也不能盲目地、频繁地调整基金组合。因为我国基金发展的历史证明了基金是长期理财的有效工具，而不是短期投机炒作的发财工具。自1998年以来各年度成立的基金的累计净值平均增长率可以看出，基金持有的时间越长，收益也就越大。因此，基金组合要保持一定的稳定性，特别是核心组合部分。

其次，构建自己的基金组合时，也不宜过于分散。投资较多的基金，一不利于跟踪分析，二可能会影响整体的收益水平。

5.6　基金经理跳槽忙——投资者勿慌张

　　即使是在牛市，即使把钱交给了长袖善舞的基金，投资者似乎也不能就此高枕无忧，因为说不定什么时候你倾心托付的基金经理另谋高就去了。这时，你又要考虑是跟随基金经理"转战"呢，还是继续把钱交给老东家打理。

　　可以说，每一次基金经理跳槽，对于持有人而言都带来交易成本的问题。

1. "掌舵人"跳槽频繁

　　来自晨星（中国）统计显示，基金经理的跳槽频率正有逐渐加快的趋势。如在 2007 年 4 月份，沪深两市的 324 只基金中有多达 26 只基金发生了原基金经理离任，离职变动率高达 8.02%。这一比重比 3 月份 5.02% 的离任比重进一步大幅增加。

　　晨星在报告中指出，与往年相比，今年基金经理的变动频率明显加快。今年一季度有 51 只基金发生基金经理变更，离职变动率占当时 319 只基金总量的 11.60%，相比 2006 年第四季度 7.17% 的变动率，离任比重增加超过 4%。加上 4 月离职的基金经理，今年前 4 个月，就已有 20% 的基金的基金经理发生了变更。

　　数据还显示，在我国，基金经理很难从一而终地掌管一只基金。据统计，截至 4 月 25 日，280 只开放式基金中，只有 24 位基金经理任期超过 35 个月，仅占 12%。目前，加上那些已经离开基金经理岗位的人，我国历任基金经理已达到 871 人次，这些历任基金经理的平均任期只有 15.39 个月，目前还在职的这 361 位基金经理的平均任期为 12.95 个月。

　　不少业内人士认为，基金经理的变动明显加剧，一方面是由于基金业的快速扩张使基金经理成为"稀缺资源"，基金业内本身挖墙脚不断，而另一个重要原因，则在于私募基金的分流。

一位业内人士指出，虽然在公募基金中也实行绩效工资制，基金经理可以根据业绩获得额外报酬，但这种激励与私募的大手笔相比几乎不成比例。

"私募基金的管理费与业绩直接挂钩，盈利部分可以提取 20% 甚至更多的分红，这样它付给基金经理报酬的能力就比公募强很多，因为公募无论业绩如何也只能得到固定的管理费。从这一点讲，公募基金收入的分配更有向营销人员倾斜的冲动。"该人士认为，上投摩根基金经理唐建事件暴露的正是这种分配机制上的漏洞。

"唐建私建'老鼠仓'，两个账户获利不过 150 万元，而如果他掌管一家私募基金的话，获得的分红或许会远远高于这个数字。"他认为，应尽快推出与基金业绩相匹配的股权激励机制，使基金经理的利益与基金管理人、基金持有人的利益相互捆绑，使基金经理在有效的制度框架下，提升自身的价值，提高其忠诚度，减少频繁跳槽的事件发生。同时，也有利于遏制"老鼠仓"的事件发生。

2. 双基金经理模式避险

基金经理的频繁跳槽早已引起了基金公司的担忧。为了规避基金经理人跳槽对公司业务的冲击，一些基金公司开始实行双基金经理制，试图产生"1 + 1 > 2"的效果。如 2007 年 3 月份，国投瑞银等 6 家基金管理公司相继发布公告，各公司旗下总共 10 只基金变更或增聘基金经理人，并无一例外地实施双基金经理制。

对于这一模式创新，深圳一家基金公司的投资总监认为，单一基金经理模式很大程度上依仗基金经理个人能力，一旦基金经理离职或者出现岗位调整将对该基金的业绩产生一定波动，其负面影响不容忽视，而双基金经理模式从一定程度上可以规避此类风险。

"当然，我们也不应过高估计基金经理对所掌管基金业绩的作用。"资深市场人士张红记告诉记者，现在的基金管理公司投资决策普遍采取投资委员会 + 基金经理的模式，即先由投资委员会圈定股票投资范围（股票池），然后再由基金经理从股票池中选择具体品种和介入时机。所以，从决策程序上看，基金经理对业绩的影响度最多也只有 50%。

3. 基民如何应对

那么，面对这 50% 的基本面变化，投资者该如何考虑去留呢？晨星资讯研究认为，基金经理跳槽后，投资者至少应综合六方面的因素后再做判断。

一看，基金的类型。即所投资基金是主动型还是被动型。指数基金被动跟踪指数，基金经理离职对基金表现影响不大。相反，主动管理的基金，基金经理的操作对业绩影响则较明显。

二看，单基金经理还是多基金经理。如果基金由双基金经理管理，或者基金经理本身配备了助理，那么，基金经理离职，对基金的影响，比单基金经理离职的影响更小一些。

三看，新基金经理的背景。如他的从业经验和过往业绩。

四看，投资策略是否有重大变化。如果新人上任导致基金投资发生改变，或者不符合持有人的期望和意愿，则投资者可以赎回基金。

五看，基金契约。有的基金在契约中对投资风格、投资范围、投资策略等有非常详细的规定，如撤换基金经理，对基金整体的影响相对小一些。

六看，基金公司的实力。实力强大的公司，对个别明星基金经理的依赖相对小。一旦某个明星基金经理离职，公司凭借强大的投资研究能力和充足的人才储备，能够比较快地填补空缺，减少对基金投资的影响。

+·+

基金理财盲点大扫除：

※ 基金报酬率的决定因素

影响一个基金在某一段时间报酬率的主要因素有市场大势、投资组合风险、基金经理团队的能力、基金费用比率、运气等。其中市场大势等无法控制的影响力，又往往比可控因素的影响力要大很多。一般投资人不了解基金绩效的决定因素，往往被忽上忽下的报酬率或排名弄得一头雾水。

（1）市场大势。

目标市场大涨时，最差的基金也能赚钱；市场大跌时，业绩最好的基金通常也难逃厄运，这就是通常人们所指的系统性风险。1998年8月亚洲金融风暴演变成全球金融风暴，全球股市汇市一片风声鹤唳，应声下跌，几乎所有的基金报酬率都显示为负值。

（2）基金种类。

由于目标市场的多空对基金报酬率有巨大影响，所以在评估基金绩效时，首要工作就是基金目标市场的正确分类，不能将风险不同的基金放在一起排名，把股票基金、债券基金和货币市场基金放在一起排名其实是没有意义的。

如果把评估期间拉长，各个市场的大数法则就会逐渐显现出来，例如，长期而言，股票市场的报酬率应该是优于债券市场；债券市场的长期报酬率又会优于货币市场基金。一个优秀的债券基金 10 年的年均报酬率或许是 9%，但一个平庸的股票型基金，其 10 年的年均报酬率或许有 12%。

实际上，投资人对于自己所投资的基金要负很大责任，因为当你选定基金种类的时候，很大程度上基金的报酬率就已经被决定了。

（3）投资组合风险。

同样是投资股票市场，有些基金会表现得积极，有些基金则比较保守。在多头时，比较积极的基金可能名列前茅；市场转向时，较保守的基金可能反而损失较少，排名上升。报酬率标准差（也就是晨星排名时所用的波动幅度）和 β 系数（和晨星所用的夏普系数表现的是同样的意义，夏普系数是指每单位标准差所获得风险溢价），是衡量组合投资风险最常用的两个指标。

（4）基金经理的团队能力。

巴菲特是投资界特立独行的大师，一般基金经理人在购买股票时，总会对未来股价走势作出预测，预设一个卖出价格，希望达到低买高卖来获利。经济总体环境分析是大部分基金经理人的必修课，因为股市整体的表现会对基金产生影响。但是巴菲特并不在意股价随着整体经济环境变动，也不打算从中获利，对他来说，目标公司经理人员的经营管理能力、职业道德更加重要，只要公司的内在价值超过股价，他也不会为了短期利益而卖出股票。坚持长期投资的原则加上他过人的眼光，巴菲特自 1965 年以来的年平均投资报酬率超过 30%。

一般情况下，基金经理人一般不可能独立分析所有相关的资讯，总会有一些专业的研究人员协助其分析资料，他们之间的配合也需要时间来磨合。不同的基金经理人和经理团队，当然也有强弱优劣之分，在欧美市场，要衡量一个基金经理人的能力，通常要看他过去五年以上的记录。目前国内基金市场可供参考的历史业绩还不是很长，投资者在衡量时可以参考同类型的基金进行参考。

除了以上描述的影响因素之外，还有很多因素也对基金业绩产生很大的影响，比如购买和赎回基金的费用，把这些费用都减掉后，才是您真正可以得到的报酬。基金费用对一些基金产品的影响其实是十分巨大的，如指数基金和货币市场基金，其收益率的高低和基金费用紧密相关。在越成熟的市场，费用因素所占的影响会越大。近期富达（FIDELITY）宣布其在美国的指数型基金管理费率降至千分之一，也是在市场压力之下，为提高收益率而采取的有效措施。

※ 基金单位净值、单位净收益、单位可分配净收益三者关系

（1）按照最新的法规规定，基金单位净值、单位净收益、单位可分配净收益分别改为基金份额净值、份额净收益、份额可分配净收益。

基金份额净值等于基金资产总净值除以基金总份额，反映在某一时点上某一个投资基金每份基金单位实际代表的价值，相当于基金单位价格。

份额净收益是指某一时期内基金已实现的收益除以该时期内加权平均基金份额。

份额可分配净收益指某一时期内基金可分配收益除以该时期内加权平均基金份额。与单位净收益的区别主要在于该指标扣除了已分配收益。

上述指标详细公式可以在证监会网站上查询"证券投资基金信息披露编报规则——第1号《主要财务指标的计算及披露》"。

（2）基金分红的依据。

①基金收益分配采用现金方式，持有人可以选择现金分红方式或者将现金红利按红利发放日前一日的基金份额资产净值自动转为基金份额进行红利再投资方式（下称"红利再投资"），以基金持有人在分红权益登记日前的最后一次选择的方式为准，基金持有人选择分红的默认方式为现金红利。

②同一基金份额享有同等分配权。

③基金收益分配后基金份额资产净值不能低于面值。

④如果基金投资当期出现亏损，则基金不进行收益分配。

⑤在符合有关基金分红条件的前提下，基金收益分配每年至少一次，当年成立不满3个月，收益可不分配；年度分配在基金会计年度结束后4个月内完成。

另外，国家规定开放式基金的基金合同应当约定每年基金收益分配的最多次数和基金收益分配的最低比例。开放式基金的基金份额持有人可以事先选择将所获分配的现金收益，按照基金合同有关基金份额申购的约定转为基金份额；基金份额持有人事先未做出选择的，基金管理人应当支付现金。

※ 分红方式

（1）现金分红。

在基金公司盈利经营的情况下，投资者可以得到分红。分红有两种方式，即取得现金或红利再投资。红利再投资是基金公司向投资者提供的直接将所获红利再投资于基金的服务。

（2）红利再投资。

选择现金形式的，红利将于分红实施日从基金托管账户向投资者的指定银行存款账户划出。如果投资者暂时不需要现金，而想直接再投资，投资者就可以选择红利再投资方式，在这种情况下，分红资金将转成相应的基金单位并记入投资者的账户，一般免收再投资的费用。

如果投资者想变更原来选择的分红方式，也可以到办理基金业务的基金公司或代销机构营业网点办理变更手续。

※ 货币基金的申购和赎回

货币市场基金相对银行存款，尤其是活期存款而言，是一种很好的替代品。其最大的优势是收益率高，且在升息周期下其收益率能及时跟随利率提高。

（1）到银行网点申购。不是所有的银行都有货币基金，目前有货币基金的银行有中国银行、农业银行、工商银行、建设银行、交通银行、招商银行等。上述银行的大部分营业网点都有专门营业人员负责此业务。

（2）到有代销资格的券商营业部购买。大部分大型券商都开通了货币基金申购通道，投资者可以直接到这些券商的营业部申购。

（3）直接到基金公司直销柜台申购。部分基金公司为银联会员开通了网上申购服务，投资者足不出户即可申购。

投资者赎回时只要到购买的网点办理就可赎回，非常方便。

※ 基金交易的税费

一般情况下，基金税费包括所得税、交易税和印花税三类，我国目前对个人投资者的基金红利和资本利得暂未征收所得税，对企业投资者获得的投资收益应并入企业的应纳税所得额，征收企业所得税。鉴于基金的投资对象是证券市场，基金的管理人在进行投资时已经交纳了证券交易所规定的各种税率，所以投资者在申购和赎回开放式基金时也不需交纳交易税。

为支持开放式基金的发展，财政部、国税总局在《关于开放式证券投资基金有关税收问题的通知》中，对中国证监会批准设立的开放式证券投资基金给予四个方面的税收优惠政策。这四方面优惠政策是：

第一，对基金管理人运用基金买卖股票、债券的差价收入，在 2003 年底前暂免征收企业所得税、营业税；

第二，对个人投资者申购和赎回基金单位取得的差价收入，在对个人买卖股票的差价收入未恢复征收个人所得税以前，暂不征收个人所得税；

第三，对基金取得的股票的股息、红利收入，债券的利息收入、储蓄存款利息收入，由上市公司、发行债券的企业和银行在向基金支付上述收入时代扣代缴20%的个人所得税；对投资者（包括个人和机构投资者）从基金分配中取得的收入，暂不征收个人所得税和企业所得税；

第四，对投资者申购和赎回基金单位，暂不征收印花税。

※ 基金巨额赎回的情形及处理方式

基金单个开放日，基金净赎回申请超过上一日基金总份额的 10% 时，为巨额赎回。巨额赎回申请发生时，基金管理人可选择下面两种方式进行处理：

（1）全额赎回：当基金管理人认为有能力兑付投资者的赎回申请时，按正常赎回程序执行。

（2）部分延期赎回：基金管理人将以不低于基金单位总份数 10% 的份额按比例分配投资者的申请赎回数；投资者未能赎回部分，投资者在提交赎回申请时应做出延期赎回或取消赎回的明示。注册登记中心默认的方式为投资者取消赎回。选择延期赎回的，将自动转入下一个开放日继续赎回，直到全部赎回为止；选择取消赎回的，当日未获赎回的部分申请将被撤消。延期的赎回申请与下一开放日赎回申请一并处理，无优先权并以该开放日的基金单位净值为基础计算赎回金额。

发生巨额赎回并延期支付时，基金管理人通过招募说明书规定的方式（如公司的网站、销售机构的网点等），在招募说明书规定的时间内通知投资者，并说明有关处理方法，同时在中国证监会指定媒体上进行公告。

基金连续发生巨额赎回，基金管理人可以按照基金契约和招募说明书暂停接受赎回申请；已经接受（但未被确认）的赎回申请可以延缓支付赎回款项，但不得超过正常支付时间二十个工作日，并在中国证监会指定媒体上进行公告。

※ 波段之于基金投资

（1）从基金产品角度来看，封基和开放式股票基金由于在交易成本上、赎回资金到账时间和价格决定因素的差异，在市场行情波动过程中，封闭式基金相对来说较适合波段操作。而对开放式基金来说，股票型基金适合波段操作，混合型基金次之，债券型基金收益随时间长短呈现正相关，适合长期持有。

（2）从客户风险属性来看，股票型基金是否需要波段操作，要因人而异，因行情而异。在单边上涨的牛市行情中，激进型、稳健型、保守型客户都应该放弃波段操作的想法，长期持有。当证券市场处于大箱体震荡整理行情时，要根据客户风险属性不同，采取不同的波段操作策略：激进型客户可在持有期收益率超过15%时赎回，锁定收益；稳健保守型客户可在持有期收益率超过10%时赎回，锁定收益。在单边下跌的熊市行情中，减持股票型基金，增持债券型基金和货币市场基金。

（3）从理财规划角度来看，投资者要根据家庭资产负债、日常收支现金流情况和具体理财目标情况，构建基金产品组合，采取单笔一次性投资和定期定额投资两种方式，树立长期投资理念，放弃短期波段操作。至于如何建立具体基金产品组合，投资者应寻求专业理财师的帮助，根据个人或家庭的具体财务情况加以设计。如温州农行"基金超市"已经推出"基金投资标准化产品组合套餐服务"，大额基金投资客户还可以向高级理财师预约申请设计"个性化理财规划建议书"，从平衡家庭长期现金流的角度出发，提供基金投资理财规划服务。

※ 构建核心基金组合

确定投资目标之后，基金投资者开始着手组建自己的基金组合。基金组合需要多少只基金才是最好呢？其实数量并不重要，构建基金组合最终要实现的就是分散投资。在基金组合中，核心组合占据了主要位置，并对整个投资组合的最终风险回报起着决定性因素。

什么是核心组合？核心组合是投资者持有投资组合中，用以实现其投资目的的主要部分，它是整个投资组合的坚实基础。如果将构建基金组合比作盖房子，构建核心组合则是打地基。地基是否牢固决定了房子以后的稳固，因此构建核心组合也对投资者最终投资目标的实现起着决定性的影响。

（1）如何选择核心组合。

核心基金应该是业绩稳定、长期波动性不大的基金。这就要排除那些回报波动很大的基金，例如前一年回报为前几名，第二年却跌至倒数几名的基金。许多投资者，特别是风险承受能力较差的投资者，往往在基金业绩差的时候就赎回了，因此不容易长期坚持持有。业绩稳定的基金虽然往往不是那些最抢眼的基金，但却起着组合稳定器的功能，在组合中其他基金回报大幅下降的时候，可以减少整个组合回报的下降幅度。

对于长期投资的组合，不妨选择大盘风格的基金作为核心基金组合。因为大盘基金投资的大多是大盘股票，而大盘股票通常比小盘股票的波动性小。在大盘基金中，哪种风格的基金更适合作为核心基金呢？平衡型基金兼有价值型和成长型的特征，波动也较小，不失为好的选择。此外，基金经理投资策略比较分散的基金，往往波动性也比较小，比较适合担任核心组合中的角色。

对于中短期投资的组合，可以选择债券型基金成为核心基金组合。投资者应选择那些持有高信用级别、期限较短的债券的基金，因为信用级别较高的债券风险较小，期限较短的债券波动也较小。也就是说，选择债券型基金作为核心组合的时候也是挑选那些业绩稳定、波动性小的基金。现时，国内有的债券型基金持有一定的股票或者可转债，从长期看股票和可转债的波动风险会比普通债券大，因此投资者应当避免选择股票和可转债持有比例较高的债券型基金作为核心组合成员，而尽量挑选纯债比例较高的基金。

（2）核心组合比例应超半仓。

核心组合的比例可以占整个组合的70%~80%，甚至100%，因人而异，也没有固定的标准，具体需结合投资者的投资目标和风险承受能力来决定。但是核心组合最好占投资组合的一半以上，因为它是投资者赖以实现投资目标的主要部分。如果投资者的投资风格比较保守，可以仅投资在核心组合上，或者大部分投资在核心组合上。

投资组合中，核心组合之外的为非核心组合。非核心组合可以投资在中小盘基金、行业基金或是投资策略比较集中的基金。非核心组合通常波动较大，却可带来较高的回报。虽然非核心组合并不是投资组合中必需的部分，但可以帮助提升整个组合的回报以及增加投资的分散性。

※ 指数基金小知识

（1）指数基金。

指数基金是跟踪某一特定指数进行投资，以期获得长期稳定收益的基金，属于被动投资品种。

（2）指数化投资。

指数化投资是证券投资中的一种非常重要的投资方式。它通常是指将资金按照各上市公司的股票市值占目标指数所包含的所有各上市公司的总市值的比重进行分散投资的投资方式。按照这种指数化方法投资的基金就是指数基金。

（3）指数基金四大卖点。

①费用低：指数基金的平均费用比市面上其他类型的基金低出许多，可以为投资人节省大量的支出。别小看这一点差异，如果经过长期的复利累积，就会对投资人的收益产生巨大的影响。

②风险小：指数基金充分分散投资构成指数的成份股，最大程度上降低了踩上"地雷股"的危险；真的出现了"地雷股"，影响也非常小，因为指数基金在单个股票上的投资比例很小，任何单个股票的巨幅下跌，都不能对指数基金的整体表现构成大的影响。

③只需判断大市，不需挑选股票：投资人除了可以采用长期持有的策略外，

还可以根据自己的判断在股市低点时买进指数基金，在股市高位时赎回，到股市下一个低点时再买进，这样可以避免在股市好的时候，投资人面对证券市场上1 000多只股票，不知道买哪几只好，同时还可以避免自己买的股票不涨、比别的股票涨得少甚至下跌的现象，赚了指数也就一定能赚到钱。

④投资透明：指数基金完全按照指数的构成原理进行投资，透明度很高。基金管理人不能根据个人的喜好和判断来买卖股票，这样也就不能把投资人的钱和其他人做利益交换，杜绝了基金管理人不道德行为损害投资人的利益。

Investment *easy*

附　录

- ▶ 基金管理公司大全
- ▶ 开放式证券投资基金
- ▶ 封闭式证券投资基金
- ▶ 基金经理看基金

基金管理公司大全

表1

基金公司	管理基金	
宝盈基金管理有限公司	基金鸿飞（184700） 宝盈鸿利（213001） 宝盈策略（213003）	基金鸿阳（184728） 宝盈区域增长（213002）
博时基金管理有限公司	博时增长（050001） 博时现金收益（050003） 博时稳定债券（050006） 博时第三产业（050008） 博时主题（160505） 基金裕华（184696） 基金裕阳（500006）	博时裕富（050002） 博时精选（050004） 博时平衡配置（050007） 博时价值贰号（050201） 基金裕隆（184692） 基金裕泽（184705） 基金裕元（500016）
长城基金管理有限公司	长城久富（162006） 基金久嘉（184722） 长城久泰（200002） 长城股票（200006）	基金久富（184720） 长城久恒平衡（200001） 长城货币（200003） 长城安心回报（200007）
长盛基金管理有限公司	长盛成长（080001） 长盛同智（160805） 基金同盛（184699） 基金同德（500039） 长盛精选（510081）	长盛货币（080011） 基金同益（184690） 基金同智（184702） 长盛债券（510080） 长盛100（519100）

基金公司	管理基金	
长信基金管理有限公司	长信增利（519993） 长信银利（519996）	长信金利（519994） 长信利息（519999）
大成基金管理有限公司	大成价值增长（090001） 大成蓝筹稳健基金（090003） 大成货币 A（090005） 大成货币 B（091005） 大成创新（160910） 基金景博（184695） 基金景阳（500007） 大成成长（519017）	大成债券（090002） 大成精选增值（090004） 大成财富（090006） 大成债 C（092002） 基金景宏（184691） 基金景福（184701） 基金景业（500017） 大成 300（519300）
东方基金管理公司	东方龙（400001） 东方货币（400005）	东方精选（400003）
东吴基金管理有限公司	东吴嘉禾（580001）	东吴动力（580002）
富国基金管理有限公司	富国动态平衡（100016） 富国天益（100020） 富国天时货币（100025） 富国天时货币 B（100028） 基金汉盛（500005） 基金汉鼎（500025） 富国天博（519035）	富国天利债券（100018） 富国天瑞（100022） 富国天合稳健（100026） 富国天惠（161005） 基金汉兴（500015） 基金汉博（500035）
工银瑞信基金管理有限公司	工银价值（481001） 工银货币（482002） 工银强债 B（485005）	工银稳健（481004） 工银精选（483003） 工银强债 A（485105）

续表

基金公司	管理基金	
光大保德信基金管理有限公司	量化核心（360001）	光大货币（360003）
	光大红利（360005）	光大增长（360006）
广发基金管理有限公司	广发小盘（162703）	广发聚富（270001）
	广发稳健（270002）	广发货币（270004）
	广发聚丰（270005）	广发优选（270006）
	广发大盘（270007）	
国海富兰克林基金管理有限公司	国富收益（450001）	国富弹性（450002）
	国富潜力（450003）	
国联安基金管理有限公司	德盛安心（253010）	德盛稳健（255010）
	德盛小盘（257010）	德盛精选（257020）
	德盛优势（257030）	
国泰基金管理有限公司	国泰金鹰增长（020001）	国泰金龙债券（020002）
	国泰金龙行业（020003）	国泰金马（020005）
	金象保本增值（020006）	国泰货币（020007）
	国泰混合（020008）	国泰金鹏蓝筹（020009）
	国泰创新（020010）	基金金盛（184703）
	基金金泰（500001）	基金金鑫（500011）
	基金金鼎（500021）	金鼎价值（519021）
国投瑞银基金管理有限公司	国投融华（121001）	国投景气（121002）
	国投股票（121003）	国投瑞银创新（121005）
	基金融鑫（184719）	
海富通基金管理有限公司	海富收益（519003）	海富股票（519005）
	海富回报（519007）	海富精选（519011）
	海富优势（519013）	海富通贰号（519015）
	海富通货币 A（519505）	海富通货币 B（519506）

基金公司	管理基金	
汉唐澳银基金管理有限责任公司		
华安基金管理有限公司	华安创新（040001）	华安 A 股（040002）
	华安富利（040003）	华安宝利（040004）
	华安宏利（040005）	华安中小盘（040007）
	基金安久（184709）	基金安信（500003）
	基金安顺（500009）	基金安瑞（500013）
	180ETF（510180）	
华宝兴业基金管理有限公司	宝康消费（240001）	宝康配置（240002）
	宝康债券（240003）	华宝动力（240004）
	华宝策略（240005）	华宝现金宝 A（240006）
	华宝现金宝 B（240007）	华宝收益（240008）
	华宝先进（240009）	
华富基金管理有限公司	华富优选（410001）	华富货币（410002）
	华富成长（410003）	
华商基金管理有限公司	华商领先（630001）	
华夏基金管理有限公司	华夏成长（000001）	华夏大盘（000011）
	华夏优势（000021）	华夏债券 A/B（001001）
	华夏债券 C（001003）	华夏回报（002001）
	华夏红利（002011）	华回报二（002021）
	华夏现金（003003）	中小板（159902）
	华夏蓝筹（160311）	基金兴科（184708）
	基金兴安（184718）	基金兴华（500008）
	基金兴和（500018）	基金兴业（500028）
	50 ETF（510050）	华夏稳增（519029）

续表

基金公司	管理基金	
汇丰晋信基金管理有限公司	汇丰 2016（540001） 汇丰策略（540003）	汇丰龙腾（540002）
汇添富基金管理有限公司	添富优势（519008） 添富焦点（519068） 汇添富货币 A（519518）	汇添均衡（519018） 汇添富货币 B（519517）
汇通基金管理有限公司		
嘉实基金管理有限公司	嘉实成长（070001） 嘉实稳健（070003） 嘉实服务（070006） 嘉实货币（070008） 嘉实主题（070010） 嘉实 300（160706） 基金泰和（500002）	嘉实增长（070002） 嘉实债券（070005） 嘉实保本（070007） 嘉实短债（070009） 嘉实策略（070011） 基金丰和（184721）
建信基金管理有限公司	建信价值（530001） 建信成长（530003）	建信货币（530002） 建信配置（530005）
交银施罗德基金管理公司	交银货币（519588） 交银稳健（519690）	交银精选（519688） 交银成长（519692）
金鹰基金管理有限公司	金鹰小盘（162102）	金鹰优选（210001）
景顺长城基金管理有限公司	景顺鼎益（162605） 景顺长城优选（260101） 景顺长城动力（260103） 景顺成长（260108） 景顺精选蓝筹（260110）	景顺资源（162607） 景顺长城货币（260102） 景顺内需增长（260104） 景顺内需增长 2（260109）
巨田基金管理有限公司	巨田资源（163302） 巨田基础行业（233001）	巨田货币（163303）

基金公司	管理基金	
南方基金管理有限公司	南方积配（160105） 基金开元（184688） 基金隆元（184710） 南稳贰号（202002） 南方成份精选（202005） 南方多利（202102） 南方避险（202202） 基金金元（500010）	南方高增（160106） 基金天元（184698） 南方稳健成长（202001） 南方绩优成长（202003） 南方宝元债券（201101） 南方避险（202201） 南方现金增利（203301）
诺安基金管理有限公司	诺安平衡（320001） 诺安股票（320003） 诺安价值（320005）	诺安货币（320002） 诺安债券（320004）
诺德基金管理有限公司		
鹏华基金管理有限公司	鹏华普天债券（160602） 鹏华中国50（160605） 鹏华价值（160607） 鹏华货币B（160609） 鹏华治理（160611） 基金普丰（184693） 鹏华行业成长（206001）	鹏华收益（160603） 鹏华货币A（160606） 鹏华普天债券B（160608） 鹏华动力（160610） 基金普惠（184689） 基金普华（184711） 基金普润（500019）
融通基金管理有限公司	新蓝筹（161601） 融通深证100（161604） 融通行业（161606） 融通货币（161608） 融通领先（161610） 基金通乾（500038）	融通债券（161603） 融通蓝筹（161605） 融通巨潮（161607） 融通动力先锋（161609） 基金通宝（184738）

续表

基金公司	管理基金	
上投摩根基金管理公司	上投货币（370010） 上投双息（373010） 上投 α（377010） 上投先锋（378010）	上投货币 B（37001b） 上投优势（375010） 上投内需（377020）
申万巴黎基金管理公司	盛利精选（310308） 新动力（310328） 新经济（310358）	盛利配置（310318） 收益宝（310338）
泰达荷银基金管理有限公司	荷银成长（162201） 荷银稳定（162203） 荷银风险预算（162205） 荷银效率（162207）	荷银周期（162202） 荷银精选（162204） 荷银货币（162206） 泰达荷银首选（162208）
泰信基金管理有限公司	泰信天天（290001） 泰信短债（290003）	泰信先行（290002） 泰信优质（290004）
天合基金管理有限公司		
天弘基金管理有限公司	天弘精选（420001）	
天治基金管理有限公司	天治核心（163503） 天治品质（350002）	天治财富（350001） 天治天得利（350004）
万家基金管理有限公司	万家保本（161902） 万家 180（519180） 万家货币（519508）	万家公用（161903） 万家和谐增长（519181）
新世纪基金管理有限公司	新世纪优选（519087）	
信诚基金管理有限公司	信诚四季（550001）	信诚精萃（550002）
信达澳银基金管理有限公司	信达澳银增长（610001）	
兴业基金管理有限公司	兴业趋势（163402） 兴业货币（340005）	兴业转基（340001） 兴业全球（340006）

续表

基金公司	管理基金	
易方达基金管理有限公司	易基平稳（110001） 易基 50（110003） 易方达货币 A（110006） 易方达收益 B（110008） 易方达价值（110010） 易策二号（112002） 基金科汇（184712） 基金科讯（500029）	易基策略（110002） 易基积极（110005） 易方达收益 A（110007） 易基价值（110009） 易方达货币 B（110016） 深 100ETF（159901） 基金科翔（184713） 基金科瑞（500056）
益民基金管理有限公司	益民货币（560001） 益民创新优势（560003）	益民红利（560002）
银河基金管理公司	银河银富（150005） 银河银泰（150103） 银河收益（151002） 银河银信（519666）	银河银富 B（150015） 银河稳健（151001） 基金银丰（500058）
银华基金管理有限公司	银华优势企业（180001） 银华道琼斯 88（180003） 银华货币市场 B（180009） 银华富裕（180012） 银华优选股票（519001）	银华保本增值（180002） 银华货币市场 A（180008） 银华优质增长（180010） 基金天华（184706）
友邦华泰基金管理有限公司	友邦盛世（460001） 红利 ETF（510880） 友邦短债（519519）	友邦成长（460002） 红利 ETF（510881）

续表

基金公司	管理基金	
招商基金管理有限公司	招商成长（161706） 招商安泰平衡（217002） 招商现金增值（217004） 招商安本增利（217008） 招商债券B（217203）	招商安泰股票（217001） 招商债券（217003） 招商先锋（217005） 招商价值（217009）
中海基金管理有限公司	中海成长（398001） 中海能源（398021）	中海分红（398011）
中欧基金管理有限公司	中欧趋势（166001）	
中信基金管理有限公司	中信经典（288001） 中信货币（288101）	中信红利（288002） 中信双利（288102）
中银国际基金管理有限公司	中银中国（163801） 中银增长（163803）	中银货币（163802） 中银收益（163804）
中邮创业基金管理有限公司	中邮核心（590001）	

开放式证券投资基金

表2

股票型基金		
华夏成长（000001）	华夏优势（000021）	华夏回报（002001）
国泰金鹰增长（020001）	国泰创新（020010）	华安创新（040001）
华安A股（040002）	华安宏利（040005）	华安中小盘（040007）
博时增长（050001）	博时裕富（050002）	博时第三产业（050008）
博时价值贰号（050201）	嘉实增长（070002）	嘉实稳健（070003）
长盛成长（080001）	大成价值增长（090001）	大成精选增值（090004）
大成财富（090006）	富国天益（100020）	富国天合稳健（100026）
易基50（110003）	易基价值（110009）	国投股票（121003）
国投瑞银创新（121005）	银河稳健（151001）	深100ETF（159901）

股票型基金		
中小板（159902）	南方高增（160106）	博时主题（160505）
鹏华中国 50（160605）	鹏华价值（160607）	鹏华治理（160611）
嘉实 300（160706）	新 蓝 筹（161601）	融通深证 100（161604）
融通巨潮（161607）	融通动力先锋（161609）	融通领先（161610）
招商成长（161706）	万家公用（161903）	长城久富（162006）
金鹰小盘（162102）	荷银成长（162201）	荷银周期（162202）
荷银稳定（162203）	荷银精选（162204）	泰达荷银首选（162208）
景顺鼎益（162605）	景顺资源（162607）	广发小盘（162703）
天治核心（163503）	中银增长（163803）	中欧趋势（166001）
银华道琼斯 88（180003）	银华优质增长（180010）	银华富裕（180012）
长城久泰（200002）	长城股票（200006）	南稳贰号（202002）
南方绩优成长（202003）	南方成份精选（202005）	金鹰优选（210001）
宝盈区域增长（213002）	宝盈策略（213003）	招商安泰股票（217001）
巨田基础行业（233001）	宝康消费（240001）	华宝动力（240004）
华宝先进（240009）	华宝行业精选（240010）	德盛小盘（257010）
德盛精选（257020）	德盛优势（257030）	景顺长城优选（260101）
景顺内需增长（260104）	景顺成长（260108）	景顺内需增长 2（260109）
景顺精选蓝筹（260110）	广发聚丰（270005）	中信红利（288002）
泰信优质（290004）	新动力（310328）	诺安股票（320003）
诺安价值（320005）	兴业全球（340006）	量化核心（360001）
光大红利（360005）	光大增长（360006）	上投 α（377010）
上投内需（377020）	上投先锋（378010）	华富优选（410001）
华富成长（410003）	国富弹性（450002）	国富潜力（450003）
友邦盛世（460001）	工银价值（481001）	工银稳健（481004）
50 ETF（510050）	180ETF（510180）	红利 ETF（510880）

取消赎回的，当日未获赎回的部分申请将被撤消。延期的赎回申请与下一开放日赎回申请一并处理，无优先权并以该开放日的基金单位净值为基础计算赎回金额。

发生巨额赎回并延期支付时，基金管理人通过招募说明书规定的方式（如公司的网站、销售机构的网点等），在招募说明书规定的时间内通知投资者，并说明有关处理方法，同时在中国证监会指定媒体上进行公告。

基金连续发生巨额赎回，基金管理人可以按照基金契约和招募说明书暂停接受赎回申请；已经接受（但未被确认）的赎回申请可以延缓支付赎回款项，但不得超过正常支付时间二十个工作日，并在中国证监会指定媒体上进行公告。

※ 波段之于基金投资

（1）从基金产品角度来看，封基和开放式股票基金由于在交易成本上、赎回资金到账时间和价格决定因素的差异，在市场行情波动过程中，封闭式基金相对来说较适合波段操作。而对开放式基金来说，股票型基金适合波段操作，混合型基金次之，债券型基金收益随时间长短呈现正相关，适合长期持有。

（2）从客户风险属性来看，股票型基金是否需要波段操作，要因人而异，因行情而异。在单边上涨的牛市行情中，激进型、稳健型、保守型客户都应该放弃波段操作的想法，长期持有。当证券市场处于大箱体震荡整理行情时，要根据客户风险属性不同，采取不同的波段操作策略：激进型客户可在持有期收益率超过15％时赎回，锁定收益；稳健保守型客户可在持有期收益率超过10％时赎回，锁定收益。在单边下跌的熊市行情中，减持股票型基金，增持债券型基金和货币市场基金。

（3）从理财规划角度来看，投资者要根据家庭资产负债、日常收支现金流情况和具体理财目标情况，构建基金产品组合，采取单笔一次性投资和定期定额投资两种方式，树立长期投资理念，放弃短期波段操作。至于如何建立具体基金产品组合，投资者应寻求专业理财师的帮助，根据个人或家庭的具体财务情况加以设计。如温州农行"基金超市"已经推出"基金投资标准化产品组合套餐服务"，大额基金投资客户还可以向高级理财师预约申请设计"个性化理财规划建议书"，从平衡家庭长期现金流的角度出发，提供基金投资理财规

续表

股票型基金	
银华优选股票（519001）	海富股票（519005）
海富精选（519011）	海富优势（519013）
汇添均衡（519018）	富国天博（519035）
长盛100（519100）	万家180（519180）
交银精选（519688）	交银成长（519692）
长信金利（519994）	长信银利（519996）
建信成长（530003）	汇丰2016（540001）
信诚精萃（550002）	诺德价值优势（570001）
东吴动力（580002）	中邮核心（590001）

混合型基金	
华夏红利（002011）	华回报二（002021）
国泰金马（020005）	金象保本增值（020006）
国泰金鹏蓝筹（020009）	华安宝利（040004）
博时平衡配置（050007）	嘉实成长（070001）
嘉实保本（070007）	嘉实主题（070010）
大成蓝筹稳健基金（090003）	富国动态平衡（100016）
易基平稳（110001）	易基策略（110002）
易方达价值（110010）	易策二号（112002）
银河银泰（150103）	南方积配（160105）
鹏华收益（160603）	鹏华动力（160610）
大成创新（160910）	富国天惠（161005）
融通行业（161606）	万家保本（161902）
荷银效率（162207）	巨田资源（163302）
中银中国（163801）	中银收益（163804）

续表

混合型基金		
银华优势企业（180001）	银华保本增值（180002）	长城久恒平衡（200001）
长城安心回报（200007）	南方稳健成长（202001）	南方避险（202201）
南方避险（202202）	鹏华行业成长（206001）	宝盈鸿利（213001）
招商安泰平衡（217002）	招商先锋（217005）	招商价值（217009）
宝康配置（240002）	华宝策略（240005）	华宝收益（240008）
德盛安心（253010）	德盛稳健（255010）	景顺长城动力（260103）
广发聚富（270001）	广发稳健（270002）	广发优选（270006）
广发大盘（270007）	中信经典（288001）	泰信先行（290002）
盛利精选（310308）	盛利配置（310318）	新经济（310358）
诺安平衡（320001）	兴业转基（340001）	天治财富（350001）
天治品质（350002）	上投双息（373010）	上投优势（375010）
中海成长（398001）	中海分红（398011）	中海能源（398021）
东方龙（400001）	东方精选（400003）	天弘精选（420001）
国富收益（450001）	友邦成长（460002）	工银精选（483003）
长盛精选（510081）	海富收益（519003）	海富回报（519007）
海富通贰号（519015）	金鼎价值（519021）	华夏稳增（519029）
新世纪优选（519087）	万家和谐增长（519181）	交银稳健（519690）
建信配置（530005）	汇丰策略（540003）	信诚四季（550001）
益民红利（560002）	益民创新优势（560003）	华商领先（630001）
货币型基金		
华夏现金（003003）	国泰货币（020007）	华安富利（040003）
博时现金收益（050003）	嘉实货币（070008）	长盛货币（080011）
大成货币 A（090005）	大成货币 B（091005）	富国天时货币（100025）
富国天时货币 B（100028）	易方达货币 A（110006）	易方达货币 B（110016）
银河银富（150005）	银河银富 B（150015）	鹏华货币 A（160606）

买的网点办理就可赎回，非常方便。

※ 基金交易的税费

税费包括所得税、交易税和印花税三类，我国目前对个人⋯⋯利得暂未征收所得税，对企业投资者获得的投资收益应⋯⋯额，征收企业所得税。鉴于基金的投资对象是证券市场，⋯⋯时已经交纳了证券交易所规定的各种税率，所以投资者⋯⋯时也不需交纳交易税。

⋯⋯发展，财政部、国税总局在《关于开放式证券投资基金⋯⋯中，对中国证监会批准设立的开放式证券投资基金给予四⋯⋯这四方面优惠政策是：

⋯⋯运用基金买卖股票、债券的差价收入，在 2003 年底前⋯⋯营业税；

⋯⋯申购和赎回基金单位取得的差价收入，在对个人买卖股⋯⋯个人所得税以前，暂不征收个人所得税；

⋯⋯股票的股息、红利收入，债券的利息收入、储蓄存款利⋯⋯发行债券的企业和银行在向基金支付上述收入时代扣代缴⋯⋯投资者（包括个人和机构投资者）从基金分配中取得的⋯⋯税和企业所得税；

⋯⋯和赎回基金单位，暂不征收印花税。

基金巨额赎回的情形及处理方式

⋯⋯基金净赎回申请超过上一日基金总份额的 10% 时，为巨⋯⋯生时，基金管理人可选择下面两种方式进行处理：

⋯⋯基金管理人认为有能力兑付投资者的赎回申请时，按正常⋯⋯

⋯⋯基金管理人将以不低于基金单位总份数 10% 的份额按比⋯⋯数；投资者未能赎回部分，投资者在提交赎回申请时应⋯⋯的明示。注册登记中心默认的方式为投资者取消赎回。⋯⋯转入下一个开放日继续赎回，直到全部赎回为止；选择

续表

货币型基金		
鹏华货币 B（160609）	融通货币（161608）	荷银货币（162206）
巨田货币（163303）	中银货币（163802）	银华货币市场 A（180008）
银华货币市场 B（180009）	长城货币（200003）	南方现金增利（202301）
招商现金增值（217004）	华宝现金宝 A（240006）	华宝现金宝 B（240007）
景顺长城货币（260102）	广发货币（270004）	中信货币（288101）
泰信天天（290001）	收益宝（310338）	诺安货币（320002）
兴业货币（340005）	天治天得利（350004）	光大货币（360003）
上投货币（370010）	上投货币 B（37001b）	东方货币（400005）
华富货币（410002）	工银货币（482002）	海富通货币 A（519505）
海富通货币 B（519506）	万家货币（519508）	汇添富货币 B（519517）
汇添富货币 A（519518）	交银货币（519588）	长信利息（519999）
建信货币（530002）	益民货币（560001）	
债券型基金		
华夏债券 A/B（001001）	华夏债券 C（001003）	国泰金龙债券（020002）
博时稳定债券（050006）	嘉实债券（070005）	嘉实短债（070009）
大成债券（090002）	大成债 C（092002）	富国天利债券（100018）
易方达收益 A（110007）	易方达收益 B（110008）	国投融华（121001）
银河收益（151002）	鹏华普天债券（160602）	鹏华普天债券 B（160608）
融通债券（161603）	南方宝元债券（202101）	南方多利（202102）
招商债券（217003）	招商安本增利（217008）	招商债券 B（217203）
宝康债券（240003）	中信双利（288102）	泰信短债（290003）
诺安债券（320004）	工银强债 B（485005）	工银强债 A（485105）
长盛债券（510080）	友邦短债（519519）	银河银信（519666）

封闭式证券投资基金

表3

沪市封闭式基金		
基金金泰（500001）	基金泰和（500002）	基金安信（500003）
基金汉盛（500005）	基金裕阳（500006）	基金景阳（500007）
基金兴华（500008）	基金安顺（500009）	基金金元（500010）
基金金鑫（500011）	基金安瑞（500013）	基金汉兴（500015）
基金裕元（500016）	基金景业（500017）	基金兴和（500018）
基金普润（500019）	基金金鼎（500021）	基金汉鼎（500025）
基金兴业（500028）	基金科讯（500029）	基金汉博（500035）
基金通乾（500038）	基金同德（500039）	基金科瑞（500056）
基金银丰（500058）		
深市封闭式基金		
基金开元（184688）	基金普惠（184689）	基金同益（184690）
基金景宏（184691）	基金裕隆（184692）	基金普丰（184693）
基金景博（184695）	基金裕华（184696）	基金天元（184698）
基金同盛（184699）	基金鸿飞（184700）	基金景福（184701）
基金同智（184702）	基金金盛（184703）	基金裕泽（184705）
基金天华（184706）	基金兴科（184708）	基金安久（184709）
基金隆元（184710）	基金普华（184711）	基金科汇（184712）
基金科翔（184713）	基金兴安（184718）	基金融鑫（184719）
基金久富（184720）	基金丰和（184721）	基金久嘉（184722）
基金鸿阳（184728）	基金通宝（184738）	

基金经理看基金

华安基金经理卢赤斌：华安上证 180ETF 五大看点

（1）基金龙虎榜。

表4

基金代码	基金简称	净值日期	最新净值	证星评级	周增长率		月增长率		季增长率		半年增长率		年增长率	
					排名	增长率%	排名	增长率%	排名	增长率%	排名	增长率%	排名	增长率%
510180	上证180ETF	2007-06-18	9.131	★★	17	7.4235	129	10.5582	21	54.7627	11	117.612	6	201.6518

（2）基金经理简历。

表5

180ETF（510180）						
职务	姓名	任职日期	离职日期	性别	学历	国籍
现任经理	卢赤斌	2006-03-03	—	男	硕士研究生	中国
	刘璎	2007-03-14	—	女	硕士研究生	中国

　　卢赤斌先生，硕士学位，7 年证券从业经历。1998 年至 2004 年曾先后在美国先锋证券公司（The Vanguard Group）投资系统部和股票基金管理部工作，参与负责公司证券管理系统的研发和协助基金经理管理本公司主要股票指数基金的运作。2004 年 7 月加入华安基金管理有限公司，在基金投资部从事交易型开放式指数证券投资基金的研发工作。

　　刘璎女士，管理学硕士，6 年证券从业经历。曾在交通银行工作，2001 年 5 月加入华安基金管理有限公司，历任市场部高级投资顾问，专户理财部客户主管，2005 年 10 月转入基金投资部协助基金经理日常工作。

（3）旗下基金简介。

①基金概况。

表6

法定名称	上证180交易型开放式指数证券投资基金		基金简称	180ETF
投资类型	偏股型基金		成立日期	2006 – 04 – 13
募集起始日	2006 – 03 – 09		总募集规模（万份）	107 282. 21
募集截止日	2006 – 04 – 06	其中	实际募集规模（万份）	107 280. 78
日常申购起始日	2006 – 05 – 18		管理人参与规模（万份）	0.00
日常赎回起始日	2006 – 05 – 18		参与资金利息（万份）	14 279.00
基金经理	刘璎、卢赤斌		最近总份额（万份）	8 542. 27
基金管理人	华安基金管理有限公司		基金托管人	中国建设银行股份有限公司
投资风格	指数型		费率结构表	180ETF
业绩比较基准	本基金的业绩比较基准为上证180指数。若本基金标的指数发生变更，则本基金业绩比较基准随之发生变化。			
投资目标	紧密跟踪标的指数，追求跟踪偏离度和跟踪误差最小化。			
投资理念	通过金融工程的技术和手段实现基金组合收益率和标的指数收益率跟踪偏离度和跟踪误差的最小化，从而以较低的成本和较低的风险获得中国资本市场的平均水平回报，并通过金融创新，满足投资人长期、短期、套利等多种投资需求。			
投资范围	本基金以标的指数成份股、备选成份股为主要投资对象，投资于指数成份股、备选成份股的资产比例不低于基金资产净值的95%，如因标的指数成份股调整、基金份额申购、赎回清单内现金替代、现金差额等因素导致基金投资比例不符合上述标准的，基金管理人将在十个交易日内进行调整。同时为更好地实现投资目标，本基金也可少量投资于新股、债券及中国证监会允许基金投资的其他金融工具，该部分资产比例不高于基金资产净值的5%。			

投资策略	本基金主要采取抽样复制的指数跟踪方法，即根据定量化的选股指标，选择部分标的指数成份股构建基金股票投资组合，并通过优化模型确定投资组合中个股的权重，以实现基金组合收益率和标的指数收益率跟踪偏离度和跟踪误差的最小化。投资于股票部分的基金资产将严格按照基金管理人公示的抽样复制方法所确定的成份股投资比例进行配置。通过抽样复制，剔除流动性较差的成份股，从而减少基金运行过程中可能出现的流动性风险，并有效降低基金申购及赎回的复杂程度。基金管理人将在基金募集期开始之前公示抽样复制方法，同时根据标的指数成份股的成交情况，基金管理人可对指数跟踪方法进行调整，并于方法调整前予以公示。
风险收益特征	本基金属股票基金，风险与收益高于混合基金、债券基金与货币市场基金。本基金为指数型基金，采用抽样复制策略，跟踪上证 180 指数，是股票基金中风险较低、收益中等的产品。

②分红送配。

表7

年度	每10 份收益单位派息（元）			登记日	除权日	公告日期
	预案	实施	累计			
2006	0.45	0.45	0.45	2006－11－22	2006－11－23	2006－11－18

（4）基金管理公司介绍。

表8

法定名称	华安基金管理有限公司	英文名称	Hua An Fund Management Co., Ltd.
组织形式	有限公司	公司属性	中资
成立日期	1998－06－04	注册资本	15 000（万元）
法人代表	徐建国	总经理	俞妙根
注册地址	上海市浦东南路 360 号新上海国际大厦 38 楼		
办公地址	上海市浦东南路 360 号新上海国际大厦 2 楼、37 楼、38 楼		
电话号码	021－58881111	邮政编码	200120
传真号码	021－58406138	网址	www. huaan. com. cn

续表

经营范围	基金设立，基金业务管理及中国证监会批准的其他业务。
公司沿革	华安基金管理有限公司成立于 1998 年 6 月 4 日，注册资本人民币 5 000 万元，公司总部设在上海陆家嘴金融贸易区。2000 年 7 月完成增资扩股，注册资本增加到 1.5 亿元人民币。 共有五家股东： 股东单位　　　　　　股数（万股）　持股比例 上海国际信托投资公司　　　4 500　　　30% 申银万国证券股份有限公司　3 000　　　20% 天同证券有限责任公司　　　3 000　　　20% 东方证券有限责任公司　　　3 000　　　20% 方正证券有限责任公司　　　1 500　　　10% 2001 年 7 月与"JP 摩根富林明资产管理集团"签署了中外合资基金管理公司备忘录。 2004 年 12 月，中国证监会批准：天同证券有限责任公司将所持本公司 20% 的出资转让给上海电气（集团）总公司，申银万国证券股份有限公司将所持本公司 20% 的出资转让给上海广电（集团）有限公司，上海国际信托投资有限公司将所持本公司 20% 的出资转让给上海沸点投资发展有限公司，方正证券有限责任公司（原浙江证券有限责任公司）将所持本公司 10% 的出资转让给上海国际信托投资有限公司，东方证券有限责任公司将所持本公司 20% 的出资转让给上海工业投资（集团）有限公司。 转让后，股东及出资比例为上海国际信托投资有限公司 20%、上海电气（集团）总公司 20%、上海广电（集团）有限公司 20%、上海沸点投资发展有限公司 20%、上海工业投资（集团）有限公司 20%。

（5）基金经理个性及看市论道：华安上证 180ETF 五大看点。

卢赤斌指出，ETF 已成为投资者快速、低成本投资证券市场的最佳途径，是指数化投资的首选。华安上证 180ETF 有以下几个优势：

①上证 180ETF 具有多元化功用。

ETF 是综合指数基金、开放式基金及封闭式基金相关优点的创新性基金产品。上证 180ETF 除了具备传统指数化投资的优势以外，还兼具封闭式基金可当日实时交易的优点，同时具有组合证券申购、套利机制等独特之处。除了为投资者提供低成本的短线投资工具以外，上证180ETF还可以帮助投资者完成迅速增减股票仓位、构建组合分散投资、进行股票再投资、获取套利和日内波动差价等多种功能。

②上证180ETF交易高效、成本低廉。

上证180ETF的管理费和托管费仅为股票型基金平均费用的三分之一、传统指数基金平均费用的二分之一。上证180ETF的申购赎回费用仅为股票型基金平均费用的二分之一左右，此外，上海证券交易所和中国证券登记结算公司还将减免申购赎回经手费和过户费。

③上证180指数投资价值较高。

上证180指数是一只大样本的蓝筹指数，较之其他指数体系，上证180指数成份股覆盖市值规模更大，具有很强的市场代表性，兼具蓝筹指数的投资价值。

④180ETF申购赎回门槛低，进出成本更小。

上证180ETF起点为30万份，相当于100万元左右市值。

⑤投资者可以利用180ETF盘活股票。

以上证180个股换购是ETF发售期的特有方式，投资者可借此盘活资产，分散风险。在上证180ETF发行期间，凡持有上证180ETF股票换股名单之中任一股票的投资者均可以用单只股票申购上证180ETF这一新型的投资工具。

华夏大盘基金经理王亚伟：没有热门股的冠军

（1）基金龙虎榜。

表9

基金代码	基金简称	净值日期	最新净值	证星评级	周增长率		月增长率		季增长率		半年增长率		年增长率	
					排名	增长率%	排名	增长率%	排名	增长率%	排名	增长率%	排名	增长率%
000011	华夏大盘精选	2007-06-18	5.354	★★★★★	19	7.3807	163	8.0089	17	55.4136	2	158.7724	2	243.8664

（2）基金经理简历。

表 10

华夏大盘（000011）						
职务	姓名	任职日期	离职日期	性别	学历	国籍
现任经理	王亚伟	2005 - 12 - 31	——	男	硕士	中国
曾任经理	蒋征	2004 - 06 - 30	2006 - 05 - 24	男	硕士	中国

王亚伟先生：经济学硕士。证券从业经历 10 年。历任中信国际合作公司业务经理，华夏证券有限公司研究经理。1998 年加入华夏基金管理有限公司，从事基金投资工作，先后任兴华证券投资基金基金经理助理、基金经理，华夏成长证券投资基金基金经理。现任公司投资总监，华夏大盘精选证券投资基金基金经理。

蒋征先生：31 岁，MBA。基金从业经验 5 年。曾任职于中国保险信托投资公司；曾任嘉实基金管理有限公司丰和证券投资基金基金经理助理、泰和证券投资基金基金经理。2003 年加入华夏基金管理有限公司。

（3）旗下基金简介。

①基本概况。

表 11

法定名称	华夏大盘精选证券投资基金		基金简称	华夏大盘精选
投资类型	偏股型基金		成立日期	2004 - 08 - 11
募集起始日	2004 - 07 - 06		总募集规模（万份）	192 796.61
募集截止日	2004 - 08 - 05		实际募集规模（万份）	192 744.45
日常申购起始日	2004 - 09 - 15	其中	管理人参与规模（万份）	0.00
日常赎回起始日	2004 - 09 - 15		参与资金利息（万份）	521 669.91
基金经理	王亚伟		最近总份额（万份）	92 408.58
基金管理人	华夏基金管理有限公司		基金托管人	中国银行股份有限公司
投资风格	增值型		费率结构表	华夏大盘精选

法定名称	华夏大盘精选证券 投资基金	基金简称	华夏大盘精选
业绩比较基准	新华富时中国 A200 指数×80% + 新华富时中国国债指数×20%			
投资目标	追求基金资产的长期增值			
投资理念	精选在各行业中具有领先地位的大型上市公司，通过对其股票的投资，分享公司持续高增长所带来的盈利，实现基金资产的长期增值。			
投资范围	限于具有良好流动性的金融工具，包括国内依法公开发行上市的股票、债券及中国证监会允许基金投资的其他金融工具。本基金主要投资于股票，股票资产比例范围为 40%～95%。为了满足投资者的赎回要求，基金保留的现金以及投资于到期日在 1 年以内的国债、政策性金融债、债券回购、中央银行票据等短期金融工具的资产比例不低于 5%。本基金其余资产可投资于债券及中国证监会允许基金投资的其他金融工具，如法律法规或监管部门对债券投资比例有相关规定的，则从其规定。			
投资策略	本基金主要采取"自下而上"的个股精选策略，根据细致的财务分析和深入的上市公司调研，精选出业绩增长前景良好且被市场相对低估的个股进行集中投资。考虑到我国股票市场的波动性，基金还将在资产配置层面辅以风险管理策略，即根据对宏观经济、政策形势和证券市场走势的综合分析，监控基金资产在股票、债券和现金上的配置比例，以避免市场系统性风险，保证基金所承担的风险水平合理。			

法定名称	华夏大盘精选证券投资基金	基金简称	华夏大盘精选
投资标准	（1）构建备选股票池。本基金备选股票池主要包括市值不低于基准大盘股指数（目前为新华富时中国 A200 指数）成份股的最低市值规模的大盘股，对大盘股的投资将占基金股票资产的 80% 以上。除此之外，基金还可以部分投资于其他具有高成长潜力的股票，这部分股票由研究员提交投资建议报告，经基金经理和投资决策委员会审议后确定。 （2）进行财务指标分析。主要分析公司的成本收入、现金流、资产负债结构等指标，并与同行业内的其他公司进行对比，从中挑选出指标值较优或可能存在问题的公司，以此确定实地调研的优先顺序和关注重点。 （3）进行上市公司调研。实地调研重点考察公司的财务报表信息是否真实可靠，并对公司的核心竞争能力、内部管理和外部经营环境进行全面考察，从而形成对公司经营风险和业绩成长性的评估。 （4）评估个股价值并进行排序。根据实地调研的考察结果，对上市公司的公开财务数据进行风险调整和成长性调整，并计算调整后的 P/E、P/B、P/S、P/C、ROE、PEG 等指标。由于公司经营状况和市场环境在不断发生变化，基金将实时跟踪上市公司风险因素和成长性因素的变动，对上述几个指标进行动态调整。然后，基金将根据一段时间内整个证券市场的风险特征以及不同公司的行业特征，对上述估值指标设置不同的权重，并根据综合考察后的个股估值情况进行排序。 （5）确定投资组合。本基金采取相对集中的投资策略，基金股票组合的持股个数一般不超过 50 只（新股申购不计算在内）。在上述排序过程之后，排名前 50 位的个股将进入基金的股票投资组合，其中排名越靠前的个股投资比重越高。在未来基金规模扩大或是上市公司数量大幅扩张，导致持股个数限制严重影响基金的投资操作和收益能力时，本基金可在不改变集中持股策略的前提下适当调整组合持股个数，并及时公告。		
风险收益特征	本基金在证券投资基金中属于中等风险的品种，其长期平均的预期收益和风险高于债券基金和混合基金，低于成长型股票基金。		
风险管理工具及主要指标	本基金利用华夏基金风险控制与绩效评估系统跟踪组合及个股、个券风险，主要包括市场风险指标和流动性风险指标。		

②分红送配。

表12

年度	每10份收益单位派息（元）			登记日	除权日	公告日期
	预案	实施	累计			
2006	0.60	0.60	1.80	2006 – 06 – 29	2006 – 06 – 30	2006 – 06 – 28
2006	0.60	0.60	1.20	2006 – 05 – 30	2006 – 05 – 31	2006 – 05 – 29
2006	0.60	0.60	0.60	2006 – 02 – 27	2006 – 02 – 28	2006 – 02 – 24

（4）基金管理公司介绍。

表13

法定名称	华夏基金管理有限公司	英文名称	China Asset Management Co., Ltd
组织形式	有限公司	公司属性	中资
成立日期	1998 – 04 – 09	注册资本	13800（万元）
法人代表	凌新源	总经理	范勇宏
注册地址	北京市顺义区天竺空港工业区A区		
办公地址	北京市顺义区天竺空港工业区A区		
电话号码	010 – 88066688	邮政编码	100032
传真号码	010 – 88066566	网址	www.chinaamc.com
经营范围	发起设立基金；基金管理；因特网信息服务业务。		
公司沿革	公司是经中国证监会基金字〔1998〕16号文批准，由华夏证券有限公司、北京证券有限责任公司、中国科技国际信托投资有限责任公司三空金融机构联合发起成立。2001年与"施罗德－宝源投资管理（香港）公司"合作。2003年9月，公司现有股东变更为北京市国有资产经营有限责任公司（出资35.725%）、西南证券有限责任公司（出资35.725%）、北京证券有限责任公司（出资25%）和中国科技证券有限责任公司（出资3.55%）。2006年10月，公司现有股东变更为中信证券股份有限公司（出资40.725%）、西南证券有限责任公司（出资35.725%）、北京证券有限责任公司（出资20%）和中国科技证券有限责任公司（出资3.55%）。		

（5）基金经理个性及看市论道：没有热门股的冠军。

王亚伟不爱说自己的事，但事实胜于雄辩。他所操盘的华夏大盘精选基金截至 2007 年 3 月末，最近 3 个月、6 个月、1 年的收益率分别为 61%、103% 和 256%，均列基金业绩榜首；最近两年的年化回报率为 103%，仍然是冠军。到 4 月 12 日，华夏大盘精选 2007 年以来的回报率已达 79.5%，超过第二名 11 个百分点，它也是目前市场上最贵的基金，4 月 12 日单位净值突破 4 元。

他就是王亚伟。不追热门股，业绩却令人折服。

①不买热门股。

让王亚伟谈投资很难，尽管他是做得最好的基金经理之一。他不爱表达，即便开口，也是喜用极度抽象和高度概括的词句。

他说过："面对记者时我都很内疚。投资真的很难表达。就像演员，很难说出来自己是怎么演好的。靠周星驰在《喜剧之王》中那本形影不离的表演教科书是不能把戏演好的，结合自己特点把剧本发挥好就行。"

王亚伟说，在任何一个时点，市场中总有相对被低估的股票，用这样的股票来更替组合中已相对不低估的品种，这样循环往复，以实现收益最大化。而要实现这样的目标，就需要自下而上地精选被市场相对低估的个股。这就势必要求组合覆盖的投资范围很广，因为相对价值可能出现在市场的任何角落。从操作特点看，则表现为两高一低：高持仓，高换手，低集中度。

一个股票好不好，不应该孤立地去评估，而是要以全市场的角度综合考量。如果有比它更好的，那它就不是最好的。以最优替换次优，这样，组合整体就得以优化。比如华夏大盘精选因关联关系不能买入的超级牛股中信证券，在王亚伟的眼中，尽管一年多来涨幅惊人，但不一定在每个时段都是最优。如果在某些时段能找到更优的品种替代它，资金整体使用效率就更高。

显然，相对而言，华夏大盘精选更加注重股票的阶段性价值，也就是相对估值的变化。这与相当多的基金长期持有白马股的策略迥然不同。华夏大盘精选积极调整股票组合，根据市场环境和个股相对估值的变化相机操作。因此，王亚伟很少卖到最高点。他卖掉甲是因为找到了更好的替代品乙，因为尽管知道甲才涨了半截。甲还有 20% 空间，而乙会有 50% 的空间。

这样的风格，注定了华夏大盘精选不可能随大流。事实证明，在其重仓股组合上，较少看到某个阶段市场最热门的行业和股票，体现出与基金集体重仓股的强烈反差。

比如，去年上半年的主流板块消费类、有色金属类几乎未进重仓股；2006年全年的重仓股组合中，始终没有出现当年如火如荼的银行股、地产股。不买银行、地产，不是有偏见，而是发现有更好的股票。

不买热门股，华夏大盘精选的收益照样好，而且还排名第一。因为在王亚伟的组合中，取代热门股票的是潜伏中的成长股、隐蔽型的被低估股。在市场进入阶段性的转换期，尤其是在主流板块的滞涨期，这种思路非常见效。今年首季，前期大涨的主流板块如金融、地产板块进入相对调整期，华夏大盘精选在去年末的重仓股组合则大放异彩。

②找更赚钱的。

很多人会问，怎么能找到比主流板块更赚钱的股票？

对此，王亚伟的回答有两条。一是需要在市场中积累经验，二是一定要有多元化的估值视角。

每次定期报告出来，人们都发现华夏大盘精选重仓股的表现的确优异。但王亚伟究竟是如何去发现它们的？

案例一，南方航空。谁都知道航空业不景气，多数人从盈利水平和每股收益这样的传统财务分析，认为3、4元的南航也就这样了。王亚伟却从产业并购的角度，估算出接近控股所需要的市值，发现严重偏低。再加上航空业的利空基本出尽，股价的反应已经很透彻，行业转暖悄然而至。于是，南航出现在大盘精选去年末重仓股榜眼的位置。

案例二，锡业股份。去年底买入，6、7元建仓。别的基金几乎没有介入，其他机构看到的是锡价低迷，该股业绩平平，产量也低。王亚伟看到的是低产量的背后，除了锡价低，还有公司出于保持资源控制力的考虑，并在海外拿矿。同时，进行业务转型，投资建立下游锡化工架构。这些在行业低迷时的投入体现不出利润，但这正是为未来准备。从环保趋势看，电子产品无铅化需要用锡替代，而有色金属价格对供求关系异常敏感，需求增加10%就能造成锡价暴涨。作为我国有色金属行业为数不多的世界老大，其全球行业话语权不可替代。后来的锡价变化证明了王亚伟当初的判断。

案例三，恒生电子。作为金融行业软件龙头之一，该股去年业绩差强人意。若从每股收益看，不可能引起机构的兴趣。但只要研究证券公司的特点：股市低迷时只会收缩营业部，收缩开支；行情火爆产生堵单后，逐渐想到投资改善 IT 系统，而且只有这时才有钱投入。所以，证券市场红火的第一年，券商对 IT 投资的需求也许无从表现，但越往后需求越强烈。并且，对软件公司而言，从订单开始，到应收账款、销售额直至利润，也会产生时滞。等到一切都明朗再下手，就晚了。恒生电子从去年末的 7、8 元一路攀升到 20 多元。同样的逻辑可以推广到其他行业。如煤矿，煤炭业低迷时不会大规模投资安全改造项目，但煤炭业复苏后煤炭机械与安全改造投资的滞后，必使得相关领域的上市公司受益。

以上的推理都充满逻辑性，但也很简单，问题是多数人对相关行业基本面、相关公司估值的变化感觉麻木。

王亚伟认为，在对称的信息面前，是否能把握住机会，这是基金经理的水平问题；在信息不充分的情况下，如何做出决策，也是基金经理的水平问题。

由于一季度的热门板块中，亏损、微利、低价股占尽风光，因此有人猜测王亚伟也搞了几把"投机"。他说"我的每一笔操作都是一如既往的风格，根据价值判断。我的组合中，一季度最低涨幅30%，好的100%多，好多百分之八九十，一个季度持有下来平均就是60%多的收益率。如果有人认为买南航、锡业、中储、神火是投机，那我没什么话讲。"

③投资拒绝杂念。

"投资没有止境，只有不断完善。"王亚伟说，"投资方法的确可以一套一套，但正如武功，最高境界是无招胜有招。"

王亚伟认为，市场的活跃需要多元化的投资者和投资理念。"你认为不值钱的，我可能认为值钱；我认为不值钱的，QFII 却愿意以高一倍的价格去买。只有不同的理念和价值观都能在市场上找到投资标的，市场才能活跃。这也是为什么同样类型，甚至同一家公司在国内外估值不同的原因。"

至于就哪种投资理念最适合国内市场的问题。王亚伟说："没有。不能说我的投资理念最适合中国市场，而是它最适合我。理念和方法本身没有好坏。巴菲特用巴菲特的方法一定好，我就用不好，别人也未必用好。那么多人研究巴菲特，而达到他的成就者寥寥。你可以巴菲特的方法作为基础，改造消化吸收，总结出一套适合自己的方法，但其中一定要有自己的东西，机械照搬肯定不行。"

王亚伟把自己的投资风格概括为灵活。"我不去做绝对的高低判断，要尊重市场，视野和思路要更宽一些，否则想灵活都不行。"

"投资，要抛弃杂念。"王亚伟说，买不买股票只看它是否有价值，而不是因为 QFII 或别的基金买了它，为了不掉队而也去买它。从职业安全角度考虑而跟风，或者因为巴菲特买了它而去买它，这就是杂念。"如果老有杂念，就容易变形。"他说，正如体育比赛，如果老想着拿冠军，或者要求自己一定要达到某个目标，就不可能按照本性去发挥。因此，净值和排名，正是基金经理的杂念所在，不应该成为追求的东西。

上投摩根阿尔法基金经理孙延群：不会盲目跟从市场游走

（1）基金龙虎榜。

表14

基金代码	基金简称	净值日期	最新净值	证星评级	周增长率		月增长率		季增长率		半年增长率		年增长率	
					排名	增长率%	排名	增长率%	排名	增长率%	排名	增长率%	排名	增长率%
377010	上投阿尔法	2007-06-18	4.625	★★★★★	71	6.2193	84	12.5304	77	45.6097	40	93.1832	11	182.1154

（2）基金经理简历。

表15

上投 α（377010）						
职务	姓名	任职日期	离职日期	性别	学历	国籍
现任经理	孙延群	2005-11-15	—	男	硕士	中国

孙延群先生：1968 年 10 月出生，获复旦大学应用力学学士学位，复旦大学工商管理学硕士学位。1992 年进入哈尔滨飞机制造公司，从事飞行器开发工作；1993 年至 2003 年间，分别在中兴信托投资有限公司上海证券管理总部及平安证

券有限责任公司担任行业分析师；2003 年 3 月进入景顺长城基金管理有限公司，任基金经理；2005 年 6 月加入上投摩根富林明基金管理有限公司投资管理部。

（3）旗下基金简介。

①基金概况。

表 16

法定名称	上投摩根阿尔法股票型证券投资基金	基金简称		上投摩根阿尔法
投资类型	偏股型基金	成立日期		2005 – 10 – 11
募集起始日	2005 – 09 – 14	总募集规模（万份）		76 762.01
募集截止日	2005 – 09 – 29	其中	实际募集规模（万份）	76 731.93
日常申购起始日	2005 – 10 – 17		管理人参与规模（万份）	0.00
日常赎回起始日	2005 – 11 – 09		参与资金利息（万份）	300 779.58
基金经理	孙延群	最近总份额（万份）		205 733.42
基金管理人	上投摩根基金管理有限公司	基金托管人		中国建设银行股份有限公司
投资风格	价值优化型	费率结构表		上投摩根阿尔法
业绩比较基准	新华富时 A 全指×80% + 同业存款利率×20%			
投资目标	本基金采用哑铃式投资技术，同步以"成长"与"价值"双重量化指标进行股票选择。在基于由下而上的择股流程中，精选个股，纪律执行，构造出相对均衡的不同风格类资产组合。同时结合公司质量、行业布局、风险因子等深入分析，对资产配置进行适度调整，努力控制投资组合的市场适应性，以求多空环境中都能创造超越业绩基准的主动管理回报。			
投资理念	实践表明，价值投资和成长投资在不同的市场环境中都存在各自发展周期，并呈现出一定的适应性。本基金将价值投资和成长投资有机结合，以均衡资产混合策略建立动力资产组合，努力克服单一风格投资所带来的局限性，并争取长期获得主动投资的超额收益。			

投资范围	本基金的投资范围为股票、债券、货币市场工具及法律法规或中国证监会允许的其他投资品种。股票投资范围为所有在国内依法发行的 A 股，债券投资的主要品种包括国债、金融债、企业债、可转换债券等，货币市场工具包括短期票据、回购、银行存款以及一年以内（含一年）的国债、金融债、企业债等。
投资策略	本基金充分借鉴摩根富林明资产管理集团全球行之有效的投资理念和技术，依据中国资本市场的具体特征，引入集团在海外市场成功动作的"Dynamic Fund"基金产品概念。具体而言，本基金将以量化指标分析为基础，通过严格的证券选择，积极构建并持续优化"哑铃式"资产组合，结合严密的风险监控，不断谋求超越比较基准的稳定回报。 （1）股票投资策略。①选取价值/成长因子②计算股票风格等级③创造主动管理报酬。 （2）固定收益类投资策略在类属配置层次，结合对宏观经济、市场利率、供求变化等因素的综合分析，根据交易所市场与银行间市场类属资产的风险收益特征，定期对投资组合类属资产进行优化配置和调整，确定精确性资产的最优权重。在券种选择上，本基金以长期利率趋势分析为基础，结合经济变化趋势、货币政策及不同债券品种的收益率水平、流动性和信用风险等因素，合理运用投资管理策略，实施积极主动的债券投资管理。
投资标准	在正常情况下，本基金投资组合中股票投资比例为基金总资产的 60% ~ 95%，其它为 5% ~ 40%，并保持不低于基金资产净值 5% 的现金或者到期日在一年以内的政府债券。
风险收益特征	本基金是股票型证券投资基金，属于证券投资基金中较高风险、较高收益的基金产品。

②分红送配。

表 17

年度	每10 份收益单位派息（元）			登记日	除权日	公告日期
	预案	实施	累计			
2006	0.40	0.40	0.40	2006 – 04 – 04	2006 – 04 – 04	2006 – 04 – 04

（4）基金管理公司介绍。

表 18

法定名称	上投摩根基金管理有限公司	英文名称	China International Fund Management Co.，Ltd.
组织形式	有限公司	公司属性	中外合资
成立日期	2004 – 05 – 12	注册资本	15000（万元）
法人代表	陈开元	总经理	王鸿嫔
注册地址	上海市富城路 99 号震旦国际大楼 20 楼		
办公地址	上海市富城路 99 号震旦国际大楼 20 楼		
电话号码	021 – 38794888	邮政编码	200120
传真号码	021 – 68881130	网址	www. 51fund. com
经营范围	基金管理业务、发起设立基金以及经中国证监会批准的其他业务。		
公司沿革	上投摩根富林明基金管理有限公司由上海国际信托投资有限公司与摩根富林明资产管理（英国）有限公司发起设立，初期的注册资本为 1.5 亿元人民币，上海国投和摩根富林明将各占 67% 和 33% 的股权。 2005 年 8 月，摩根富林明资产管理（英国）有限公司受让上海国际信托投资有限公司所持公司 16% 的股权。本次受让完成后，公司注册资本保持不变，股东及出资比例分别为上海国际信托投资有限公司 51% 和摩根富林明资产管理（英国）有限公司 49%。 2006 年 6 月，由于公司外方股东名称已由 "JPMorgan Fleming Asset Management（UK）Ltd." 更名为 "JPMorgan Asset Management（UK）Ltd."，现将我公司中文名称由 "上投摩根富林明基金管理有限公司" 相应变更为 "上投摩根基金管理有限公司"，该更名申请已于 2006 年 4 月 29 日获得中国证监会的批准，并于 2006 年 6 月 2 日在国家工商总局完成所有变更相关手续。		

（5）基金经理个性及看市论道：不会盲目跟从市场游走。

自 2004 年 6 月起，孙延群担任景顺内需增长基金经理。该基金在 2004 年所有新设立的基金中收益率排名第二位。2005 年孙延群担任上投摩根阿尔法股票基金经理，凭借出色投资管理能力，为投资者带来了稳健卓越的回报。

孙延群管理的上投摩根阿尔法股票基金，是一只主动管理型的股票基金。2005 年 9 月该基金历时两周 "闪电发行"，顺应市场之势、紧抓建仓良机，一时间赚足市场 "眼球"。阿尔法基金成立以来，业绩表现持续在同类基金中名列前茅，取得优秀业绩的同时，风险一直控制在较低水平，被晨星资讯（中国）评为 "五星级"

股票基金。截至2006年12月29日，阿尔法基金份额累计净值2.7410元。

孙延群选股非常看重公司基本面分析，遵循价值投资和长期持有的理念。对于不同时期市场热点的轮动，他管理的阿尔法基金不会盲目跟从市场游走。它看重的是基金净值的长期增长和风险控制，追求的是为投资人带来长期回报。

深证100ETF基金经理林飞：择错的风险与分散

（1）基金龙虎榜。

表19

基金代码	基金简称	净值日期	最新净值	证星评级	周增长率		月增长率		季增长率		半年增长率		年增长率	
					排名	增长率%	排名	增长率%	排名	增长率%	排名	增长率%	排名	增长率%
159901	深100ETF	2007-06-18	4.409	★★★★★	31	7.0405	31	14.9674	1	72.4961	3	147.5576	3	240.2006

（2）基金经理简历。

表20

深100ETF（159901）						
职务	姓名	任职日期	离职日期	性别	学历	国籍
现任经理	林飞	2006-07-24	—	男	博士研究生	中国
	马骏	2006-03-24	—	男	本科	中国
曾任经理	王守章	2006-04-07	2006-04-08	男	硕士研究生	中国

林飞，男，1975年3月生，经济学博士，具有3年证券从业经历。曾任融通基金管理有限公司基金经理助理。2006年3月进入易方达基金管理有限公司工作，任易方达深证100交易型开放式指数基金经理助理。

马骏，男，1966年3月生，中国科学技术大学理学学士，11年证券从业经历。曾在君安证券、广发证券从事证券投资和研究工作。2001年4月至今，在易方达基金管理有限公司工作，曾任科讯基金基金经理，现任易方达50指数基金基金经理。

王守章，男，1970年4月生，北京大学理学硕士，5年证券从业经历。曾在中国科技信托投资公司、长盛基金管理有限公司从事证券投资研究工作。2002年11月至今，在易方达基金管理有限公司工作，曾任研究员，现任易方达50指数基金基金经理。

（3）旗下基金简介。

表21

法定名称	易方达深证100交易型开放式指数基金	基金简称		深100ETF
投资类型	偏股型基金	成立日期		2006 – 03 – 24
募集起始日	2006 – 02 – 21	总募集规模（万份）		515 773.68
募集截止日	2006 – 03 – 17		实际募集规模（万份）	515 731.46
日常申购起始日	2006 – 04 – 24	其中	管理人参与规模（万份）	0.00
日常赎回起始日	2006 – 04 – 24		参与资金利息（万份）	422 260.00
基金经理	马骏、林飞	最近总份额（万份）		154 416.66
基金管理人	易方达基金管理有限公司	基金托管人		中国银行股份有限公司
投资风格	指数型	费率结构表		深100ETF
业绩比较基准	本基金的业绩比较基准为标的指数。本基金标的指数为深证100价格指数。			
投资目标	紧密跟踪目标指数，追求跟踪偏离度及跟踪误差的最小化。			
投资理念	指数化投资具有低成本、管理透明、多样化及分散化程度高等优点，能稳定地获得市场平均回报，有助于投资者实现与国民经济及股票市场同步增长的目标。标的指数具有良好的基本面、市场代表性和流动性，通过完全复制法实现跟踪偏离度和跟踪误差最小化，可以满足投资者多种投资需求。			
投资范围	本基金投资范围主要为目标指数成份股及备选成份股。此外，为更好地实现投资目标，本基金可少量投资于部分非成份股、参与新股市值配售以及中国证监会允许基金投资的其他金融工具。本基金将把全部或接近全部的基金资产用于跟踪标的指数的表现，正常情况下指数化投资比例不低于基金资产净值的95%。			

投资策略	本基金主要采取完全复制法，即完全按照标的指数的成份股组成及其权重构建基金股票投资组合，并根据标的指数成份股及其权重的变动进行相应调整。但在因特殊情况导致无法获得足够数量的股票时，基金管理人将采用优化方法计算最优化投资组合的个股权重比例，以此构建本基金实际的投资组合，追求尽可能贴近目标指数的表现。在法律法规许可时，基金管理人可运用股票期货、期权等相关金融衍生工具，以提高投资效率，更好达到本基金的投资目标。基金管理人运用上述金融衍生工具必须是出于追求基金充分投资、减少交易费用、降低跟踪误差的目的，不得将之应用于投机目的，或用作杠杆工具放大基金的投资。本基金投资于股票期货、期权等相关金融衍生工具必须经过投资决策委员会的批准。
风险收益特征	本基金属股票基金，预期风险与收益水平高于混合基金、债券基金与货币市场基金。本基金为指数型基金，主要采用完全复制法跟踪标的指数的表现，具有与标的指数、以及标的指数所代表的股票市场相似的风险收益特征。
风险管理工具及主要指标	本基金管理人利用易方达基金投资绩效与风险评估系统和 Barra – Aegis 股票投资分析系统，对投资组合的风险进行综合评估，并针对各类风险，制定了相应的风险防范措施与流程。

（4）基金管理公司介绍。

表 22

法定名称	易方达基金管理有限公司	英文名称	E Fund Management Co. , Ltd.
组织形式	有限公司	公司属性	中资
成立日期	2001 – 04 – 17	注册资本	12000（万元）
法人代表	梁棠	总经理	叶俊英
注册地址	广东省珠海市香洲区情侣路 428 号九洲港大厦 4001 室		
办公地址	广州市体育西路 189 号城建大厦 28 楼		
电话号码	020 – 38797023	邮政编码	510620
传真号码	020 – 38797032	网址	www. efunds. com. cn

经营范围	基金管理业务，发起设立基金。
公司沿革	本公司经中国证监会证监基金字〔2001〕4 号文批准，由广东证券股份有限公司、广发证券有限责任公司、广东粤财信托投资公司、天津信托投资公司、重庆国际信托投资公司和天津北方国际信托投资公司共同发起成立。 发起人股东单位： 发起人名称　　　出资额(万元) 广东证券股份有限公司　　2000 广发证券股份有限责任公司　　2000 广东粤财信托投资公司　　2000 天津信托投资公司　　2000 重庆国际信托投资有限公司　　2000 天津北方国际信托投资公司　　2000 总计　　12000 2004 年 10 月，公司股东天津信托投资有限责任公司将其所持有的本公司16.67%的出资分别转让给广东粤财信托投资有限公司和广东美的电器股份有限公司；北方国际信托投资股份有限公司将其所持有的本公司 16.67%的出资分别转让给广发证券股份有限公司和广东美的电器股份有限公司。 本次出资转让后，本公司股东及出资比例为：广东粤财信托投资有限公司25%，广发证券股份有限公司25%，广东证券股份有限公司16.67%，重庆国际信托投资有限公司16.67%，广东美的电器股份有限公司16.67%。 2005 年 06 月，本公司股东广东证券股份有限公司将其所持有的本公司 2000 万元出资（占 16.67%）分别转让给广东美的电器股份有限公司和广州市广永国有资产经营有限公司。此次出资转让的工商变更登记手续目前已办理完毕。 本次出资转让后，本公司各股东出资及其出资占公司注册资本的比例如下：广东粤财信托投资有限公司 3000 万元人民币，占 25%；广发证券股份有限公司 3000万元人民币，占 25%；广东美的电器股份有限公司 3000 万元人民币，占 25%；重庆国际信托投资有限公司 2000 万元人民币，占 16.67%；广州市广永国有资产经营有限公司 1000 万元人民币，占 8.33%。

（5）基金经理个性及看市论道：择错的风险与分散。

选择与风险是相生相伴的，选择在带来机会的同时也带来了选错的风险。减少和回避风险的有效方法是仅参与自己熟悉的选择，分散或回避自己不熟悉的选择。这条规则同样适合与证券市场的投资，当投资者决定参与股票市场投资之时，就面临了一连串不可回避的选择，该投资什么品种？现在是不是合适的投资时机？该投资多久时间？当觉得自己无法正确解决这些问题中的任何一个之时，市场都存在相应投资策略用于降低自己择错的风险。

面对品种的选择，市场提供了分散投资的策略用于降低择错的风险，实证分析表明，股票市场投资 40% 以上的风险来自于品种的选择，而这部分风险是可以被分散的投资策略加以消除的。这种策略已经被标准化为大家可以灵活应用的工具性产品的形式，正如市场已经熟悉的 ETF 产品和其他同类基金产品。

面临对投资时机的选择，市场提供了定期定额和成本摊余的投资策略，将进入市场的时机选择进一步分散到不同时点，用于降低进入时机择错的风险。实证分析表明，相同期限的投资，采用定期定额的投资策略，在不降低投资期望受益水平的同时，可以将投资收益的波动性风险降低为原来的 60% 以下。面临对投资期限的选择，市场提供了长期投资的策略，如果把品种的分散理解成投资在空间上的分散，那么长期投资可以看成投资在时间上的分散。

先锋指数基金公司的创始人博格在谈到长期投资在指数基金投资中的重要性时，举了这样一个例子，在美国证券市场投资于指数，任意投资一年时间，年收益率大概分布在 -43% 到 54% 的范围之间，平均年收益率 10.3%，但如果把投资期限放宽到 15 年，那么平均年收益保持不变，但年收益率的分布则缩小为 0% 到 19% 的范围之间。从历史上看，在这个时间范围内，仅应用长期投资策略和指数化分散投资策略，不需要其他任何方法，已经可以把本金损失的风险降低为 0。

易方达策略基金经理肖坚：为投资者创造切实的回报

（1）基金龙虎榜。

表 23

基金代码	基金简称	净值日期	最新净值	证星评级	周增长率		月增长率		季增长率		半年增长率		年增长率	
					排名	增长率%	排名	增长率%	排名	增长率%	排名	增长率%	排名	增长率%
110002	易方达策略	2007-06-18	4.239	★★★★	127	5.4478	150	9.1963	73	46.0717	31	97.2545	25	148.185

（2）基金经理简历。

表24

易基策略（110002）						
职务	姓名	任职日期	离职日期	性别	学历	国籍
现任经理	肖坚	2003 - 10 - 28	—	男	硕士	中国
曾任经理	付浩	2004 - 02 - 17	2006 - 01 - 01	男	硕士	中国

肖坚先生：1969年11月生，中山大学经济学硕士，11年证券金融从业经历。曾任广东粤财信托投资公司控股的香港安财投资有限公司财务部经理、粤信（香港）投资有限公司业务部副经理、广东粤财信托投资公司基金部经理。2001年4月正式加入易方达基金管理有限公司，曾任投资管理部总经理助理，现任科翔基金基金经理。

付浩先生：经济学硕士，毕业于清华大学经济管理学院。曾任职于广东粤财信托投资公司、和君创业研究咨询公司、湖南证券、融通基金管理有限公司，自加入易方达基金管理有限公司以来担任基金经理助理。

（3）旗下基金简介。

①基本概况。

表25

法定名称	易方达策略成长·证券投资基金	基金简称		易方达策略成长
投资类型	偏股型基金	成立日期		2003 - 12 - 09
募集起始日	2003 - 10 - 30	总募集规模（万份）		203 505.10
募集截止日	2003 - 12 - 05	其中	实际募集规模（万份）	203 505.10
日常申购起始日	2003 - 12 - 30		管理人参与规模（万份）	0.00
日常赎回起始日	2004 - 02 - 04		参与资金利息（万份）	0.00
基金经理	肖坚	最近总份额（万份）		223 627.32
基金管理人	易方达基金管理有限公司	基金托管人		中国银行股份有限公司
投资风格	积极成长型	费率结构表		易方达策略成长

法定名称	易方达策略成长 证券投资基金	基金简称	易方达策略成长
业绩比较基准	上证 A 指收益率×75％ + 上证国债指数收益率×25％		
投资目标	本基金通过投资兼具较高内在价值和良好成长性的股票，积极把握股票市场波动所带来的获利机会，努力为基金持有人追求较高的中长期资本增值。		
投资理念	波动产生机会，研究创造价值，策略实现收益。		
投资范围	本基金的投资范围为具有良好流动性的金融工具，包括投资于国内依法公开发行、上市的股票和债券以及中国证监会允许基金投资的其它金融工具。基金股票部分主要投资于具有较高内在价值及良好成长性的上市公司股票，投资于这类股票的资产不低于基金股票投资的 80％。		
投资策略	本基金为主动型股票基金，主要投资于国内 A 股市场上兼具较高内在价值及良好成长性的股票。通过发挥基金管理人的研究优势，将稳健、系统的选股方法与主动、灵活的投资操作风格相结合，在分析研判经济运行和行业景气变化的周期性、以及上市公司成长发展的波动性的基础上，积极把握"价值区域"内股票价格和价值波动对比中的投资机会，为基金持有人获取较高的中长期资本增值和一定的当期收益。		
投资标准	基金通过以价值成长比率（PEG）为主要参考指标、定量与定性相结合的系统方法筛选出兼具较高内在价值及良好成长性的股票。		
风险收益特征	本基金为中等风险水平的证券投资基金，基金力争通过主动投资获取较高的资本增值和一定的当期收益。		
风险管理工具及主要指标	本基金采用上投摩根富林明基金管理有限公司的风险监控与绩效评估体系。保护基金份额持有人利益为本基金风险管理的最高准则，本基金将充分借鉴摩根富林明公司的风险管理方式，在组合构建、投资监督以及绩效评估等各环节全面贯彻风险管理机制，以有效控制基金投资运作中的系统性、非系统性与流动性等各种风险，并可以及时得到修正。		

②分红送配。

表 26

年度	每10份收益单位派息（元）			登记日	除权日	公告日期
	预案	实施	累计			
2007	0.60		0.60	2007 – 01 – 24	2007 – 01 – 25	2007 – 01 – 22
2007	0.80		0.80	2007 – 02 – 16	2007 – 02 – 16	2007 – 02 – 14
2006	0.30		0.30	2006 – 03 – 24	2006 – 03 – 24	2006 – 03 – 22
2006	0.40		0.40	2006 – 04 – 06	2006 – 04 – 06	2006 – 04 – 05
2006	0.60		0.60	2006 – 11 – 15	2006 – 11 – 15	2006 – 11 – 10
2006	0.80		0.80	2006 – 08 – 18	2006 – 08 – 21	2006 – 08 – 11
2005	0.20		0.20	2005 – 04 – 04	2005 – 04 – 04	2005 – 04 – 05
2005	0.20		0.20	2005 – 04 – 25	2005 – 04 – 25	2005 – 04 – 11
2005	0.20		0.20	2005 – 09 – 26	2005 – 09 – 26	2005 – 09 – 21
2004	0.20		0.20	2004 – 02 – 11	2004 – 02 – 11	2004 – 02 – 09
2004	0.20		0.20	2004 – 09 – 22	2004 – 09 – 22	2004 – 09 – 21
2004	0.20		0.20	2004 – 11 – 15	2004 – 11 – 15	2004 – 11 – 10

（4）基金经理人个性看市：为投资者创造切实的回报。

①策略：组合管理的艺术。

肖坚认为仅仅稳健是无法在精英云集的各路基金中胜出的，肖坚有自己独特的而且在实战中证明是切实可行的投资理念，他把它称为"策略投资"。肖坚的策略投资原则是：在价值投资的范围内，主动顺应市场趋势和自己的个性进行操作，在市场波动中实现研究溢价。

肖坚认为，要成为投资的成功者，首先要理清三点：认清自己；认清市场；认清企业价值。而策略投资的核心就是"结合"，即在自己、市场和价值中寻找平衡点，讲求市场和基本面的结合、价值投资和趋势投资的结合、顺性而为与顺势而为的结合，从而达到跟上市场节奏、优化组合的目的。

"中国资本市场还不成熟，影响市场的因素非常多。在一个不确定的市场中，策略比预测更重要。"肖坚并没有强求自己对未来趋势一定要判断对，"关键是盯住多空双方转化的各种因素，市场趋势一旦有变，能及时作出正确反应。"

②投资：自我探索的过程。

肖坚认为，投资的过程就是一个人了解自身，并不断提高的过程。"要成为一个投资赢家，重要的是有自知之明。如果一个人本性酷爱追涨杀跌，那就让他充分发挥追涨杀跌的特性，追涨就追个及时，杀跌就杀个趁早，而不是犹豫再三，最终追在顶部，杀在谷底。发挥性格的优点比改正缺点更容易些，接纳自己往往才是成长的开始。"

学经济出身的肖坚非常喜欢东方哲学和投资心理学。他曾讲过一个小故事：一个人经常给玩蹦极跳的人打气鼓劲，有一天自己站到高台准备蹦极，却发现逻辑、理性、鼓励都无法和恐惧抗衡。这就是所谓的知易行难、本性难移啊！这也正是投资的艰难所在。

肖坚是个喜欢思考的人，他的思考结果已记满了五六十个本子。经常自省使他在投资的过程中更理性，更清醒，也更自信。

③轻松理财，快乐投资。

拥有经济学硕士学位的肖坚给人的一个深刻印象是：他很松弛。松弛的肖坚实际上有很丰富的阅历。1992年参加工作在粤财信托，后来去香港的中资机构做过财务经理，然后又在香港和内地做过证券投资，到易方达后还搞过公司研究。

阅历丰富的肖坚有一个简单的工作目标，那就是轻松理财、快乐投资。他认为，基金经理是一个压力大的职业，而且要做到持续的成功很难，有时投资比的就是心态。而要做到轻松理财、快乐投资，首先需要在研究、投资管理方面练就真工夫。如果一个基金经理能达到轻松理财、快乐投资的境界，那他就会更注重投资的过程而不是结果，他也会在投资过程中的每一个环节上尽最大努力发挥自己的能力。

要轻松快乐，还要有一个适合这种氛围的平台。肖坚认为，如果市场就是大海，易方达就是一条好船。上了好船，才能有乘风破浪的自信。

南方绩优成长基金经理谈建强：寻找牛市中的安全边际

（1）基金龙虎榜。

表27

基金代码	基金简称	净值日期	最新净值	证星评级	周增长率		月增长率		季增长率		半年增长率		年增长率	
					排名	增长率%	排名	增长率%	排名	增长率%	排名	增长率%	排名	增长率%
202003	南方绩优成长	2007-06-19	2.2759	★★★★★	20	5.1661	2	19.4824	4	62.3324	7	123.1493	42	126.0528

（2）基金经理简历。

表28

交银成长（519692）						
职务	姓名	任职日期	离职日期	性别	学历	国籍
现任经理	谈建强	2006-12-09	—	男	硕士	中国
	苏彦祝	2006-11-08	—	男	硕士	中国

谈建强先生：1993年7月毕业于华东师范大学经济系国际金融专业，获经济学学士学位；2002年获得上海财经大学经济学硕士学位；中国注册会计师协会会员，13年证券从业经历。2004年取得基金、证券投资分析从业资格。1994年至1995年任职于上海申华实业股份有限公司投资部，从事证券投资管理工作；1996年至2001年任职于海南港澳国际信托投资公司，历任投资银行部、投资部总经理助理；2002年加入中海信托投资有限责任公司任资本运营部部门经理，

主管公司自营证券、国债投资及信托资金证券投资管理业务，2006年9月加入南方基金管理公司。

苏彦祝先生：基金经理，清华大学硕士，6年证券从业经历。2000年加入南方基金管理有限公司工作，历任研究员、南方避险增值基金经理助理、南方避险增值基金经理兼南方宝元债券型基金经理。现任南方避险增值基金经理。

（3）旗下基金简介。

表29

法定名称	南方绩优成长股票型证券投资基金		基金简称	南方绩优成长
投资类型	偏股型基金		成立日期	2006 - 11 - 16
募集起始日	2006 - 11 - 10		总募集规模（万份）	1 247 749.41
募集截止日	2006 - 11 - 13	其中	实际募集规模（万份）	1 247 691.92
日常申购起始日	2006 - 12 - 15		管理人参与规模（万份）	0.00
日常赎回起始日	2007 - 01 - 22		参与资金利息（万份）	574 890.39
基金经理	苏彦祝、谈建强		最近总份额（万份）	742 040.12
基金管理人	南方基金管理有限公司		基金托管人	中国工商银行股份有限公司
投资风格	成长型		费率结构表	南方绩优成长
业绩比较基准	80%×沪深300指数+20%×上证国债指数			
投资目标	本基金为股票型基金，在适度控制风险并保持良好流动性的前提下，根据对上市公司的业绩质量、成长性与投资价值的权衡与精选，力争为投资者寻求超越基准的投资回报与长期稳健的资产增值。			

续表

投资理念	本基金在保持公司一贯投资理念基础上,通过对上市公司基本面的深入研究,基于对上市公司的业绩质量、成长性与投资价值的权衡,不仅重视公司的业绩与成长性,更注重公司的业绩与成长性的质量,精选中长期持续增长或未来阶段性高速增长、业绩质量优秀、且价值被低估的绩优成长股票作为主要投资对象。
投资范围	本基金的投资范围为具有良好流动性的金融工具,包括投资于国内依法公开发行、上市的股票和债券以及法律、法规或中国证监会允许基金投资的其它金融工具。股票投资是基于对上市公司业绩质量、成长性与投资价值的权衡,精选中长期持续增长或未来阶段性高速增长、业绩质量优秀、且价值被低估的绩优成长股票作为主要投资对象。债券投资主要包括国债、金融债、企业债与可转换债券等。其他金融工具投资主要包括剩余年限小于397天的债券、期限在一年以内的债券回购以及中央银行票据等货币市场工具以及权证等。
投资策略	(1)资产配置策略。本基金管理人将综合运用定量分析和定性分析手段,对证券市场当期的系统性风险以及可预见的未来时期内各大类资产的预期风险和预期收益率进行分析评估,并据此制定本基金在股票、债券、现金等资产之间的配置比例、调整原则和调整范围,定期或不定期地进行调整,以达到规避风险及提高收益的目的。 (2)股票投资策略。本基金的股票投资主要采用"自下而上"的策略,通过对上市公司基本面的深入研究,基于对上市公司的业绩质量、成长性与投资价值的权衡,不仅重视公司的业绩与成长性,更注重公司的业绩与成长性的质量,精选中长期持续增长或未来阶段性高速增长、业绩质量优秀、且价值被低估的绩优成长股票作为主要投资对象。本基金的股票投资同时结合"自上而下"的行业分析,根据宏观经济运行、上下游行业运行态势与利益分配的观察来确定优势或景气行业,以最低的组合风险精选并确定最优质的股票组合。 (3)债券投资策略。本基金可投资的债券品种包括国债、金融债和企业债(包括可转换债)等。本基金将在研判利率走势的基础上做出最佳的资产配置及风险控制。在选择债券品种时,本基金重点分析债券发行人的债信品质,包括发行机构以及保证机构的偿债能力、财务结构与安全性,并根据对不同期限品种的研究,构造收益率曲线,采用久期模型构造最佳债券期限组合,降低利率风险;对可转债的投资,结合对股票走势的判断,发现其套利机会。 (4)权证投资策略。本基金在进行权证投资时,将通过对权证标的证券基本面的研究,并结合权证定价模型寻求其合理估值水平,主要考虑运用的策略包括:杠杆策略、价值挖掘策略、获利保护策略、价差策略、双向权证策略、卖空保护性的认购权证策略、买入保护性的认沽权证策略等。

投资标准	股票占基金资产的60%～95%，其中对绩优成长股票的投资不低于股票投资比例的80%；现金、债券、货币市场工具以及权证等其他金融工具占基金资产的5%～40%，其中，基金保留的现金以及到期日在一年以内的政府债券的比例合计不低于基金资产净值的5%。
风险收益特征	本基金为股票型基金，因此，其预期风险收益水平高于混合型基金、债券基金及货币型基金。

（4）基金经理个性及看市论道：寻找牛市中的安全边际。

近期市场出现了幅度较大的下跌调整，相当多的前期大幅炒高的个股出现了连续跌停的走势，令不少投资者损失惨重。

这一轮调整表面上看起来是由提高交易印花税引起的，但实际上还是市场估值水平偏高以及利空因素累积到一定程度后的集中反应。在股价迭创新高的时候，市场大众对于二季度以来紧缩性的货币政策调控、连续不断的大小非减持和偏谨慎的舆论导向放松了应有的谨慎。此外，前几次加息和单日出现较大调整时入市的股民似乎都获得了短暂成功的经验，更强化了市场对利空出现就是买入机会的心理预期。虽然专注于价值投资理念的理性投资者对基本面因素和估值水平的担忧一直不绝于耳，但在实际利率为负、居民投资渠道有限的背景下，储蓄存款向股市搬家的情形可能还会继续下去，你岂能指望在一个似乎人人都能赚钱的市场里通过风险教育阻止别人入市的步伐？

无数的历史证明，即使在大牛市行情中，也会出现突如其来的深幅调整。而普通的投资者往往缺乏风险控制的能力，一旦调整来临，基本上都无法摆脱亏损的困境。

不可否认，这波始于2005年中的牛市行情确实具有很多以往行情所不具备的条件：除了四年多熊市下来市场估值水平需要回归外，股改、人民币升值、低利率环境、资产注入等都给上市公司带来了众多业绩增长和资产重估的机会，而且随着股市财富效应的显现，这些有利条件的作用可能还会继续放大，将市场带向新的高度。

但是，相对于上市公司真实业绩的增长，股指的上涨速度更快，大盘在3月下旬突破3000点以后，更是一路马不停蹄地冲上了4300点以上。很多投资者可能会把股市的快速上涨归因于上市公司2006年和2007年一季度业绩的同比高速增长，但是仔细分析业绩增长的原因，剔除新会计政策调整和股市上涨带来的投资收益增加的因素外，上市公司业绩的持续成长性还能有多少呢？如果说以沪深300成份股为代表的蓝筹股的估值水平还相对合理的话，很多低价题材股、绩差股动辄翻倍的上涨就绝对是毫无理性可言，也为这次暴跌埋下了极大的隐患。

在经历了短期的暴跌后，不少投资者可能会寄希望于利好政策的出台，来摆脱目前的困境，但是正如市场最大的利空并非来自于其它，而是价格下跌行为本身，同样地，市场最大的利好莫过于投资对象基本面的改善和估值水平的降低。因此，与其心存幻想，还不如趁市场休生养息的时候，潜心研究挖掘一些有业绩支撑的蓝筹股，为接下来的行情提前做好准备更来得有意义。

对于后市的看法，我们认为支持此轮牛市发展的基本因素没有改变，在经过一段时间的震荡调整后，市场仍然会重拾升势，迎来更辉煌的未来。对于大部分有业绩支撑的蓝筹股来说，我们并不认为还存在多大的下跌空间，尤其是那些未来成长确定性很高的公司股票，在经历了短期的下跌后，又将迎来良好的买入时机。

值得注意的是，在垃圾股的泡沫破裂后，后市或许会走向另一个极端，即形成更大的蓝筹股泡沫，一如美国上世纪60年代末"漂亮50"行情的演绎。我们从中得到的经验教训是：蓝筹股泡沫破裂时对投资者的伤害丝毫不会亚于垃圾股泡沫的破裂，因此我们需要时刻牢记为自己的投资留有足够的安全边际，即使是最优秀的公司，也不要为它支付过高的溢价，这样我们才能安然分享这波大的行情所带来的累累硕果。

嘉实服务增值基金经理党开宇：风险防范事前更重要

（1）基金龙虎榜。

表30

基金代码	基金简称	净值日期	最新净值	证星评级	周增长率		月增长率		季增长率		半年增长率		年增长率	
					排名	增长率%	排名	增长率%	排名	增长率%	排名	增长率%	排名	增长率%
070006	嘉实服务增值	2007-06-19	3.684	★★★★★	52	4.5106	21	15.3774	12	56.6327	8	118.3758	5	207

（2）基金经理简历。

表31

嘉实服务（070006）						
职务	姓名	任职日期	离职日期	性别	学历	国籍
现任经理	党开宇	2006-12-22	—	女	硕士	中国
曾任经理	徐轶	2004-02-20	2006-12-22	男	硕士	中国
	孙林	2005-06-10	2007-04-17	男	硕士	中国

党开宇女士：上海交通大学管理科学与工程硕士，CFA，5年证券从业经历。2001年4月至2003年10月任招商证券股份有限公司证券投资部投资经理；2003年10月加入诺安基金管理有限公司，2004年5月至2005年1月任诺安平衡基金基金经理助理，2005年1月至2006年9月任诺安平衡基金基金经理，2005年12月至2006年9月任诺安股票基金基金经理。2006年9月至今任职于嘉实基金管理有限公司，2006年12月13日至今任嘉实策略增长证券投资基金基金经理。

孙林先生：经济学硕士，证券从业经历7年。曾受聘于国泰君安证券公司从事证券投资工作。2000年10月进入嘉实基金管理有限公司工作，曾任基金泰和基金经理助理。现任嘉实成长收益基金基金经理职务。

徐轶先生：36岁，货币银行学硕士，曾任国信证券投资总监、大成基金管理有限公司助理总经理、中融基金首席策略分析师。1993年开始从事证券市场研究，投资银行，投资管理，10年从业经验，投资管理经验丰富。2003年9月加盟嘉实基金管理有限公司，任首席策略分析师。

（3）旗下基金简介。

①基金概况。

表32

项目	内容
基金类型	契约型开放式
本期单位净值（元）	3. 6840
基金成立日	2004 – 04 – 01
发行日期	2004 – 02 – 23
发行方式	公开发行
发行对象	中华人民共和国境内的个人投资者和机构投资者及合格境外机构投资者
发行份额（亿份）	90. 3037262
最新总份额（亿份）	21. 51
募集资金（亿元）	90. 3037
发行费用（万元）	9030. 37
注册资本（亿元）	1
基金管理人	嘉实基金管理有限公司
基金托管人	中国银行股份有限公司
注册地址	上海市浦东新区富城路 99 号震旦国际大楼 1702 室
邮编	100005
公司电话	010 – 65188866
公司传真	010 – 65185678
基金经理	党开宇
经办律师	国浩律师集团（北京）事务所

续表

会计师事务所	普华永道会计师事务所
经办注册会计师	普华永道会计师事务所
投资范围	限于具有良好流动性的金融工具。主要包括国内依法发行上市的股票、债券以及经中国证监会批准的允许基金投资的其它金融工具。
投资目标	在力争资本本金安全和流动性前提下超过业绩基准，在追求长期稳定增长的同时不放弃短期收益。
投资风格	混合型

②分红送配。

表 33

年度	每 10 份收益单位派息（元）			登记日	除权日	公告日期
	预案	实施	累计			
2006	0.50	0.50	1.20	2006 – 11 – 30	2006 – 11 – 30	2006 – 11 – 28
2006	0.30	0.30	0.70	2006 – 06 – 27	2006 – 06 – 28	2006 – 06 – 26
2006	0.40	0.40	0.40	2006 – 06 – 14	2006 – 06 – 15	2006 – 06 – 13

（4）基金经理个性及看市论道：风险防范事前更重要。

任何投资都有风险，一只巨型基金面临的风险可能更多，带来的结果可能也更严重。党开宇表示，风险的事前防范和事中监控比遇到风险调头规避更重要。

"正是因为这支基金的规模较大，我们在选择个股时对基本面的要求会更为苛刻，眼光放的更长远，相信可以最大限度的规避风险。"

面对投资者"假设在大盘走低的情况下，怎样保持基金净值的稳定？"的问题，党开宇表示，"我们认为如果大盘走低，将是非常有利于新基金的建仓的，基于我们对明年的市场相当看好，我们可以通过精选个股来回避大盘的下跌，在市场出现机会时获取更好的收益。"

当面对有关交叉重仓持股的问题时，党开宇认为："我们会投资我们长期看好且价格合理的上市公司，不会因为其他基金的持有或否对我们的投资产生影响。"

　　"远见者稳进"是我们的投资理念，考虑到策略增长基金中大部分投资者为初次购买基金，故我们在整个投资中采取了稳步建仓与精选个股的策略。我们选择的股票首先要有高的安全边界，其次要有确定的成长性，虽然它们的短期涨幅不一定很大，但从长期来看，它们能带来安全而稳定的收益，这种收益会给投资人带来稳健而丰厚的回报。要知道，时间是好公司的朋友，差公司的敌人。短期看，市场是一个投票器，它反映的是投资人的情绪，而从长期看，市场是称重器，它反映的是公司的价值。不为市场所动，坚持价值投资是我们的投资风格。